Jan Eik
Klaus Behling

Verschlusssache

Die größten Geheimnisse der DDR

Das Neue Berlin

INHALT

VORWORT

Um die Geschehnisse, die hier erzählt werden, wurde in der DDR mehr oder minder viel Geheimniskrämerei betrieben. Oder die Wahrheit geriet nach einer propagandistischen Auswertung erheblich in die Schieflage, selbst wenn es sich um den Umgang mit Naturkatastrophen handelte. Die Regierung nahm sogar Informationen unter Verschluss, die die Spatzen schon von allen Dächern pfiffen.

Denn die DDR gab sich gern als katastrophen- und skandalfreies Land. Ob eine Chemiefabrik in die Luft flog oder ein Politbürofunktionär sich eine Kugel in den Kopf schoss, ob ein Kunstdiebstahl zu vermelden gewesen wäre oder ob die Versorgung mit Bohnenkaffee nicht klappte, ob ein Gerücht einen Rolling-Stones-Auftritt an der Mauer prophezeite oder ob der Bundeskanzler Helmut Kohl zu einem Privatbesuch einreiste – wann immer der herrschenden Politikerkaste etwas nicht in den Kram passte oder wenn etwas gehörig daneben ging, bekam es den Stempel »besonderes Vorkommnis«.

Diese Geheimhaltungsmanie hatte viele Ursachen. Die propagandistische Selbstdarstellung stimmte nicht mit den Realitäten überein. Die Informationsverwalter meinten, dass für die Gutgläubigen im Lande Halbwahrheiten genügten. Peinliches und Blamables wurde ebenso ausgeblendet wie Skandalöses und Schmerzhaftes. Das Regime fühlte sich nie fest genug im Sattel, um dem Volk die ganze Wahrheit zu sagen. Es herrschte Kalter Krieg und der wirtschaftlich schwächere der beiden deutschen Staaten fürchtete den politischen Druck und die Häme des Westens.

Mit der Darreichung kleiner und kleinster Informationshäppchen einerseits, andererseits aber auch durch das Aufblasen nichtiger Zusammenhänge, war die Behandlung der sogenannten Besonderen Vorkommnisse in der DDR über fast 40 Jahre ein Politikum. Manches fand Beachtung, das anderswo keine Zeitungsnotiz hervorgerufen hätte, anderes wurde mit wenigen Zeilen abgehandelt, obwohl es Tausende von Menschen bewegte. So bildete sich zugleich ein großer gesellschaftlicher Humus für das Wuchern von Gerüchten und Legenden. Aber auch deshalb erzählen diese Geschichten jede auf ihre Weise etwas sehr DDR-Typisches. Die hier vorgelegte Sammlung und Darstellung von weit mehr als zweihundert solcher Geschichten erhebt keinen Anspruch auf Vollständigkeit. Aber sie soll illustrieren, wie groß und manchmal auch klein in der DDR die besonderen Vorkommnisse waren und wie diese Geschichten in ihrer Summe dann doch auch Geschichte machten.

Berlin, im Sommer 2008
Jan Eik
Klaus Behling

DIE GRÜNDUNG DER DDR
UND DIE FÜNFZIGER JAHRE

07. Oktober 1949: DDR-Gründung ohne Rampenlicht

Die Gründung der DDR am 7. Oktober 1949 in Berlin wird von vielen Menschen im Osten Deutschlands ebenso wenig wahrgenommen wie die am gleichen Tag stattfindende Premiere des Theaterstücks »Tod eines Handlungsreisenden« von Arthur Miller in New York.

Während per Zug und Lkw nach Ostberlin beförderte FDJler die Umwandlung der Sowjetischen Besatzungszone in die Deutsche Demokratische Republik mit einem Fackelzug feiern, sind die meisten Menschen in jenen Jahren von den Querelen des täglichen Lebens und Überlebens gefangen. Stromsperren, die Jagd nach Lebensmitteln, Wohnungsnot und die Arbeit oft unter primitivsten Bedingungen lassen nicht viel Zeit für vermeintlich große Politik.

Die Schlagzeilenpropaganda der Zeitungen wird weitgehend überlesen. Ein Radio gibt es statistisch gesehen in jedem Haushalt erst um 1960. Bleibt noch das Kino als Informationsvermittler. Vor jedem Hauptfilm läuft erst mal die Defa-Wochenschau »Der Augenzeuge«. Etwa neun Mal im Jahr sitzt jeder Bürger vor der Leinwand. Aber da ist die Tagespolitik meist schon vergessen.

So bleibt auch ein brisantes politisches Ereignis wenige Tage später meist unbeachtet: Die Bundesrepublik Deutschland – mit Inkrafttreten des Grundgesetzes am 24. Mai 1949 entstanden – erklärt ihren Anspruch auf die 30 Prozent des nach dem Zweiten Weltkrieg verbliebenen deutschen Territoriums, das nun Deutsche Demokratische Republik heißt. Das geschieht am 21. Oktober 1949 in der Regierungserklärung von Bundeskanzler Konrad Adenauer (1876–1967). Der Regierungschef verkündet: »Die Bundesrepublik Deutschland fühlt sich auch verantwortlich für das Schicksal der 18 Millionen Deutschen, die in der Sowjetzone leben. Sie versichert sie ihrer Treue und ihrer Sorge. Die Bundesrepublik ist allein befugt, für das deutsche Volk zu sprechen.« Es ist der politische Zündstoff, der als »Allein-vertretungsanspruch« die kommenden Jahrzehnte die Konfrontation der beiden deutschen Staaten bestimmen wird.

Nebenbei: Kein politisches Großereignis in der Geschichte der DDR ist so wenig von Fotos belegt wie der Tag ihrer Gründung. Die Marschkolonnen Zehntausender junger Fackelträger? Weitgehend Fehlanzeige. Zu sehen sind nur ein paar Hundert, die zufällig keine Transparente tragen. Der Grund: Die Parolen auf den Spruchbändern. Dort las man massenhaft: »Für deutsche Einheit« und »Nieder mit den Spaltern«.

Mit den Spaltern sind nicht der künftige DDR-Staatspräsident Wilhelm Pieck (1876–1960) und der künftige Regierungschef Otto Grotewohl (1894–1964) auf der Tribüne Unter den Linden gemeint, sondern die Clique um Bundeskanzler Adenauer, die sich in Bonn am Rhein ihren Separatstaat gegründet habe. Mehr als ein Jahrzehnt lang nimmt die DDR noch in Anspruch, der eigentliche Verteidiger der deutschen Einheit zu sein. Mit Propagandakampagnen wie »Deutsche an einen Tisch«. Bis die Mauer steht. Dann muss die Gründungslegitimation aus den Köpfen radikal verschwinden. Und aus den Bildarchiven gleich mit.

20. Dezember 1949: Schüler funken aus Altenburg

Der Krieg, die Bomben, das Elend – für 18- bis 20-Jährige hat das Wort Freiheit Ende 1949 eine ganz besondere Bedeutung. Es ist so etwas wie ein Schlüssel, mit dem sich all das wegsperren lässt, was zu den Wirren der Vergangenheit führte. Gehorsam, Reglementierungen und Überwachung gehören dazu.

Für eine Handvoll Schüler aus der 11. Klasse der Karl-Marx-Oberschule in Altenburg ist Freiheit vor allem der Protest gegen die herrschenden Verhältnisse. Jörn-Ulrich und Maria Brödel sind dabei, Rudi Edling, Anna-Marie Graupner, Toni Haschberger, Heinz Krause, Hans-Joachim Näther, Gerhard Schmale, Ulf Uhlig und auch die jungen Lehrer Siegfried Flack und Wolfgang Ostermann.

Ihnen passt das alles nicht: Nach der Befreiung durch die Amerikaner haben die Russen Thüringen übernommen, im

10

Oktober gründen sie die DDR und setzen ihre Vasallen an deren Spitze. So sehen es jedenfalls die jungen Leute in Altenburg. Sie sind dagegen, haben von den Verbrechen Stalins gehört und glauben nicht an die lichte Zukunft unter der Führung des sowjetischen Diktators.

Von der Kampfgruppe gegen Unmenschlichkeit, die von Westberlin aus die gerade gegründete DDR bekämpft, bekommen sie Handzettel mit einem großen F. Es soll für Freiheit stehen. Die Jungen und Mädchen kleben sie überall in der Stadt an. Sogar an der SED-Kreisleitung.

Doch bald reichen ihnen derartige »Heldentaten« nicht mehr. Die Altenburger Schüler wollen die Bürger aufrütteln. Am Abend des 20. Dezembers 1949 treffen sich deshalb Jörn-Ulrich Brödel, Ulf Uhlig, Hans-Joachim Näther und Gerhard Schmale in einer Wohnung in der Lessingstraße. Sie haben einen kleinen Sender zusammengelötet, mit dem sie an diesem Tag auf Sendung gehen wollen. Es ist der Vorabend des 70. Geburtstages von Generalissimus Josef Wissarionowitsch Stalin, und DDR-Präsident Wilhelm Pieck zelebriert die übliche Lobhudelei, die der Sender Leipzig überträgt. Mit Krächzen, Knattern und Pfeifen gelingt es den illegalen Schulfunkern, Teile dieser Rede mit kurzen Botschaften zu überlagern: »Stalin ist ein Massenmörder« tönt so plötzlich durch den Äther und »Millionen Menschen sterben in seinen Lagern«.

Für das am 8. Februar 1950 gegründete Ministerium für Staatssicherheit der DDR wird dieses von der Kripo übernommene besondere Vorkommnis der erste große Fall in Thüringen. Peilwagen lauschen nach weiteren Sendungen, Bürger werden befragt und Spitzel geworben. Am 25. März 1950 zieht sich die Schlinge zu. Die Stasi verhaftet die Schüler und Lehrer aus der Widerstandsgruppe und übergibt sie der sowjetischen Staatssicherheit (NKWD).

In einem Geheimprozess verurteilt ein sowjetisches Militärtribunal am 13. September 1950 in Weimar den Schüler Hans-Joachim Näther und die Lehrer Flack und Ostermann wegen Widerstandes und Spionage zum Tode. Die anderen Schüler erhalten Zuchthausstrafen zwischen fünf und 25 Jahren.

Erst 1997 erfahren die Angehörigen Hans-Joachim Näthers, dass der junge Mann bereits am 12. Dezember 1950 in Moskau erschossen wurde. Sein Leichnam wurde anonym auf dem Donskoje-Friedhof vergraben. Dort wurden wahrscheinlich auch die anderen Erschossenen verscharrt.

22. März 1950: Ein Bundestagsabgeordneter im DDR-Gefängnis

Es ist 3.30 Uhr, als der Opel Kapitän den stellvertretenden Chef der Kommunistischen Partei Deutschlands (KPD) Kurt Müller, damals 46, vor dessen Wohnung in der Oppenbornstraße 5 in Hannover abholt. »Kutschi« Müller, der bei den Nazis elf Jahre in Zuchthaus und KZ saß und jetzt KPD-Abgeordneter im Deutschen Bundestag ist, soll konspirativ nach Ostberlin kommen. Von dort werden die Genossen im Westen unter dem Vorsitz von Max Reimann (1898–1977) gesteuert.

Das gefällt Kurt Müller nicht. »Das russische Schema passt nicht für uns«, sagt er und meint damit sowohl die Politik Walter Ulbrichts (1893–1973), als auch die des SED-Ablegers West. KPD-Chef Max Reimann hält er für »eine Grammophonplatte mit Sprung«, der nur die Ostberliner Parolen nachbetet. Aber er ist kommunistische Disziplin gewöhnt und macht sich am 22. März 1950 völlig arglos auf den Weg über die grüne Grenze.

Gleich hinter Helmstedt erwartet ihn die Stasi. Die Männer tun freundlich, er wird zu einer angeblichen Besprechung gebeten und landet so plötzlich im Knast. Es ist die Zeit des Streites mit Jugoslawien, der dortige Parteiführer Tito hat sich von der Bevormundung von Moskau losgesagt und sucht unabhängig den Weg zum Sozialismus. Säuberungswellen gehen durch die Kommunistischen Parteien der Volksdemokratien – damals die Bezeichnung für die osteuropäischen Länder unter sowjetischer Kuratel. Auch in der DDR wird ein Schauprozess vorbereitet. Kurt Müller soll eines der Opfer werden. Tag und Nacht verhört Erich Mielke persönlich, damals Stasi-Staatssekretär, den Genossen aus dem Westen.

Kurt Müller war 1933/34 in Gorki im Exil. Durch Verrat erwischte ihn dann die Gestapo. Das brachte ihm zwar grausame Haft ein, rettete aber möglicherweise sein Leben, denn alle ehemaligen Freunde Müllers in der Sowjetunion ließ Stalin erschießen. Der Vorwurf: Sie seien Trotzkisten.

Eben diesen Vorwurf wiederholt jetzt Erich Mielke. Als Kurt Müller auf seine Immunität als Bundestagsabgeordneter verweist, amüsiert Mielke sich köstlich, doch viel öfter brüllt der kleine Mann: »Haben Sie schon mal gehört, dass hier wieder einer rausgekommen ist?« Das hat Kurt Müller nicht. Nach drei Wochen ist er weich geklopft. Er gesteht alles Mögliche, nur über seine angebliche trotzkistische Organisation kann er nichts sagen, weil es sie nicht gibt.

Nach fünf Monaten Verhören sind dennoch rund 1000 Seiten Protokoll geschrieben. Max Reimann nennt seinen Vize im Parteivorstand am 10. Mai 1950 »Agenten«, »Spitzel der Kapitalisten« und »Doppelzüngler«. DDR-Präsident Wilhelm Pieck erklärt Ende Juli: »Die Entlarvung und Verhaftung Kurt Müllers, eines aktiven Trotzkisten in der Vergangenheit und Agenten imperialistischer Westmächte in der Gegenwart, muss uns eine große Lehre sein.«

Am 23. August 1950 wird Müller an die sowjetischen Behörden in Ostberlin übergeben. Fast drei lange Jahre lang folgen neue Verhöre. Doch gleichzeitig ändert sich die Stimmung. Nach Ungarn und der Tschechoslowakei scheinen große Schauprozesse nicht mehr opportun, um die Volksdemokratien in Moskauer Fahrwasser zu halten. Dazu kommt der Sonderfall des geteilten Deutschland. Was würde passieren, wenn Kurt Müller vor Gericht öffentlich Rechtsschutz als Abgeordneter der Bundesrepublik verlangte?

Die Affäre soll still begraben werden. Am 18. März verurteilt ein sowjetisches Ferngericht ihn wegen Terrors, Spionage, Sabotage, Gruppenbildung und trotzkistischer Tätigkeit zu 25 Jahren Gulag. Ein Jahr später wird er nach Osten verfrachtet. Mit den letzten deutschen Kriegsgefangenen kommt Kurt Müller frei. Am 13. Oktober 1955 ist der unschuldig Verurteilte wieder in Deutschland.

Kurt Müller tritt der SPD bei und arbeitet ab 1960 in der DDR-Forschung der Friedrich-Ebert-Stiftung.

01. Juli 1950: Kinder aus Griechenland

Anfang der 60er Jahre träumen auch die DDR-Bürger vom sonnigen Süden, und wenn der Grieche Perikles Fotopoulos auf den Schlageralben der Amiga »Schlafe gut Helena« oder »Ay, Ay Amigo« singt, fühlt man sich fast schon auf der Reise. Doch wie kommt ein echter Grieche eigentlich in die DDR?

In den Jahren 1946 bis 1949 herrscht in Griechenland Bürgerkrieg. Die kommunistisch geführte Demokratische Armee Griechenlands kämpft gegen die konservative Regierung, die zunächst von den Engländern, dann auch von den Amerikanern unterstützt wird. Mit der Schlacht am Berg Gramos im Herbst 1949 endet der Krieg. Die Kommunisten haben ihn verloren. Nun fliehen viele aus Angst vor politischer Verfolgung, andere haben schon in den Jahren zuvor ihre Kinder in den sozialistischen Staaten in Sicherheit gebracht.

Auch die gerade gegründete DDR will helfen. Am 4. August 1949 trifft ein erster Transport von 342 griechischen Kindern ein. Am 1. Juli 1950 kommen noch einmal 720 Kinder, vom Säugling bis zum Teenager. Für sie wird in Radebeul das Heimkombinat Freies Griechenland geschaffen.

Die Kinder bekommen eine kostenlose Schul- und Berufsausbildung, die meisten arbeiten danach in der Produktion. Es gibt auch Ausnahmen, wie Perikles Fotopoulos. Er wird Schlagersänger.

1961 leben 980 Erwachsene und 337 Kinder aus Griechenland in der DDR, denn viele haben inzwischen untereinander geheiratet und selbst Nachwuchs. Im Jahr 1980 sind 1625 griechische Bürger registriert. Mitte der 70er bis Mitte der 80er Jahre kehren viele von ihnen in ihre Heimat zurück. Das unterstützt die DDR politisch und finanziell. Damit verbindet sich die Hoffnung, dass die DDR-Erziehung auch weiter wirkt und sich die Rückkehrer in der griechischen KP engagieren.

Im Jahr 1989 leben noch 482 Griechen in der DDR.

Sommer 1950: Die Ami-Käfer kommen

Im Mai 1950 entdecken Bauern im Südwesten und Norden der DDR einen massenhaften Befall ihrer Felder mit Kartof-

felkäfern. Biologen wissen, dass sich die aus Amerika ein-
geschleppten Coloradokäfer seit Jahrzehnten Richtung
Osten ausbreiten und dieser Prozess durch den Zweiten
Weltkrieg infolge unzureichender Bekämpfung noch beschleunigt wurde. Im gerade begonnenen Kalten Krieg hat
diese natürliche Erklärung nichts zu suchen.

Im Juli 1950 stellt Gerhart Eisler (1897–1968) als Leiter des
Amtes für Information und damit Propagandachef der DDR
eine Broschüre vor, die den Geist der Zeit atmet: Auf
grünen Bahnen kriechen blauweißrote Amikäfer – in Wirklichkeit sind sie schwarzgelb gestreift – gen Osten, der von
einer massiven Schranke aus den Buchstaben H A L T ge-
schützt ist. Angeblich haben die Amerikaner die Schädlinge mit Flugzeugen abgeworfen, von regelrechten Bomber-
geschwadern ist die Rede.

Eine Regierungskommission wird gebildet und in regelmä-
ßigen Abständen erscheinen in den Zeitungen ihre Rappor-
te mit bis auf den Käfer genau ausgewiesenen Zahlen über
die erlegten Feinde. Fotos von den amerikanischen Flugzeugen über der DDR oder den Abwurfbehältern gibt es
hingegen nicht.

Stattdessen wird die Propagandaschlacht sogar auf die
Kinder ausgedehnt. Ein Buch über »Karl Kahlfraß und sein
Lieschen« zeigt auf dem Cover schwarze Flieger, die nach
Westen abdrehen.

Damals verfehlt das alles seine propagandistische Wirkung
nicht. In zu frischer Erinnerung sind die amerikanischen
und englischen Bomber, die die deutschen Städte in Schutt
und Asche legten. Und jetzt geht es plötzlich um biologische
Waffen!

Zehntausende ziehen auf die Felder, um der Bedrohung
Herr zu werden. Viele Kinder und Jugendliche sind dabei,
an der Herkunft der Käfer aus amerikanischen Bombern
wird kaum gezweifelt.

Manche erinnerten sich daran, dass Kartoffelkäfer schon
während des zweiten Weltkrieges als Propagandawaffe eingesetzt wurden. Deutschland und England bezichtigten sich
gegenseitig, die Schädlinge über dem jeweils feindlichen
Gebiet verstreut zu haben.

Das hat es in Wahrheit wohl nicht gegeben. Belegt ist allerdings, dass die Wehrmacht 1943 Kartoffelkäfer züchtete und 14 000 Insekten in einem Testversuch über der Pfalz abwarf. Es sollte überprüft werden, ob die Käfer den Sturz vom Himmel überhaupt überstanden. In das Arsenal von Hitlers Wunderwaffen wurden sie dennoch nicht eingereiht.

Wahrscheinlich ist es aber gerade diese Kartoffelkäfer-Geschichte aus dem Krieg, die die Amerikaner veranlasst, von Bonn Gegenmaßnahmen gegen die DDR-Propaganda zu verlangen. Unter strengster Geheimhaltung treffen sich deshalb Anfang August 1950 Mitarbeiter des für die Propaganda im Osten Deutschlands zuständigen Pressereferates im Ministerium für gesamtdeutsche Fragen mit amerikanischen Geheimdienstlern in der Bonner Ermekeilkaserne. Sie kommen überein, Kartoffelkäfernachbildungen mit aufgedruckten Politsprüchen und einem F für Freiheit in den Osten zu versenden.

Dafür werden postkartengroße Bögen mit jeweils etwa 50 Kartoffelkäferbildern gedruckt und an alle Räte der Gemeinden in der DDR geschickt. Weitere Käfernachbildungen stanzt man aus und lässt sie von Ballons über die Grenze transportieren.

Mit der Aktion gelingt es, in der Zone das F als Freiheitssymbol bekanntzumachen. Auch nachdem die Kartoffelkäfer-Kampagne nach einigen Monaten im Sande verlaufen ist, werden über die Kampfgruppe gegen Unmenschlichkeit in Westberlin Zehntausende Zettel mit dem F in die DDR verbracht und dort von Einheimischen an Hauswände und Bäume geklebt. Das endet für viele der Protestler vor Ort mit jahrelangen Zuchthausstrafen.

30. August 1950: Zeugen Jehovas in der DDR

Die DDR ist noch kein Jahr alt, da wird die Religionsgemeinschaft Zeugen Jehovas als »Handlanger des Imperialismus« von Innenminister Karl Steinhoff (1892–1981) verboten.

Dem war bereits am 13. September 1949 ein 10-Punkte-Programm Walter Ulbrichts gegen die Aktivitäten dieser Gruppe vorausgegangen. Auf die Proteste der Glaubensgemeinschaft, die in der Verletzung ihres verfassungsmäßigen Rechts auf Religionsfreiheit ein Wiederaufleben von Nazimethoden sieht, so ihre Petition an die provisorische Regierung der DDR vom 10. Juli 1950, reagiert die SED mit Repressionen.

In den nächsten Jahren werden etwa 6000 Zeugen Jehovas verurteilt, 60 von ihnen sterben in der Haft. Der erste große Prozess gegen die verbotene Religionsgemeinschaft findet am 4. Oktober 1950 vor dem Obersten Gericht der DDR unter Vorsitz von Hilde Benjamin (1902–1989) statt. Sie verurteilt im Namen des Volkes neun Zeugen Jehovas wegen des Verstoßes gegen Art. 6 der Verfassung zu zweimal lebenslänglicher Haft, dreimal 15 Jahren, einmal zwölf Jahren, zweimal zehn Jahren und einmal acht Jahren Freiheitsentzug.

Am 25. November 1950 erhalten 21 Zeugen Jehovas vom Landgerichts Dresden wegen Spionage Haftstrafen von drei Jahren bis lebenslänglich (dreimal). Im Urteil heißt es unter anderem: »Die Angeklagten, deren Handlungen als Spionage bezeichnet werden, haben im Dienst des amerikanischen Imperialismus gehandelt ... hierzu gehört auch die Kriegshetze in der Form, die in der Ablehnung der Unterschriftensammlung gegen die Anwendung der Atombombe zum Ausdruck kommt ...«

Zu den vorgeschobenen politischen Gründen bei der Verurteilung von Zeugen Jehovas zählt auch der Gummiparagraph Boykotthetze. Unter diesem Vorwurf verurteilt das Landgericht Magdeburg am 18. Dezember 1950 sieben Mitglieder der Religionsgemeinschaft. Ein Angeklagter erhält zehn Jahre Zuchthaus, zwei weitere je neun Jahre. Drei Urteile lauten auf acht, eines auf fünf Jahre.

Wesentlich milder fallen Verurteilungen Ende der 50er Jahre aus. Wegen seiner Betätigung für die Zeugen Jehovas schickt das Bezirksgericht Gera im Mai 1959 einen Bäcker für viereinviertel Jahre ins Zuchthaus. Das Bezirksgericht Cottbus verurteilt einen Bauern und eine Hausfrau im August 1959 zu einem bzw. zweieinhalb Jahren Zuchthaus. Im November des Jahres spricht das Bezirksgericht Cottbus zwei Urteile von je zweieinhalb Jahren Zuchthaus aus.

Als Religionsgemeinschaft staatlich anerkannt werden die

Zeugen Jehovas erst von der letzten SED-geführten DDR-Regierung am 14. März 1990, vier Tage vor deren Abwahl. Nebenbei: Wegen der Verweigerung jeglichen Wehr- und Zivildienstes geraten die Zeugen Jehovas auch im Westen mit den Gesetzen in Konflikt. Am 4. Oktober 1965 verwirft das Bundesverfassungsgericht die Verfassungsbeschwerde des Zeugen Jehovas und Wehr- und Zivildienstverweigerers Ewald G. Zu diesem Zeitpunkt büßen in der Bundesrepublik bereits 559 Zeugen Jehovas ihre Totalverweigerung mit Gefängnisstrafen.

31. August 1950: Der Reichsbahnchef ist verschwunden

Am 24. August 1950 hat die Zentrale Parteikontrollkommission (ZPKK) Willi Kreikemeyer, den Generaldirektor der deutschen Reichsbahn, aus dem Urlaub zurück beordert und zum Haus des Zentralkomitees in der Lothringer Straße 1 (heute Torstraße) bestellt, wo er von der Staatssicherheit verhaftet und in die Untersuchungshaftanstalt in der Albrechtstraße eingeliefert wird.

Kreikemeyer, 1894 in Magdeburg geboren, KPD-Mitglied seit 1919 und seit 1923 hauptamtlicher Funktionär, war im Februar 1933 auf Geheiß der Partei in die Schweiz emigriert und von dort nach Frankreich ausgewiesen worden. Als Freiwilliger im Spanienkrieg brachte er es bis zum Hauptmann und traf dort zum ersten Mal den Mann, der für sein bis heute unaufgeklärtes Ende verantwortlich war: Erich Mielke.

Nach dem Beginn von Hitlers Frankreich-Feldzug nahmen Kreikemeyer und seine französische Frau im unbesetzten Teil des Landes – wiederum von der Partei beauftragt – Verbindung zu Noel Field (1904–1970) und dessen amerikanischer Hilfsorganisation auf. Der ehemalige US-Diplomat und seine Frau halfen vor allem mit Pässen und Geld – für die meisten Emigranten die letzte Rettung in nahezu aussichtsloser Situation. Ein Name auf Kreikemeyers Liste der dringend hilfsbedürftigen Kommunisten lautete Leistner.

»Leistner ist Mielke«, erklärt Kreikemeyer bei einer ersten Befragung durch die ZPKK am 5. Juni 1950. Dieses Wissen konnte Mielke gefährlich werden, denn seine von Moskau abgesegnete Biografie vom Soldaten der Roten Armee wäre zerstört und er selbst entlarvt als Westemigrant, dem nunmehr in der DDR Verfolgung drohte. Noel Field, in Budapest gefangen gehalten, gilt Stalins Schergen inzwischen als Kopf einer amerikanischen Spionageorganisation. Der Kontakt zu ihm kann tödliche Konsequenzen haben, das weiß Kreikemeyer so gut wie sein Kerkermeister Mielke.

Der verhört den Gefangenen Nr. 2 in der Untersuchungshaftanstalt in der Albrechtstraße persönlich. Mielke ist nachweislich einer der letzten, der Kreikemeyer lebend sieht und mit ihm spricht. Vom 27. August 1950 stammt dessen letzte schriftliche Äußerung, ein Brief an »Herrn Staatssekretär Leistner«. Danach fehlt – bis heute – jede Spur von Kreikemeyer.

Seiner Frau, die jahrelang hartnäckig nach ihm forscht, verweigert man nach anfänglichen Lügen jegliche Auskunft. Erst am 25. Oktober 1954, dem Tag, an dem Noel Fields Bruder Herman in Warschau freigelassen wird, nachdem die Lügenkonstruktion um den angeblichen Superagenten Noel Field zusammengebrochen ist, formuliert Mielkes Mittäter und späterer Stellvertreter Alfred Scholz (1921–1978) einen Plan mit Vorgehensvarianten im Fall K. Mielke entscheidet sich für einen vorgeblichen Suizid Kreikemeyers. Danach soll er sich am 31. August 1950 »an drei zusammengeknüpften Taschentüchern, die er an den Scharnieren seiner Zellentür angebracht hatte« erhängt haben.

Kreikemeyers Frau Marthe, nach weiteren Drohungen der Staatssicherheit in den Westen gegangen und später nach Frankreich heimgekehrt, erhält erst nach zahllosen vergeblichen Anfragen und Briefen im Juli 1957 von der Generalstaatsanwaltschaft der DDR eine Todeserklärung für ihren Mann per 31. August 1950. »Eine Eintragung in das Sterbebuch ist seinerzeit verabsäumt worden«, heißt es darin. Von Mielkes Suizidvariante erfährt sie bis zu ihrem Tode 1986 nicht.

11. September 1950: Ein vertraulicher Brief an Walter Ulbricht

Auf einer Reise in die Sowjetunion ist FDJ-Chef Erich Honecker (1912–1994) der damals 22-jährigen Margot Feist aus Halle, Sekretärin des Zentralrates der FDJ und Vorsitzende der Pionierorganisation Ernst Thälmann, nähergekommen.

Wenig später hören die Genossen im Zentralrat der FDJ hinter der verschlossenen Bürotür eindeutige Geräusche und auch die Fahrer des Jugendverbandes wissen schnell, was Sache ist: Der Chef lässt sich mit dem Dienstwagen zu seiner Geliebten in der Einbecker Straße in Berlin-Lichtenberg kutschieren.

Ehefrau Edith Baumann (1909–1973) ist gerade einmal zwei Jahre mit Erich verheiratet und will der Rivalin nicht so einfach das Feld räumen. Außerdem ist sie schwanger.

Auf die Moral der Genossen hat die Parteiführung in jenen Jahren ein strenges Auge. Wer seiner Angetrauten untreu ist, hat sich vor dem Kollektiv zu verantworten und manch Parteisekretär nimmt die Ohrenbeichte zu Details des außerehelichen Beischlafs ab.

Deshalb rechnet sich auch Edith Baumann gute Chancen für die Fortführung ihrer Ehe aus, als sie am 11. September 1950 ihrem Chef Walter Ulbricht einen Brandbrief schreibt:

> Lieber Walter,
>
> Sei nicht böse, wenn ich Dich noch einmal mit persönlichen Sorgen belästige. Ich möchte Dich nur kurz über das Ergebnis unseres »Urlaubs« informieren. Er war eine Kur, Walter, aber eine Pferdekur …

Dann beschreibt Edith Baumann, wie sie die Aussprache mit ihrem Ehemann fordert, Erich Honecker ihr aber aus dem Weg geht. Er weiß, dass die Parteiführung über seine Liaison mit Margot Feist informiert ist und tippt auf die Stasi. Aber Erich Honecker will sich seine Liebe nicht nehmen lassen. Er hat bereits mit Heinz Keßler gesprochen. Wenn Ulbricht ihn feuert, soll der 30-Jährige die FDJ übernehmen. Edith Baumann:

> Im Laufe der Aussprache erlebte ich einen Zusammenbruch seinerseits, der furchtbar war. Selbstanklagen, vollkommene Ausweglosigkeit …
>
> Er weiß, dass er in sein Unglück läuft, aber es frisst wie ein Feuer in ihm, er kommt nicht von dem Mädel los, trotzdem er es mehrfach versucht hat, sie zu behandeln wie jede andere …

Margot hat längst gemerkt, dass ihr der fünfzehn Jahre ältere Mann verfallen ist. Sie drängt auf eine Entscheidung. Das weiß auch die Ehefrau:

> Dabei erfuhr ich außerdem, dass sie bereits dreimal brutal die Frage der Trennung von mir gestellt hat ... ich erkannte auch, dass er unter dem ständigen Druck beginnt nachzugeben ...

Erich und Edith einigen sich darauf, trotzdem weiter gemeinsam in der ehelichen Wohnung zu leben, und der Verliebte ist so lange freundlich und ausgeglichen, wie er das Objekt seiner Begierde nicht sieht. Edith Baumann berichtet an Walter Ulbricht:

> Das änderte sich schlagartig mit dem Tage, da offensichtlich die Zusammenarbeit mit M. F. (Margot Feist – K. B.) wieder begann ... er kommt wieder vor zwölf, halb ein Uhr nachts nicht nach Hause und hat zwei Nächte hindurch das wirrste Zeug fantasiert ...

Noch baut Edith Baumann darauf, dass sie ihren Mann wiedergewinnt, wenn Walter Ulbricht nur für das Verschwinden der Nebenbuhlerin sorgen würde:

> Ist es wirklich nur ein Feuer, wie Erich selbst sagt, so wird es verlöschen, wenn ihm die tägliche Nahrung fehlt ... Erich weiß von diesem Brief nichts und wird nichts erfahren.

Doch auch Walter Ulbricht ist gegen die Liebe machtlos. Den Genossen bleibt nur ein letzter Versuch, die Liebenden zu trennen: 1953 schicken sie Margot Feist für ein Jahr auf die Jugendhochschule des Komsomol nach Moskau. Das gemeinsame Baby Sonja ist noch kein Jahr alt und bleibt bei Papa Erich.

Der vergisst »die Intrigen, die da waren und die ich nicht verhindern konnte«, nicht. Nach seinem Sturz 1989 resümiert er bitter: »Nachträglich muss ich sagen, das war schier unmenschlich gewesen. Es gab keinen dringenden Anlass, das nun unbedingt in dem Jahr durchzuführen, man hätte auch noch ein Jahr warten können.«

Damals, im Jahr 1953, reagierte er so, wie viele junge Männer reagieren, die plötzlich allein ein Kind zu versorgen haben. Erich Honecker holte seine Eltern aus dem Saarland zur Betreuung des Babys nach Berlin.

15. Oktober 1950: Vom Tivoli ins Zuchthaus

Bei der ersten Volkswahl der DDR am 15. Oktober 1950 hat das Volk keine große Wahl. Ab sofort gibt es nur noch Einheitslisten und die sollen am liebsten auch noch offen in die Urnen gesteckt werden.

Hermann Josef Flade aus Olbernhau im Erzgebirge findet das nicht in Ordnung. Mit einem Kinderdruckkasten fabriziert der 18-jährige Schüler etwa 200 Flugblätter und verteilt sie in dem Städtchen. Seine Parolen klingen naiv: »Die Gans latscht wie Pieck, schnattert wie Grotewohl und wird gerupft wie das deutsche Volk.«

Der Junge hält seine Sprüche für eine Heldentat, und als er sie am 14. Oktober erneut verteilt, hat er sogar sein Taschenmesser dabei. Eine VP-Streife schnappt ihn, Flade sticht einem Polizisten die nur wenige Zentimeter lange Messerklinge in den Rücken. Daraus macht der Staatsanwalt einen Mordanschlag gegen die Staatsmacht, denn er will ein Exempel statuieren.

Die Funktionäre haben das Grummeln in der Bevölkerung gegen die manipulierte Wahl wohl vernommen. Deshalb wird ein Schauprozess organisiert, der eine klare Botschaft aussenden soll: Wir haben hier die Macht und wer gegen uns ist, wird mit aller Härte bestraft. Das Schauspiel findet in Olbernhau im Saal der Gaststätte Tivoli statt, rund 1200 Zuschauer müssen die Betriebe aus der Umgebung stellen.

Hermann Josef Flade spürt offenbar nicht, dass es um seinen Kopf geht. »Ich sagte mir, bei einer Wahl müsste auch eine andere Stimme gehört werden, da ich das nicht offen machen konnte, weil ich sonst von der Schule fliegen würde, musste ich das nachts im Geheimen tun«, zitiert ihn das Verhandlungsprotokoll.

Am 10. Januar 1951 wird der Schüler zum Tod unter dem Fallbeil verurteilt. In ganz Deutschland bricht ein Sturm der Entrüstung los. Flugblätter kursieren, an Hauswänden tauchen über Nacht Inschriften auf wie »Gebt Flade frei« und »Rache für Flade«.

Die DDR-Machthaber nehmen das ernst, denn noch sitzen sie nicht allzu fest im Sattel. In der zweiten Instanz wandelt das Gericht deshalb das Todesurteil in 15 Jahre Zuchthaus um. Hermann Josef Flade verbüßt davon zwei Drittel in Bautzen, Torgau und Waldheim. 1960 kommt er in den Genuss einer Amnestie und geht in den Westen. Er stirbt 1980 im Alter von nur 48 Jahren.

10. November 1950: Privilegien für Funktionäre, Wissenschaftler und Künstler

Ein Jahr nach Gründung der DDR genießt Wohlstand, wer ein Stück Butter ohne Marken kaufen kann. Das gibt es in der HO und ein Kilo kostet 24 Mark. Für das Kilogramm Zucker sind dort zwölf Mark auf den Tisch zu blättern, für die gleiche Menge Schweinefleisch 15 Mark.

Arbeiter mit einem durchschnittlichen Gehalt von damals 295 Mark im Monat können sich diese Genüsse kaum leisten. Besser geht es da schon den Parteifunktionären. Am 10. November 1950 beschließt das Sekretariat des Zentralkomitees der SED deren Gehälter: Mitglieder und Kandidaten des Politbüros erhalten künftig 1950 Mark, Abteilungsleiter im ZK 1300 Mark, Sektorenleiter 1100 Mark. Mitarbeiter des Politbüros bekommen 700 bis 1000 Mark, Lehrer an SED-Parteischulen 900 bis 1000 Mark. Davon erfährt der Durchschnittsbürger aus der Presse natürlich nichts.

Mindestens ebenso wichtig scheint es, die Leistungsträger im Land zu halten, und auch das soll über Geld und Privilegien funktionieren. Bereits am 4. Februar 1949 wurden sogenannte Intelligenzkarten, Lebensmittelkarten mit erhöhten Rationen, eingeführt.

Ebenfalls noch vor Gründung der DDR, am 31. März 1949, wird die Verordnung über Erhaltung und Entwicklung der Wissenschaft und Kultur, die weitere Verbesserung der Lage der Intelligenz, die Steigerung ihrer Rolle in Produktion und öffentlichem Leben erlassen. Sie stellt die Umworbenen bei der Versorgung mit Lebensmitteln und Industriewaren den Schwerarbeitern gleich, regelt die Versorgung über die Betriebe und die »bevorzugte Gewährung von Krediten für den Bau von Eigenheimen der Wissenschaftler, Schriftsteller, Künstler, Ingenieure, Ärzte und Lehrer«.

Am 10. Juli 1951 beschließt das Politbüro der SED die Förderung der Wissenschaftler und Gelehrten. Es gibt mehr Einzelverträge und die Altersversorgungs-Verordnung wird ausgedehnt. Das Schlüsselwort heißt nun materielle Interessiertheit.

Dieses sogenannte Prinzip der Führung und Leitung schlägt sich auch in der Verordnung über die Erhöhung der Gehälter für Wissenschaftler, Ingenieure und Techniker vom 28. Juni 1952 nieder. Danach »sind im Einzelfall erhöhte Gehälter bis zu DM 4000 festzusetzen ... Die Renten der zusätzlichen Altersversorgung der Intelligenz ... werden nach den Gehaltssätzen dieser Verordnung errechnet«.

Für die Arbeiter im Arbeiter-und-Bauern-Staat gibt es keine vergleichbaren Privilegien. Für die DDR-Elite außerhalb der SED-Strukturen laufen sie nach dem Mauerbau nach und nach aus. Nun müssen diese Leute nicht mehr umworben werden.

05. Juli 1951: Feuer auf der Spree

Für Erich Weise soll das Binnenschiff MS Heimatland so etwas wie eine neue Heimat werden. Dafür hat er den alten, maroden Kahn gekauft. Der Diesel ist hin. Reeder Weise besorgt sich einen Benzinmotor, auch nicht mehr neu, aber er fummelt das Ding irgendwie ins Schiff. Gerade sechs Jahre nach dem Krieg ist Improvisieren angesagt.

Der 5. Juli ist kühl und regnerisch, es soll nicht wärmer als 17 Grad werden. Gerade richtig für einen Ferienausflug auf der Spree. Die Heimatland legt um 9.35 Uhr am Kreuzberger Gröbenufer ab und tuckert durch die kriegszerstörte Innenstadt Berlins. Nach zehn Minuten macht sie im Treptower Hafen fest. Neben der Heimatland liegt die Elfriede von Kapitän Bernhard Langwaldt. Die beiden Schiffe sollen die Schulkinder aus dem grauen Prenzlauer Berg für einen Tag ins grüne Hessenwinkel bringen.

Kurz vor zehn legt Erich Weise ab, 127 Fahrgäste an Bord. Er ist noch im Hafen, als eine Explosion den Maschinenraum zerreißt. Ein Defekt im Treibstofftank. 400 Liter Benzin stehen schlagartig in Flammen. Kinder vom Oberdeck werden in die Spree geschleudert, das Feuer lodert über die Aufbauten, wie Fackeln brennt die dünne Sommerkleidung der kleinen Passagiere. Qualm beißt in den Augen, Schreie, Panik überall.

Bernhard Langwaldt steuert seine Elfriede längsseits. Wer kann, springt rüber. Doch immer wieder fallen dabei Kinder ins Wasser, versinken wie Steine. Die wenigsten können schwimmen. Dutzende von Passanten versuchen die Kinder zu retten.

Schon neun Tage später ehrt Ostberlins Oberbürgermeister Friedrich Ebert (1894–1979) 34 Lebensretter mit 500-Mark-Einkaufsgutscheinen für die HO. Die Katastrophe konnten sie nicht verhindern. Mindestens 28 Kinder und zwei Betreuer starben. Westberliner Zeitungen sprechen sogar von insgesamt 49 Todesopfern. Der Kalte Krieg zwischen Ost und West hat begonnen, die Kontrahenten bezichtigen sich gegenseitig, effektive gemeinsame Rettungsarbeiten behindert oder gar vereitelt zu haben.

Die Schatten der Politik treffen auch Erich Weise. Er hatte den Benzintank falsch eingebaut, so dass der Vergaserbrand entstehen und die Explosion verursachen konnte. Vor Gericht wird diese Fahrlässigkeit zum »ungehemmten kapitalistischen Gewinnstreben«. Das wird mit einem Urteil von 15 Jahren Zuchthaus geahndet.

18. Oktober 1951: Die VP zieht in den Krieg

Das Örtchen Steinstücken gehört bis zum Fall der Mauer am 9. November 1989 zu den vielen Kuriositäten in und um das geteilte Berlin. Das zwölf Hektar große Stückchen Land mit seinen – in guten Zeiten – bis zu 170 Einwohnern ist eine Westberliner Exklave und ringsum vom Potsdamer Stadtbezirk Babelsberg umgeben.

Das hat historische Wurzeln. Im Jahr 1787 erwarb das Dorf Stolpe das Land, auf dem sich 1817 die Kolonie Steinstücken ansiedelte. 1898 übernimmt die Gemeinde Wannsee das Dorf Stolpe und damit auch Steinstücken. Als 1920 »Groß-Berlin« entsteht, geht Wannsee an Zehlendorf. Bis zum Ende des Zweiten Weltkrieges bleibt das ohne Bedeutung, aber dann wird nicht nur Deutschland, sondern auch Berlin geteilt. Zehlendorf gehört nun zum Amerikanischen

Sektor der Stadt und so gibt es plötzlich ein Stückchen Amerika mitten in der DDR.

Die will das Ärgernis unauffällig beseitigen und lässt Steinstücken am 18. Oktober 1951 von der Kasernierten Volkspolizei (KVP) im Handstreich besetzen.

Das lassen sich die USA nicht bieten. Sie protestieren umgehend bei den sowjetischen Behörden, denn eine DDR existiert für Washington zu jener Zeit nicht. Die Sowjetunion wiederum ist dringend an der Aufrechterhaltung des Vier-Mächte-Status von Berlin interessiert, und so pfeift Stalin seine ostdeutschen Statthalter sofort zurück. Sang- und klanglos verschwindet die KVP wieder aus Steinstücken und zäunt den Flecken ein.

Die USA sind nun aufmerksam geworden und stationieren im Sommer 1952 drei Soldaten ihrer Army in Steinstücken. Die Männer werden per Hubschrauber eingeflogen und müssen dann jeweils eine Woche Dienst schieben. Es ist ein ruhiger Posten. Aber einer der brisantesten der Welt: Die Amerikaner lassen die sowjetische Besatzungsmacht nämlich wissen, dass sie einen erneuten Einmarsch in Steinstücken als direkten Angriff auf Amerika werten würden.

Einen Weltkrieg um die paar Häuser riskieren will keiner der beteiligten Seiten und so bleibt der DDR nur die kleine Rache. Wer von Steinstücken ins 1200 Meter entfernte Zehlendorf will, muss nun erst einmal in die DDR einreisen und dann wieder ausreisen. Das wird natürlich kontrolliert und das wiederum kann dauern.

Die Amerikaner und ihre britischen und französischen Verbündeten protestieren gegen den Ausbau der Grenze um Berlin und damit auch um die Exklave. Doch das verhallt ungehört. Strom und Wasser für Steinstücken kommen aus Potsdam und so könnten die Einwohner dort schnell zu Geiseln im Kalten Krieg werden.

Die Lage entspannt sich erst, als nach Inkrafttreten des Vierseitigen Abkommens über Westberlin am 3. Juni 1972 ein Gebietsaustausch vereinbart wird. Die DDR bekommt dabei eine Fläche von 15,6 Hektar und einen Wertausgleich von vier Millionen DM, Westberlin erhält im Gegenzug 17,1 Hektar Grund.

Für die 1,2 Kilometer lange Straße von Kohlhasenbrück nach Steinstücken werden 2,3 Hektar angesetzt. Die DDR mauert den Korridor an beiden Seiten ein, aber nun können die Einwohner des so lange isolierten Ortes ohne Kontrollen Westberlin erreichen. Von dort werden inzwischen auch die Strom- und Wasseranschlüsse versorgt.

Heute ist der einstmals umstrittene Ort nur noch ein Schleichweg für Potsdamer Autofahrer auf dem Weg nach Wannsee. An die Zeit als amerikanischer Vorposten im Kalten Krieg erinnert ein Denkmal auf dem ehemaligen Hubschrauberlandeplatz. Und die Beschränkung auf 20 km/h bei der Ortsdurchfahrt.

19. April 1952: Grubenbrand und Schauprozess

Am 19. April 1952 bricht in Schacht IV des Martin-Hoop-Werkes Zwickau ein Grubenbrand aus. Er entwickelt sich schnell zur Katastrophe für die Steinkohlekumpel. 48 Bergleute sterben, 27 weitere werden verletzt, manche davon schwer. Eine ganze Abteilung des Werkes muss stillgelegt werden. Der Sachschaden beläuft sich auf etwa fünf Millionen Mark.

Für den Unfall müssen sich leitende Ingenieure, Steiger und ein Sicherheitsinspektor verantworten. Unstrittig ist, dass sie über Sicherheitsmängel hinweggesehen und so zum Ausbruch der Katastrophe beigetragen haben.

Im Prozess vor dem Obersten Gericht der DDR, das in diesem Fall in Zwickau tagt, spielen aber kurioserweise ganz andere Dinge eine Rolle. Den Angeklagten wird ihr Verhalten in der Nazizeit, wie die Mitgliedschaft in der HJ oder die Teilnahme am Krieg, vorgehalten. Wer dafür zu jung ist, muss sich Bagatellen aus seinem Vorleben vorwerfen lassen. Ihr Versagen wird vor Gericht zur »Schlampigkeit politisch unreifer Menschen«.

Das hat politische Gründe. In den drei Förderschächten Hoop III, IV und VII liegt die Planerfüllung nur bei 85 bis 86 Prozent. Dafür werden Verantwortliche gesucht. Die Kumpel sollen es nicht sein, denn die werden gebraucht. Also müssen die Chefs herhalten.

Das Gericht bewertet in seiner Entscheidung vom 5. Juli

1952 die Verletzung des Arbeitsschutzes als »Ausdruck ...
(der) Missachtung des arbeitenden Menschen« und be-
scheinigt sich selbst »die große erzieherische Bedeutung
dieses Prozesses«. Die Angeklagten bekommen Strafen zwischen drei Jahren und zwölf Jahren Gefängnis.

03. Juni 1952: Das belagerte Funkhaus in Westberlin

Am 13. Mai 1945 nahm der sowjetisch lizenzierte Berliner
Rundfunk den Sendebetrieb in dem 1929/31 von Hans
Poelzig gebauten Funkhaus in der Masurenallee auf. Zum
Ärger der Westberliner befand sich die Zentrale des »demo-
kratischen« Rundfunks mit dem Berliner Rundfunk und
dem Deutschlandsender im dritten Jahr des Bestehens der
DDR noch immer im Britischen Sektor. Das Funkhaus blieb
»eine unter sowjetischer Besatzungshoheit stehende Enkla-
ve«, wie das Moabiter Schwurgericht 1951 im gescheiterten
Menschenraubprozess gegen den Redaktionsleiter Richard
Gladewitz und andere bestätigt hatte.
In der Nacht vom Pfingstmontag 1952 riegeln britische
Truppen das »rote« Funkhaus ab und umgeben es mit
Stacheldrahtsperren. Personen dürfen das Haus verlassen,
jedoch nicht betreten. Das ist die alliierte Antwort auf die
von der DDR-Führung mit Stalin abgesprochenen »Maßnahmen zum strengeren Grenzregime ab Mitte Mai 52« die
unter anderem zur Blockade der Westberliner Exklaven auf
DDR-Gebiet geführt haben. Ende Mai war in Ostberlin bereits der Telefonverkehr mit den Westsektoren unterbrochen
worden. Westberliner dürfen nicht mehr in die DDR einreisen, die in Westberlin gelegenen Bahnhöfe werden (bis auf
den Interzonen-Bahnhof Zoo) stillgelegt.
In dieser Juninacht 1952 befinden sich neben dem sowjetischen Wachpersonal nur eine normale Schichtbesetzung
von Redakteuren, Sprechern und Technikern in dem weit-
läufigen Gebäude. Chef vom Dienst ist routinemäßig der
aus dem Westen gekommene Kommentator Karl-Eduard
von Schnitzler. Unter seinem Kommando läuft der Programmbetrieb beider Sender weiter, als sei nichts geschehen. Erst nach und nach übernimmt man vor allem Nachrichten und aktuelle Programmteile aus einem ehemaligen

Bootshaus in Berlin-Grünau. Die Leitungen zu den Sendern in der DDR werden im Verstärkeramt Winterfeldtstraße (Amerikanischer Sektor) nicht unterbrochen.

Als die Briten am 9. Juni die Blockade lockern, nutzt die in Ostberlin ansässige Generalintendanz des Demokratischen Rundfunks die Gelegenheit zum Austausch der Mitarbeiter. Die zweite Gruppe mit etwa 50 Personen bleibt fast sechs Wochen im Haus, das nach und nach ausgeräumt wird. Erst am 22. August verlassen die letzten vier Techniker das »ausgeweidete« Gebäude.

Am 5. Juli 1956 übergibt es die sowjetische Besatzungsmacht dem Senat von Westberlin. Im Oktober 1957 nimmt der 1953 gegründete Sender Freies Berlin den Programmbetrieb in dem denkmalgeschützten Haus auf.

Nebenbei: Die britische Blockade kommt für Ostberlin keineswegs überraschend. Bereits im Mai 1952 fanden im umgebauten und erweiterten Gebäude einer ehemaligen Furnierfabrik in Oberschöneweide die ersten Probesendungen statt. Am 12. September des gleichen Jahres nimmt das neu gebildete Staatliche Rundfunkkomitee dort den Sendebetrieb auf.

08. August 1952: Erich Honecker als Versager

Am 8. August 1952 tritt das erste Vorauskommando des von Erich Honecker auf Weisung Walter Ulbrichts ins Leben gerufenen Diensts für Deutschland (DD) zur Arbeit an.

Die Idee ist beim Reicharbeitsdienst der Nazis geklaut: Auf freiwilliger Grundlage sollen Jugendliche zwischen 17 und 21 Jahren für jeweils sechs Monate und eine Mark Lohn am Tag kasernierten Arbeitsdienst leisten. Geplant sind 66 Lager und 100 000 Arbeiter pro Durchgang.

Der FDJ-Chef hat die Arbeitsbataillone zwar innerhalb von vier Wochen aufgestellt, aber die Bedingungen in den Lagern wie Prora, Altwarp, Karpin und Drögeheide sind katastrophal. Es fehlt an Verpflegung und Bekleidung, die sanitären Einrichtungen sind unzureichend, Geschlechtskrankheiten grassieren.

Davon erfährt das Politbüro, das von dem Alleingang von Ulbricht und Honecker nichts weiß. Während des Urlaubs der beiden kommt es zu harscher Kritik. Gegen den FDJ-Chef wird ein Parteiverfahren beantragt, weil er die FDJ »verbürokratisiert« habe, sie nur »kampagnenhaft« leite und »herzlos« und »arrogant« handele. Walter Ulbricht gelingt es, die Strafe abzuwenden. Der DD wird im Januar 1953 aufgelöst.

Es ist bereits das dritte Mal, dass er seinem Kronprinzen den Kopf rettet. Das erste Mal versagt die FDJ bei der Organisation der III. Weltfestspiele der Jugend und Studenten vom 5. bis 19. August 1951 in Berlin. Es klappt weder die Verpflegung noch die Unterbringung der Teilnehmer. Viele von ihnen versorgen sich in Westberlin und nehmen dort auch an Veranstaltungen teil. Staatspräsident Wilhelm Pieck wird nicht auf die Ehrentribüne gelassen – weil er keine Eintrittskarte dabeihat. Bei der Auswertung der Weltfestspiele hält das Politbüro Erich Honecker zum ersten Mal Arroganz und mangelnde Kooperationsbereitschaft vor. Walter Ulbricht bügelt die Kritik ab.

Der nächste Flop ist der Bau neuer Gebäude für die am 22. Mai 1946 eröffnete Jugendhochschule am Bogensee. Anfang der 50er Jahre stellt sich heraus, dass sie erst zu 60 Prozent fertiggestellt sind, aber bereits das Dreifache der veranschlagten Summe verschlungen haben.

Die Genossen fordern ein Parteiverfahren gegen Erich Honecker vor der Zentralen Parteikontrollkommission. Walter Ulbricht spürt, dass der Schuss eigentlich ihm gilt, rügt seinen Schützling, aber sorgt auch dafür, dass die Kritik nach und nach verpufft. Dafür ist ihm Erich Honecker noch viele Jahre dankbar.

09. Dezember 1952: Der Handelsminister ein Saboteur?

Dass die Versorgung der Bevölkerung in der DDR selbst mit den notwendigsten Lebensmitteln und Bedarfsgütern nicht gesichert ist, brauchen die hämischen Westmedien in diesen Anfangsjahren nicht besonders zu betonen: Jeder im Osten spürt es alltäglich.

An diesem 9. Dezember 1952 will man endlich den Schuldigen für die Misere gefunden haben: Dr. Karl Hamann (1903–1973), Minister für Handel und Versorgung, tritt zurück. Schon zwei Jahre zuvor hatte man versucht, ihn für die mangelhafte Kartoffelversorgung verantwortlich zu machen. Jetzt wirft man dem Vorsitzenden der Blockpartei LDPD vor, er habe die »planmäßige Versorgung der Bevölkerung sabotiert«.

Ein schwerwiegender Vorwurf. Hamann wird aller Funktionen und Parteiämter enthoben, aus der LDPD – zu deren Mitbegründern der promovierte Agrarwissenschaftler und Landwirt gehört – ausgeschlossen und wenige Tage darauf verhaftet. Auf seinen Prozess muss er anderthalb Jahre warten, dann verurteilt ihn das Oberste Gericht der DDR in einem Geheimprozess ohne Verteidiger zu einer lebenslänglichen Zuchthausstrafe, sein Staatssekretär Paul Baender (1906–1985) wird zu zwölf Jahren Gefängnis verurteilt. Hamanns in Berlin studierende Tochter erhält ebenfalls eine Freiheitsstrafe von zehn Jahren. Der Rest der Familie hat sich inzwischen nach Westberlin abgesetzt.

Dann geschieht Seltsames. Kaum drei Wochen nach der Urteilsverkündung stellt der Generalstaatsanwalt der DDR am 16. Juni 1954 einen Antrag auf Wiederaufnahme des Verfahrens, da sich aufgrund eines Gutachtens die Handlungsweise des Mitangeklagten Baender als ein minder schweres Verbrechen darstelle. Das merkwürdige Gutachten ist noch am gleichen Tag Gegenstand einer nichtöffentlichen Verhandlung, in der Paul Baender nunmehr zu sechs Jahren und Karl Hamann zu zehn Jahren Zuchthaus verurteilt werden.

Als sich der Bonner Justizminister Dr. Thomas Dehler (FDP) im Oktober 1956 als Anwalt um Hamanns Freilassung bemüht, führt das zu einem überraschenden Erfolg. Hamann und seine Tochter werden freigelassen und leben fortan in Leipzig unter Polizeiaufsicht. Anfang Juni 1957 gelingt beiden die Flucht nach dem Westen.

Die Versorgungslage im Osten Deutschlands stabilisiert sich zwar, erreicht jedoch nach dem Mauerbau einen neuen Tiefpunkt und führt bis zum Ende der DDR immer wieder zu Engpässen.

15. Januar 1953: Der Außenminister ein Spion

DDR-Minister aus den Blockparteien saßen auf gefährlichen Posten. Mit Karl Hamann war der Anfang gemacht. Nur einen Monat später, am 15. Januar 1953 melden ADN und »Neues Deutschland« die Verhaftung des Außenministers Georg Dertinger (1902–1968), dem man Spionage vorwirft. Auch seine Frau und sein 15-jähriger Sohn werden inhaftiert. Die Tochter kommt in ein Kinderheim, der jüngste Sohn wird zur Adoption freigegeben.

Der Exjournalist Dertinger, seit 1949 stellvertretender CDU-Vorsitzender, wird sofort aus der Partei ausgeschlossen. Die Westberliner CDU hatte das bereits 1948 getan. Dertinger hatte 1950 und 1951 in Görlitz und Frankfurt/Oder die Verträge zur Anerkennung der Oder-Neiße-Linie als endgültige Grenze mit Polen unterzeichnet und war deshalb im Westen unter massive Kritik geraten. Als dort jedoch Schriftstücke seines Ministeriums auftauchten, entzog ihm Ministerpräsident Grotewohl bereits 1951 jede Kompetenz.

Dertingers kurzzeitiger Nachfolger wurde Staatssekretär Anton Ackermann (SED) – ohnehin seit Anbeginn der wahre Herr im Außenministerium.

Im Juni 1954 verurteilt das Oberste Gericht Dertinger aufgrund fadenscheiniger Vorwürfe wegen »Verschwörung« und Spionage zu 15 Jahren Zuchthaus, von denen er fast zehn Jahre in Bautzen II absitzt. Erst im Mai 1964 begnadigt Ulbrichts Staatsrat den gesundheitlich Angeschlagenen, der nach seiner Entlassung in Leipzig für einen katholischen Verlag und die Caritas arbeitet.

10. Februar 1953: Aktion Rose

Am 10. Februar 1953 beginnen fünf eigens dafür gebildete Einsatzgruppen der Volkspolizei Hunderte von privaten Hotels, Pensionen und Gaststätten an der mecklenburgisch-vorpommerschen Ostseeküste zu durchsuchen. Rund 400 Mann sind im Einsatz. Die meisten kommen von der Polizeischule Arnsdorf. Die Aktion dauert bis zum 10. März 1953. Sie trägt den Decknamen Rose und dient dazu, die privaten Besitzer irgendwelcher Vergehen zu beschuldigen, um ihnen dann unter diesem Vorwand ihr Eigentum wegnehmen zu können.

Schwerpunkte der Aktion Rose sind die Inseln Rügen und Usedom. Der DDR-Gewerkschaftsbund möchte dort einen eigenen Feriendienst aufbauen und braucht dazu die entsprechenden Häuser. Im Zuge der Kampagne verhaftet die Volkspolizei 447 Personen mit der Beschuldigung, Wirtschaftsverbrechen begangen zu haben. Dazu zählen angesichts der in der DDR noch herrschenden Lebensmittelrationierung zum Beispiel auch die Einlagerung eines Fasses Salzheringe oder die Vorratshaltung von eingewecktem Gartenobst, um die Feriengäste einigermaßen versorgen zu können. In 527 Fällen folgen Ermittlungsverfahren, 440 Hotels und Pensionen werden enteignet, 181 Gaststätten, Wohnhäuser und Wirtschaftsbetriebe beschlagnahmt. 219 Betroffene des staatlich sanktionierten Raubzuges gehen bei Nacht und Nebel in den Westen.

Für die Aburteilung der während der Aktion Rose Verhafteten richten die DDR-Behörden in der Untersuchungshaftanstalt Bützow ein Sondergericht ein. Die eigens dorthin verpflichteten Richter verurteilen die bedrängten Mittelständler auf der Grundlage der Gummiparagraphen der Wirtschaftsstrafverordnung vom 23. September 1948. Innerhalb kurzer Zeit sprechen sie Urteile von ein paar Monaten bis zu zehn Jahren Gefängnis aus. Durchweg wird ein Vermögenseinzug verhängt.

Am 2. Mai 1953 legt der Generalstaatsanwalt der DDR das Ergebnis der Aktion Rose vor: Der Wert der beschlagnahmten Bauobjekte beläuft sich auf 30 Millionen Mark. Außerdem wurden 1,7 Millionen Mark Bargeld und Schmuck und Wertsachen für etwa eine halbe Million Mark eingezogen.

Dann kommt der Volksaufstand vom 17. Juni 1953. Die sowjetische Führung fordert von der DDR, ihre harte Umgestaltungs- und Repressionspolitik etwas abzumildern. Immerhin wuchs die Zahl der Häftlinge mit politisch begründeten Straftaten seit der Zweiten Parteikonferenz im Juli 1952 bis zum Mai 1953 von zunächst 35 000 auf inzwischen 67 000 Menschen.

Vom nun einsetzenden Tauwetter profitieren auch die Opfer der Aktion Rose. Die meisten der verurteilten Hotelbesitzer kommen frei, einige erhalten sogar, zumindest zeitweilig, ihr

enteignetes Eigentum zurück. Nach den Erschütterungen des 17. Juni 1953 hält die neu ernannte Justizministerin Hilde Benjamin Ende August 1953 vor Justizfunktionären eine selbstkritische Rede: »Die Partei, die den richtigen Kurs auf den Aufbau der Grundlagen des Sozialismus in der DDR genommen hatte, beschritt den falschen Weg der beschleunigten Lösung dieser Aufgabe ohne entsprechende Berücksichtigung der realen inneren und äußeren Voraussetzungen ...«
Für das private Gastgewerbe und die Hotellerie an der Ostseeküste bleibt die Aktion Rose der Todesstoß. Die nachfolgende Nutzung der damals betroffenen Einrichtungen durch den FDGB-Feriendienst geht bis 1989. Mit der deutschen Einheit kommt es zu einer umfänglichen Restitution des Eigentums.

07. März 1953: Ein fataler Druckfehler

Die Leser der Gewerkschaftszeitung »Tribüne« wollen am 7. März 1953 ihren Augen nicht trauen. Immer wieder lesen sie das Kondolenztelegramm der SED an die Genossen in Moskau, die am 5. März den Tod des weisen Väterchens Stalin bekanntgegeben haben.
Doch im FDGB-Blatt steht es schwarz auf weiß: »Mit Josef Wissarionowitsch Stalin ist ... der überragende Kämpfer für die Erhaltung und Festigung des Krieges dahingegangen ...«
Während überall in den DDR-Büros das Kohlepapier knapp wird, weil sich die Angestellten daraus Trauerränder für die Stalinbilder basteln, sucht die Stasi die Schuldigen an diesem gemeinen Fauxpas. Hugo Polkehn, der verantwortliche Chef vom Dienst, und der Setzer Karl Richter werden verhaftet. Sie sind sich eigentlich keiner Schuld bewusst. Druckfehler passieren nun mal bei einer Zeitung.
Doch die Stasi gibt sich damit nicht zufrieden. Aus den Delinquenten wird ein Geständnis herausgeprügelt, nach dem sie den Fehler absichtlich verursacht hätten. Das gleich mitgelieferte Motiv: Sozialdemokratismus. Hugo Polkehn und Karl Richter werden wegen Boykotthetze und Agententätigkeit zu je fünf Jahren Zuchthaus verurteilt. Nachfolger des Chefs vom Dienst bei der »Tribüne« wird der damals 24 Jahre alte Günter Schabowski.

Rund 30 Jahre später haben Druckfehler nicht mehr solch gravierende Auswirkungen. Als die »Schweriner Volkszeitung« in einer Überschrift Erich Honecker versehentlich zu Erich Hocker verkürzt, winkt der Herrscher nur amüsiert ab. Die Leute wissen ja auch so, wer gemeint ist.

13. Juni 1953: V-Mann Helwig soll die DDR übernehmen

In Moskau ist der entscheidende Machtkampf um Stalins Nachfolge entbrannt. In der sowjetischen Führung gibt es Pläne für eine deutsche Wiedervereinigung. Dass Ulbricht und sein harter Kurs dabei stören, wissen seine Gegner in Moskau. Drei Tage vor dem Aufstand schätzt man dort die Lage in der DDR realistischer ein als in Ostberlin.

Außer Rudolf Herrnstadt (1903–1966), dessen vorgesehene Rolle bis heute nicht eindeutig geklärt ist, hat die sowjetische Führung noch ein anderes Ass im Ärmel: Professor Dr. Hermann Kastner (1886–1957), ehemaliger Vermögensverwalter des sächsischen Königshauses und sächsischer Landtagsabgeordneter, neben Karl Hamann und, nach dessen Verhaftung, gemeinsam mit Hans Loch gleichberechtigter Vorsitzender der LDPD. Nur zehn Monate hatte Kastner 1949/50 als stellvertretender Ministerpräsident der DDR amtiert. Die Flucht seines Sohns nach dem Westen brachte ihn zu Fall. Die Gunst der Sowjets hatte er nie verloren.

Am 13. Juni 1953 macht der frisch ernannte Hohe Kommissar der UdSSR in Deutschland Wladimir Semjonow (1911–1992) dem Verwaltungs- und Staatsrechtler Kastner ein überraschendes Angebot: Er soll Regierungschef der DDR werden. Doch so sehr Semjonow auch auf ihn einredet, Kastner zögert und verspielt damit die einmalige Chance.

Was weder Semjonow noch Kastners Gegner in der SED-Führung ahnten: Der Professor belieferte seit 1948 als höchstrangige Quelle Helwig zuerst die Amerikaner und später Reinhard Gehlens Spionageorganisation mit Interna aus der DDR-und Sowjet-Führung. Die überall Agenten witternden Genossen des MfS durchschauten Kastners Doppelrolle bis zu dessen Flucht in den Westen im Oktober 1956 nicht. In Pullach hingegen nahm man später an, die Sowjets hätten ihn als Informationskanal in Richtung Westen benutzt.

16. Juli 1953: Der Justizminister ein Staatsfeind?

In den Nachtstunden des 16. Juli 1953 horchen die Anwohner des Ostberliner Vororts Schöneiche auf. Tumult und Schüsse aus Maschinenpistolen waren zu vernehmen. Die Genossen der Staatssicherheit wollen zu Max Fechner (1892–1973), seit der Gründung Justizminister der DDR, und haben sich dabei in der Adresse geirrt. Übereifrige Grenzsoldaten geben die Schüsse ab.

Zwei Tage später verkündet eine kurze Zeitungsnotiz, man habe Fechner wegen »republikfeindlicher Tätigkeit« seines Amtes enthoben. Nachfolgerin wird die Vizepräsidentin des Obersten Gerichts der DDR, Hilde Benjamin.

Fechner, ein juristisch ungebildeter ehemaliger SPD-Abgeordneter im preußischen Landtag, hatte gemeinsam mit Benjamin und dem einstigen Nazijuristen Melsheimer den Richterstand nach den politischen Vorgaben der Partei radikal gesäubert. Er konnte sich ausrechnen, wie es ihm nun ergehen würde. In den Tagen nach dem 17. Juni 1953 hatte er sich für das Streikrecht der Arbeiter ausgesprochen.

Zwei Jahre später, am 24. Mai 1955 verurteilt ihn der 1. Strafsenat des OG wegen Verbrechens gegen Artikel 6 der Verfassung der DDR in Verbindung mit der Kontrollratsdirektive 38 und angeblichen homosexuellen Handlungen zu acht Jahren Zuchthaus. Der gelernte Werkzeugmacher hat Glück im Unglück: Kaum ein Jahr später wird er im Rahmen der ersten Rehabilitierungswelle nach Chruschtschows Geheimrede aus der Haft entlassen. Zwei Jahre später nimmt man ihn wieder in die SED auf. In einer von Rundfunk und Fernsehen direkt übertragenen öffentlichen Veranstaltung umarmt Ulbricht 1966 den »verdienten Arbeiterveteran«, den inzwischen niemand mehr kennt.

29. September 1953: Erichs Freund geht verloren

»Ich will nur noch schnell Zigaretten holen.« Mit dieser Erklärung auf den Lippen ist schon manch einer verschwunden und nicht zurückgekehrt. Am 29. September 1953 ist es Heinz Lippmann (1921–1974), Sekretär des Zentralrats der Freien Deutschen Jugend (FDJ), der mit diesen Worten am Bahnhof Friedrichstraße aus dem Dienstwagen steigt. Fünf Minuten später ist er mit der S-Bahn in Westberlin.

Lippmann, nach Honecker der zweite Mann in der DDR-Jugendorganisation, unternimmt die Fahrt nicht unvorbereitet. Am Vormittag hat er sich vom Leiter der Finanzabteilung 300 000 Westmark auszahlen lassen, bestimmt für die Instrukteure der im Westen seit 1951 verbotenen FDJ. Schließlich war er der langjährige Leiter der geheimen Westarbeit. Das macht den Verrat von Erichs Freund umso schmerzlicher. Es nützt wenig, den ehemaligen KZ-Häftling Lippmann im Nachhinein als »Spitzel der Gestapo und des amerikanischen Geheimdienstes« zu verleumden.

Im Westen ist man keineswegs begeistert über den Flüchtling. Wegen des Verdachts auf Urkundenfälschung, Unterschlagung und Geheimbündelei nimmt man ihn in Untersuchungshaft. Da er jedoch als Kronzeuge gegen verhaftete FDJ-Funktionäre aussagt, lässt man ihn frei. Im geheimen Auftrag des Bundesamtes für Verfassungsschutz gibt er ab 1959 die vom Amt finanzierte Zeitschrift für modernen Sozialismus »Der dritte Weg« heraus – ein Sammelbecken der Ideen abtrünniger Kommunisten. 1964 wird die Zeitschrift wegen Enttarnung eingestellt.

10. Oktober 1953: Der Tschechenkrieg von Uckro

Das Bahnhofsgebäude im märkischen Uckro ist ein bescheidener Ziegelbau mit einigen Diensträumen und einem Zugang zu den Bahnsteigen. Am 10. Oktober 1953, um 4.16 Uhr peitschen Pistolenschüsse durch die kleine Bahnhofshalle. Nach zwei Minuten liegen ein toter und zwei verletzte Volkspolizisten auf den schmutzigen Fliesen. Die Täter, fünf flüchtige Tschechen, nach denen man seit Tagen fahndet, bleiben weiter auf der Flucht in Richtung Westberlin und lösen die größte Fahndungsaktion in der Geschichte der Volkspolizei aus. Zu den etwa 5000 eingesetzten VP-Angehörigen kommen weitere Diensteinheiten von Staatssicherheit und Sowjetarmee. Der Erfolg bleibt dennoch aus.

Zwar gelingt es den ebenso ungeschickt wie stramm militärisch agierenden Verfolgern, innerhalb einer Woche zwei der Tschechen zu stellen, die drei übrigen gelangen jedoch quasi unter ihren Augen nach Westberlin. In der Gegend um Uckro und Luckau hinterlassen sie eine Blutspur. Zu den Opfern der Tschechen zählt man auch die von eigenen, ebenso unerfahrenen wie fehlerhaft kommandierten Polizeikräften Getroffenen: sieben Tote und elf Verletzte.

Die zweibändige »Geschichte der Volkspolizei« verschweigt die »Großfahndung Uckro« schamhaft. An der Moskauer Milizhochschule dient sie lange Zeit als Paradebeispiel für verfehlte Fahndungstaktik und falsche Führungsentscheidungen.

Nebenbei: Die fünf jungen Tschechen waren selbst ernannte Widerstandkämpfer, die in ihrer Heimat mehrere Morde, Brandstiftungen und Waffendiebstähle begangen hatten.

Die beiden in der DDR festgenommenen Vaclav Sveda und Zbynek Janata wurden in der CSR zum Tode verurteilt und hingerichtet. Ctirad Masin, sein Bruder Josef und Milan Paumer hingegen flogen in die USA und verpflichteten sich in Fort Dix (New Jersey) für einen fünfjährigen Dienst bei den US Special Army Forces.

Im Sommer 1990 unternahmen Josef Masin und Milan Paumer eine Reise durch das südliche Brandenburg, um die Stätten ihrer einstigen »Heldentaten« aufzusuchen. Ctirad Masin war in den 60er Jahren in den USA gestorben.

01. Januar 1954: Geheime Kommandosache Uranzug

Ohne Uran gäbe es weder Atombomben noch Atomkraftwerke. Die Sowjetunion beschaffte es sich aus Thüringen und Sachsen. Bis 1991 wurden dort etwa 220 000 Tonnen gefördert.

Weil in einer Tonne Erz nur etwa 500 Gramm Uran enthalten sind, muss das Gestein in Crossen bei Zwickau und in Seelingstädt bei Ronneburg aufbereitet werden. Der Abtransport des konzentrierten Erzes bleibt auch nach der Umwandlung des Bergbauunternehmens Wismut in eine Sowjetisch-Deutschen Aktiengesellschaft (SDAG) zum 1. Januar 1954 unter Kontrolle der Sowjets. Deshalb gelten

die Uranzüge in der DDR stets als Geheime Kommando-
sache.

Beladen werden die sogenannten Millionenzüge in den Auf-
bereitungsanlagen innerhalb spezieller Sicherungsbereiche.
Diese sind mit Zäunen abgetrennt und werden von Posten-
türmen aus durch sowjetische Soldaten überwacht.

Setzt sich der Zug mit seinem sowjetischen Begleitkom-
mando in Bewegung, nimmt die Stasi Bahnhöfe, Brücke
und gefährdete Teile auf offener Strecke ein. Dabei tragen
Mielkes Männer meist Uniformen der Transportpolizei.
Jeglicher Halt des Zuges ist verboten. Das betrifft auch
außerplanmäßige Stopps aus technischen Gründen. Die
Fahrt Richtung Osten verläuft über Zwickau, Chemnitz,
Dresden, Bautzen und Schlauroth (Verbindungskurve bei
Görlitz).

Die Züge verkehrten bis zur Einstellung der Uranlieferun-
gen an die Sowjetunion am 31. Dezember 1990.

17. Januar 1954: Vom Spion zum Ganovenjäger

Eduard Zimmermann würde man ohne Bedenken einen
Gebrauchtwagen abkaufen. Ab dem 20. Oktober 1967 mo-
deriert der damals 38-Jährige mit der schwarzen Hornbrille
regelmäßig im Zweiten Deutschen Fernsehen die Sendung
»Aktenzeichen XY ... ungelöst«.

Den seriösen Ganovenjäger kennen die Zuschauer in West
und Ost, und als er 1997 seine Sendung nach 300 Folgen
abgibt, ahnt niemand, dass in der DDR vor vielen Jahren
schon sein bloßes Erscheinen ein besonderes Vorkommnis
für die Stasi war. Eduard Zimmermann stand nicht immer
auf der Seite von Recht und Ordnung. Nach dem Krieg
schlägt er sich als Dieb und Schwarzmarkthändler durch.
Das bringt ihm Knast in Fuhlsbüttel ein. Mit gefälschtem
Ausweis und selbst gebasteltem Diplom findet er danach
einen Job als Straßenbauingenieur in Schweden. Doch das
ist wohl noch nicht das Richtige.

Für die schwedische Zeitung »Dagens Nyheter« reist der
junge, abenteuerlustige Mann 1949 in die sowjetische Besatzungszone. Er soll dort eine Reportage machen. In der
gerade gegründeten DDR gerät er damit in Spionagever-

dacht. Was geht es »Dagens Nyheter« an, was sich im Osten Deutschlands tut?

Eduard Zimmermann wird 1950 wegen Spionage angeklagt und zu 25 Jahren Zuchthaus verurteilt. Fünf Jahre davon sitzt er in Bautzen II ab. Dann, am 17. Januar 1954, kommt er überraschend frei: In Genf wollen die vier Siegermächte des Krieges eine Konferenz abhalten. Da dort voraussichtlich nicht viel herauskommen wird, scheint es günstig, wenigstens im Vorfeld für ein bisschen gute Stimmung zu sorgen.

Wieder frei, geht Eduard Zimmermann in den Westen und beginnt seine Karriere als Journalist. Erst als er sie längst beendet hat, plaudert der inzwischen 79-jährige von seiner kriminellen Jugend. Milde resümiert Ganoven-Ede: »Ich bin sozusagen der Beweis dafür, dass man von der schiefen Bahn wieder runterkommt, wenn man es will.«

30. März 1954: Ein Parteitag spricht Recht

Vom 30. März bis zum 6. April 1954 tagt der IV. Parteitag der SED. In den Protokollen findet sich ein kleines Beispiel, wie die Parteiführung in der DDR inzwischen mit dem Recht umgeht.

Die Geschichte: Fritz Ramm ist ein grobschlächtiger, brutaler Mann. Doch er gilt als verlässlicher Genosse in der SED-Betriebsparteiorganisation des VEB Einheit im thüringischen Mühlhausen. Dort arbeitet Fritz Ramm als Chef des Betriebsschutzes.

Bei einem seiner Rundgänge im Herbst 1953 trifft er auf einen streunenden Hund. Ramm prügelt das Tier fast tot und geht. Als er am nächsten Tag in den Betrieb kommt, winselt der blutende Hund noch. Ramm wirft ihn in eine Grube mit glühender Asche.

Diese Tierquälerei spricht sich herum und empört die Leute in Mühlhausen. Ramms Kollegen sammeln Unterschriften, setzen seine Entlassung durch. Die Erfurter SED-Bezirkszeitung »Das Volk« verkündet: »Von solchen Menschen trennt sich die Partei.« Prompt fliegt der Übeltäter aus der SED. Derweil hat der örtliche Hundezüchterverein Anzeige erstattet. Der Tierquäler wird zu einem Jahr Freiheitsstrafe verurteilt. In der Berufungsinstanz werden daraus 450 Mark Geldstrafe.

Doch die Sache ist damit nicht beendet. In jenen Jahren ist Wachsamkeit gegen den Klassenfeind aus dem Westen gefragt. Darüber will Walter Ulbricht auf dem nächsten Parteitag referieren. Funktionäre überall aus der DDR sollen positive Beispiele liefern. Da erinnert sich irgendein Genosse an Fritz Ramm und die Geschichte mit dem Hund. Er äußert den Verdacht, dass die einhellige Ablehnung der Tat durch die Mühlhausener vielleicht gar nicht dem unglücklichen Tier, sondern insgeheim der Partei galt.

Nun entsteht eine Vorlage des Sekretariats der Zentralkomitees der SED, die den Vorfall so formuliert, als habe der Feind seine Finger im VEB Einheit im Spiel gehabt: »Auf dem dortigen Betriebsgelände trieb sich ein Hund umher, der, als er den Genossen Ramm anfiel, von ihm getötet wurde. Diese Tatsache nutzte der versteckt arbeitende Feind aus, tarnte sich mit der Diskussion über das Schicksal des Hundes und begann, eine infame Hetze gegen solch bewährte Parteimitglieder wie Genossen Ramm zu betreiben.« Daraufhin wird Ramm wieder in die SED aufgenommen, und wenige Stunden vor Beginn des Parteitages hebt das Oberste Gericht der DDR das Urteil gegen den Tierquäler auf. Die Begründung entbehrt nicht der Komik: »Da es zur perfiden Taktik des Klassenfeindes gehört, fremde Tiere zur Täuschung und Anlenkung der Wachsamkeit klassentreuer Hunde einzusetzen, schritt Genosse Ramm sofort zur Liquidierung des Feindes.«

Nun ist Fritz Ramm ein Held. Er hat es sich verdient, dass sein Fall von Walter Ulbricht persönlich auf dem Parteitag erwähnt wird: »Es gibt manche Parteileitungen, die keine genaue Kenntnis über die Lage in ihrem Bezirk, in ihrem Kreis, in ihrem Ort haben. Das hat zum Beispiel dazu geführt, dass sich das Kreissekretariat Mühlhausen direkt zum Vollstrecker des Willens reaktionärer Kräfte machte, indem es einen alten, der Partei treu ergebenen Genossen ... aus der Partei ausschloss, weil er einen herrenlosen Hund, der ihn anfiel, getötet hat. (Beifall) Die Genossen im Kreissekretariat Mühlhausen haben nicht nur jeden Blick für die Tätigkeit des Klassenfeinds in ihrem Gebiet verloren, sondern auch die innerparteiliche Demokratie grob verletzt.«

Solch eine Bemerkung von ganz oben hat natürlich Folgen. Zwei Staatsanwälte und der Direktor des Kreisgerichtes werden gefeuert und müssen zur Bewährung in die Produktion. Der Richter, der Fritz Ramm verurteilt hatte, wandert ins Gefängnis.

Die Stasi nimmt die Leute vom Hundezüchterverein und die örtlichen Organisation der Blockparteien unter die Lupe. Justizministerin Hilde Benjamin befiehlt allen Richtern und Staatsanwälten, den Fall Ramm gründlich zu studieren. Er sei beispielhaft für die Gerechtigkeit der sozialistischen Justiz.

07. Mai 1954: Fremdenlegionäre in der DDR

Frankreichs Stalingrad heißt Dien Bien Phu und liegt in Indochina. Am 7. Mai 1954 schlagen die vietnamesischen Viet Minh dort vernichtend die französische Fremdenlegion. Sie beklagt 2293 Tote und 5193 Verwundete. Die Vietnamesen machen etwa 11 800 Gefangene.

Ein Teil der in Dien Bien Phu geschlagenen Legionäre sind Deutsche. Desperados aus dem Krieg, ehemalige Waffen-SS-Angehörige, entwurzelte Jugendliche.

Im März 1955 treffen 357 Legionäre in der DDR ein. Es ist der größte, aber nicht der einzige Heimkehrertransport. Die ersten 69 Männer kommen über China und die Sowjetunion bereits am 29. März 1951. Bis 1956 folgen sechs weitere Transporte, insgesamt sind es 761 frühere Fremdenlegionäre, die die DDR aufnimmt. Die ersten sind Überläufer aus der Legion zu den Viet Minh.

Seit September 1945 kämpft der Deutsche Erwin Borchers, damals 39, auf der Seite der Vietnamesen. Als Chien Si (Der Kämpfer) schafft er es bis zum Oberstleutnant und Chef der psychologischen Kriegführung bei den Viet Minh. 1161 deutsche Fremdenlegionäre folgen seinen Aufrufen zur Desertion. Später arbeitet Erwin Borchers, der aus dem Elsass stammt, als ADN-Korrespondent in Hanoi und bei Radio Berlin International. Dann bekommt er Probleme mit der DDR und geht in den Westen, 1984 stirbt er in Westberlin.

Seit Juli 1954 besteht aber auch für die regulär in Gefangenschaft geratenen deutschen Legionäre die Option, in die DDR zu gehen. Das ist für viele reizvoll, denn nach der Repatriierung nach Frankreich müssten sie zurück in die Legion, um dort ihren Kontrakt weiter zu erfüllen.

Das DDR-Angebot ist nicht uneigennützig. Der kleinere deutsche Staat ist international nicht anerkannt und hofft, wenigstens so eine Rolle spielen zu können. Die Aufnahme der Legionäre ist der Einstieg in langjährige gute Beziehungen zu Vietnam. Außerdem bieten sich die frustrierten Legionäre für die Propaganda gegen die »imperialistischen Kriegstreiber« an.

Gerade in diesem Bereich verhalten sich jedoch die meisten Heimkehrer passiv, weil sie Probleme für ihre Verwandten in den Westzonen befürchten. So bleibt es schließlich bei einer Propaganda-Pressekonferenz am 4. April 1951 im Ostberliner Friedrichstadtpalast.

Breit ausgeschlachtet wird jedoch die Festnahme von vier einstigen Legionären am 23. Juni 1951 im Britischen Sektor Westberlins. Jack Holsten, Martin Dutschke, Siegfried Richter-Luckner und Siegfried Müller werden an die Franzosen übergeben. Drei von ihnen – Dutschke konnte aus dem Lazarett in Landau fliehen – werden ins algerische Oran gebracht und zu zehn Jahren Haft wegen Fahnenflucht verurteilt.

Die Legionäre in der DDR gelten trotz eines Zwangsaufenthaltes im Eingliederungslager Bischofswerda zeitlebens als Sicherheitsrisiko. Die Stasi überwacht sie jahrelang, etwa jeder zehnte von ihnen wird als inoffizieller Mitarbeiter geworben. Manche sind bis 1989 tätig, wie Manfred P., Jahrgang 1930, als IM Willi Kießling. In einigen Fällen, wie bei Günther U., Jahrgang 1932, oder Otto G., Jahrgang 1930, versucht die Stasi sie unter Nutzung früherer Verbindungen im Westen als Spione zu lancieren.

Andere, wie Eckhard Bitter, Jahrgang 1933, Peter Bartholomäus, Jahrgang 1934, und Harry Michelmann, Jahrgang 1929, wurden in ihrer beruflichen Entwicklung behindert. Dem selbst auferlegten Anspruch, das bessere Deutschland zu sein, ist die DDR mit der Aufnahme der Fremdenlegionäre letztlich nicht gerecht geworden.

27. Juni 1954: »Alarm im Zirkus«

An diesem Tag hat in Berlin einer der seltenen Defa-Kriminalfilme Premiere: »Alarm im Zirkus«. »Von dem verbrecherischen Versuch Westberliner Gangster, die wertvollen Rassepferde des Zirkus Barlay aus dem demokratischen Sektor Berlins nach Westberlin zu entführen, erzählt dieser Film, der sich im wesentlichen an die kriminellen und politischen Tatsachen hält«, heißt es im Vorspann.

Dem ist nicht ganz so. Für viele der Abweichungen und Übertreibungen des in erstaunlich kurzer Zeit entstandenen Films mögen dramaturgische Gründe gesprochen haben. Bei den 23 wertvollen Rassepferden jedoch handelte es sich um das Eigentum des Westberliner Zirkusbesitzers Schickler, von dem der Auftrag für die fehlgeschlagene Entführungsaktion ausging. Im Osten hatte man die Tiere einer angeblichen Steuerschuld Schicklers wegen beschlagnahmt – in Wahrheit nur eine Facette beim planmäßigen Zirkussterben in der DDR. Am 18. Oktober 1952 überprüften Kontrollkommissionen sämtliche 46 privaten Zirkusunternehmen und konstatierten hohe Steuerschulden. Kaum einer der privaten Zirkusse in der DDR überlebte die Folgen der Aktion.

Dass Schickler sich bei seinem wahrlich filmreifen Kohlhaas-Unternehmen einer Reihe angeworbener Jugendlicher bediente, die seine Pferde nächtens über den Sophien-Friedhof in den Französischen Sektor bringen sollten, stellte auch der Film dar. Einer dieser Jungen verriet die geplante Aktion. Als am 19. Oktober 1953 vor dem Berliner Stadtgericht der Prozess gegen die »Bande« begann, war er längst im Westen. Die elf Angeklagten erhielten Haftstrafen zwischen 14 Monaten und sechs Jahren.

Nebenbei: Der volkseigene Zirkus Barlay, ein hölzerner Bau mit einer bescheidenen Mauerfassade an der Friedrichstraße 107 (wo seit 1984 der neue Friedrichstadtpalast steht), war eine Gründung und Eigentum des Artisten Reinhold Kwasnik, der sich Harry Barlay nannte und sich bereits im Frühjahr 1950 nach dem Westen abgesetzt hatte.

20. Juli 1954: Ein Geheimdienstchef sucht Asyl

Auf den Tag genau zehn Jahre nach dem missglückten Attentat auf Adolf Hitler findet am 20. Juli 1954 im Westberliner Bendlerblock erstmals eine öffentliche Gedenkfeier für die Ermordeten des Nationalsozialismus statt.

Mit dabei ist der 35-jährige Otto John, Präsident des Bundesamtes für Verfassungsschutz. Er stand im Widerstand gegen die Nazis, das hatte ihm diesen Posten eingebracht. Unter den reaktivierten braunen Beamten der jungen Bundesrepublik ist eine solche Karriere die Ausnahme.

Am Nachmittag des gleichen Tages passiert er mit seinem Freund Wolfgang Wohlgemuth, einem 47-jährigen Berliner Arzt in KGB-Diensten, die Grenze zum Ostsektor. Otto John behauptet später, er sei von »WoWo« entführt worden: »Ich lag narkotisiert in tiefem Schlaf in einem Haus des sowjetischen Geheimdienstes in Berlin-Karlshorst.«

Trotzdem beteuert der Verfassungsschutzchef am 23. Juli und am 28. Juli in Radio DDR, er wäre freiwillig in den Osten gekommen: »Ich habe mich nach reiflicher Überlegung entschlossen, in die DDR zu gehen und hierzubleiben, weil ich hier die besten Möglichkeiten sehe, für eine Wiedervereinigung und gegen die Bedrohung durch einen neuen Krieg tätig zu sein.« Dasselbe sagt er auch am 11. August 1954 bei einer Pressekonferenz vor westlichen Journalisten. Sie haben nicht den Eindruck, dass er zu dieser Aussage gezwungen wurde oder anderweitig unter Druck stand.

Von Ende August bis Mitte Dezember 1954 wird Otto John von KGB-Offizieren in Moskau und auf der Krim verhört. Danach stellt ihm die DDR ein Haus am Zeuthener See und ein Büro zur Verfügung. Er schreibt eine Propaganda-Broschüre und tritt auf Veranstaltungen auf.

Am 12. Dezember 1955 ist Otto John plötzlich wieder im Westen. Ohne dass seine Stasi-Bewacher es entdeckten, war er vor dem Hauptgebäude der Humboldt-Universität Unter den Linden in das wartende Auto des dänischen Journalist Henrik Bonde-Henriksen gestiegen. Unbemerkt passierten die beiden mit dem Auto das Brandenburger Tor. Otto John wird umgehend verhaftet. Niemand glaubt ihm die Geschichte von der Entführung.

Typisch für den Geist der Zeit ist der knappe Kommentar des Chefs des bundesdeutschen Auslandsgeheimdienstes, Reinhard Gehlen (1902–1979), mit Blick auf Otto Johns antifaschistische Vergangenheit: »Einmal Verräter, immer Verräter.«

Die Anklage stützt sich auf die Propagandaveröffentlichungen der DDR, die sich auf angebliche Aussagen Johns berufen. Am 22. Dezember 1956 verurteilt ihn der Bundesgerichtshof wegen Staatsgefährdung durch Preisgabe »erfundener Staatsgeheimnisse« zu vier Jahren Haft. Ende Juli 1958 wird er vorzeitig entlassen. Wolfgang Wohlgemuth kann die Entführung nicht bewiesen werden. 1958 spricht ihn das Gericht von der Anklage des Menschenraubes frei. Otto John kämpft bis zu seinem Tod am 26. März 1997 in Innsbruck vergeblich um seine Rehabilitierung. »Ich war kein Verräter«, sagt er auf Anfrage im Juni 1995, »niemals, 1944 nicht und auch 1954 nicht. Die deutsche Geschichte hat mich verraten.« Trotz des rechtskräftigen Urteils von 1956 will auch die Bundesregierung die Affäre endlich beenden. Sie gewährt Otto John 1986 einen Gnadenunterhaltsbetrag in Höhe von 4200 Mark monatlich.

Strittig und ungeklärt ist bis heute, ob Otto John freiwillig in den Osten kam oder entführt wurde. Inzwischen zugängliche Akten belegen, dass er durchaus geheimdienstlich relevante Informationen lieferte. Ein Vorsatz ist dabei nicht nachweisbar, ein Motiv nicht zu erkennen. Es mag in dem naiven Bestreben gelegen haben, persönlich etwas für die Einheit Deutschlands tun zu können. Dabei ist Otto John ins Räderwerk der Geheimdienste geraten und zermahlen worden.

Nebenbei: Wolfgang Wohlgemuth arbeitete bis 1975 als Arzt im Zentralen Lazarett der NVA in Bad Saarow. 1978 verstarb er, inzwischen pensioniert, in Westberlin.

26. Januar 1955: Ein verschollener Ehemann

In höchster Diskretion, ohne dass die Öffentlichkeit davon erfährt, wird Erich Honecker am 26. Januar 1955 von Edith Baumann geschieden. Zu der Zeit lebt er schon Jahre mit Margot Feist zusammen. Am 1. Dezember 1952 wurde ihre gemeinsame Tochter Sonja geboren. In einer kleinen Wohnung in der Kielblockstraße in Berlin-Lichtenberg am Stadtpark genießen die beiden ihr Glück.

Die verlassene Ehefrau hatte sich jahrelang geweigert, in die Scheidung einzuwilligen. Trotzig gibt sie ihren Familienstand in einem Parteifragebogen 1954 als getrennt lebend an. In die Rubrik Angaben über Angehörige schreibt sie: »Honecker, Erich. Jetzige Wohnadresse unbekannt«.

Das stimmt wohl nicht so ganz, denn den Polit-Aufsteiger Erich Honecker kennt inzwischen jeder Genosse. Aber er kümmert sich schon lange weder um seine Frau noch um seine Tochter Erika, geboren 1950.

Edith Baumann ist nach dem Weggang Erich Honeckers beruflich stetig abgestiegen. Vom einflussreichen Sekretär des Zentralkomitees der SED sinkt sie bis zu einer untergeordneten Angestellten im Magistrat von Ostberlin. Als sie 1973 stirbt, fehlt im Nachruf des »Neuen Deutschland« vom 8. April 1973 jeglicher Hinweis darauf, dass sie einmal Honecker hieß. Eine letzte Geste ihres verschollenen Ehemannes ist ein Grab in der Gedenkstätte der Sozialisten Berlin-Friedrichsfelde.

Nebenbei: In den offiziellen DDR-Biografien Erich Honeckers wird dessen Heirat mit Margot Feist auf 1953 vordatiert. So soll die uneheliche Geburt von Tochter Sonja etwas verschleiert werden.

04. März 1955: Spione bei Otto Grotewohl verhaftet

Passanten wundern sich, aber in Ostberlin ist immer wieder von solchen Szenen zu hören: Ein Rollkommando von VP und Stasi kreist auf offener Straße ein paar Leute ein, Handschellen klicken, dann verschwinden sie in einem schwarzen EMW.

An diesem 4. März 1955 ist das kein Willkürakt. Die Stasi hat gerade die wichtigsten Spione geschnappt, die der Westen jemals im Osten hatte: Elli Barczatis, 43 Jahre, und Karl Laurenz, 50 Jahre.

Einen ersten Hinweis auf die Spionagetätigkeit der Sekretärin im Büro von Ministerpräsident Otto Grotewohl mit Zugang zu allen Geheimnissen bekommt die Stasi bereits

Anfang 1951. Am Silvestertag 1950 wird Elli Barczatis von einer Informantin mit dem Decknamen Grünspan, die sie flüchtig kennt, in der HO-Konditorei Leipziger-/Ecke Friedrichstraße gesehen. Sie schiebt einem Mann verstohlen ein paar Schriftstücke zu.

Die Stasi legt den Observierungsvorgang Sylvester an, aber viel passiert nicht. Lediglich der Mann, Karl Laurenz, wegen politischer Unzuverlässigkeit aus der SED geworfen, wird identifiziert. Er arbeitet als freischaffender Übersetzer und wohnt in Pankow.

Jahrelang tut sich nichts. Es gibt den Verdacht, dass die beiden für die Organisation Gehlen (OG) im Westen spionieren, aber keine Beweise. Deshalb stellt die Stasi eine Falle. Elli Barczatis tappt hinein, und es folgt der Zugriff. Nach der 11. Vernehmung, am 23. März 1955, bricht die Frau zusammen und gesteht. Sie hat es für ihren Geliebten Karl Laurenz getan. Der brachte die Aufträge und transportierte das Spionagematerial aus der Wohnung von Elli Barczatis in der Rudower Straße 52 nach Westberlin. Im Café Schilling am Ku'damm zahlte der Gehlen-Mann Hellberg dann dafür. So kamen im Laufe der Zeit mehrere Tausend Mark zusammen.

Das gesteht auch Karl Laurenz. Er und seine Geliebte sind für Reinhard Gehlen die wichtigsten Leute in der DDR. Der BND-Vorgänger OG führt Elli Barczatis unter dem Decknamen Gänseblümchen.

Nach 14 Stunden Verhandlung unter Ausschluss der Öffentlichkeit verurteilt das Oberste Gericht der DDR am 23. September 1955 Elli Barczatis und Karl Laurenz zum Tode durch das Fallbeil. Genau zwei Monate später werden sie in Dresden hingerichtet.

Nebenbei: Karl Laurenz war eigentlich Jurist. 1931 hatte er an der Universität Brünn (heute Brno) promoviert. Das Thema seiner Doktorarbeit lautete: Die Todesstrafe im Wandel der Zeiten.

30. März 1955: Ein Kommunist muss in den Knast

Als am 30. März 1955 in einem Geheimverfahren des Obersten Gerichts der DDR das Urteil gegen Paul Merker

(1894–1969) verkündet wird, befindet sich der bereits 1950 aus der Partei Ausgestoßene seit 28 Monaten in den Händen der Staatssicherheit. Beweise für die ihm vorgeworfenen Verbrechen gibt es zwar nicht, und Merker legt auch kein Geständnis ab.

Mit dem Altkommunisten Paul Merker steht einer der prominentesten Politiker des Landes vor Gericht. Seit 1927 war er Mitglied des ZK und des Politbüros seiner Partei gewesen und hatte in der Emigration eine maßgebliche Rolle gespielt. Gerade die aber wurde ihm zum Verhängnis – konnte er doch die Verbindung zu Noel Field und den in Prag hingerichteten Kommunisten nicht leugnen. Erstaunlich, dass ihn der 1. Strafsenat nur zu einer achtjährigen Zuchthausstrafe und zur Einziehung seines Vermögens verurteilt.

Noch erstaunlicher jedoch: Im Februar 1956 entlässt man Merker aus der Haft. Im Juli 1956 hebt der gleiche Strafsenat des OG das eigene Urteil vom März 1955 auf und spricht Merker frei, da »nach den veröffentlichten Materialien des XX. Parteitages der KPdSU und auch nach den Veröffentlichungen über die Überprüfung des Verfahrens gegen Slánsky und andere die Beweiskraft der verlesenen Protokolle und Urteilsteile aus diesem Verfahren nicht mehr ausreichen, um eine Verurteilung Merkers zu begründen«.

Merker, nach mehr als vier Jahren Haft physisch und psychisch gebrochen, arbeitet als Verlagslektor, tritt wieder in die Partei ein und wird Vorsitzender des Kreisvorstandes Berlin-Köpenick der Gesellschaft für Deutsch-Sowjetische Freundschaft (DSF). Sein Richter Walter Z. stirbt als Vizepräsident des Obersten Gerichts.

Nebenbei: Die vollständigen Materialien des XX. Parteitags und die Ergebnisse der Verfahrensüberprüfung gegen Slánsky und andere sind in der DDR niemals veröffentlicht worden.

11. Juni 1955: Ein Bundesminister in geheimer Mission

Zum Schluss bleibt nur ein konspiratives Stasi-Foto: Ein eleganter Mann, trotz Sommer im wadenlangen Mantel, den Homburg auf dem Kopf, blütenweißes Hemd mit Fliege, vor der schmuddeligen Fassade des S-Bahnhofs Marx-Engels-Platz (heute Hackescher Markt) – am 11. Juni 1955 kommt Fritz Schäffer (1888–1967) zu einem Geheimbesuch nach Ostberlin.

Der CSU-Politiker, seit 1949 Bundestagsabgeordneter und Finanzminister unter Konrad Adenauer hat einen Reiseanlass erfunden. Angeblich will er seinen alten Freund Vincenz Müller (1894–1961) treffen, um mit dem ehemaligen Wehrmachts- und nun VP-General die Möglichkeiten einer deutschen Wiedervereinigung auszuloten. In Wirklichkeit hofft er, dem sowjetischen Botschafter Georgi Maximowitsch Puschkin, Jahrgang 1906, und einem Vertreter des Pankower Regimes seine diesbezüglichen Vorstellungen nahebringen zu können.

Im Osten hat niemand die Gesprächsofferte ernst genommen. Nichts ist vorbereitet. Nur die Stasi weiß, dass Schäffer kommt. Markus Wolf (1923–2006) und der sowjetische Geheimdienstler Semjon Logatschow, der offiziell als Botschaftsrat fungiert, horchen Fritz Schäffer in einer verwanzten Stasi-Villa am Zeuthener See aus. Der ist tief enttäuscht und äußert nach dem misslungenen Treffen gegenüber dem von ihm unerkannten Stasi-Gewährsmann Markgraf: »Ich habe eine Schlappe erlebt ... Ich war bereit, Geheimverhandlungen zu führen. Doch als ich die zwei jungen Männer sah, habe ich nicht alles gesagt.«

Dennoch gelingt es, den Gesprächsfaden weiterzuspinnen. Am 20. Oktober 1956 trifft der Bundesminister schließlich in aller Heimlichkeit den sowjetischen Botschafter. Aufseiten der DDR hält der NDPD-Volkskammerabgeordnete Prof. Otto Rühle (1914–1969) im Auftrag der Staatssicherheit die Verbindung.

Hintergrund der Gespräche ist der am 15. Mai 1955 geschlossene Staatsvertrag mit Österreich. Er regelt den Rückzug der Sowjets aus der Alpenrepublik, die im Gegenzug ihre Neutralität erklärt. Ein ähnliches Modell erwägen die Sowjets auch für Deutschland, doch im Westen nimmt das niemand ernst. Konrad Adenauer hat den Teilstaat in die NATO geführt und betreibt die Westintegration. Er toleriert die Gespräche seines Finanzministers, betont aber, dass er öffentlich stets dementieren würde, je davon gewusst zu haben.

Die weitere politische Entwicklung – besonders die Niederschlagung des Ungarn-Aufstandes 1956 durch die sowjetischen Truppen – entziehen sehr bald weiteren Kontakten jegliche Grundlage.

14. Juni 1955: Ulbricht spricht ein Todesurteil

Als SED-Chef fungiert Walter Ulbricht ohne jede Rechtsgrundlage auch als oberster Richter der DDR. Am 14. Juli 1955 erhält er von der Abteilung Staatliche Organe im ZK der SED eine Hausmitteilung mit dem Betreff: »Strafsache gegen 5 Agenten des Rias (Wiebach und andere)«. Der Prozessbeginn ist der 24. Juni.

Auf zehn Zeilen werden deren vermeintliche Verbrechen aufgelistet. Bei Joachim Wiebach, damals 29, sind es Äußerungen über Versammlungen an seiner Arbeitsstätte, der Werbeagentur DEWAG, die üblichen Versorgungsprobleme und die Aktivitäten verschiedener Kollegen. Das ist für Spionage nicht eben viel. Dennoch schlägt das vor der Gerichtsverhandlung geschriebene Papier bereits die Strafe für Wiebach vor: lebenslänglich.

Die Parteiführung will nämlich ein Exempel statuieren. Sie will beweisen, dass der Rias aktiv die Vorbereitung eines neuen Krieges betreibt. Dazu muss ein Sündenbock her, und Joachim Wiebach soll dieser Sündenbock sein.

Walter Ulbricht streicht das Wort lebenslänglich durch und schreibt »Vorschlag Todesstrafe« daneben. Das Oberste Gericht der DDR gehorcht ohne Widerspruch und verhängt dieses Urteil. Joachim Wiebach wird in Dresden geköpft.

Nebenbei: Joachim Wiebach war über die offene Sektorengrenze zum Rias in die Westberliner Kufsteiner Straße gegangen, weil er für sich und seine Kollegen Eintrittskarten für eine Sendung von Hans Rosenthal (1925–1987) holen wollte. Da nur jeweils zwei Karten abgegeben wurden, ging er mehrfach hin – das wurde ihm zum Verhängnis.

15. Juli 1955: Feuer in Schacht 208 b

Die Wismut war stets ein Staat im Staate DDR. Was hier geschah unterlag strengster Geheimhaltung. Es ging um das Uran im sächsischen Erz, und das braucht die Sowjetunion für ihre Atomrüstung. Produziert wurde ohne Rücksicht auf Verluste – bei Menschen und Material. Planerfüllung war wichtiger als Sicherheit.

Am 15. Juli 1955 wird das über 150 Wismut-Kumpeln in Niederschlema zum Verhängnis. Dabei hatte die Nachtschicht im Schacht 208 b ganz normal begonnen. Auch als Elektriker Tischendorf um 22.55 Uhr in 400 Metern Tiefe starken Rauch und einen Kabelbrand entdeckt, ahnt noch niemand das bevorstehende Inferno.

Nirgendwo findet sich ein funktionierender Feuerlöscher. Das Feuer frisst sich über die Sohlen und durch die Schächte. Nach wenigen Stunden brennt das gesamte unterirdische Schachtgelände.

Feuerwehrleute und Hilfskräfte aus der ganzen DDR werden zusammengezogen. Dutzende von Bergleuten sind in den Stollen und Schächten eingeschlossen. Rauch und Gas bedrohen ihr Leben.

Der Brand im Berg wütet vier Tage lang. Die Rettungskräfte können 120 schwerverletzte Kumpel bergen, 33 Menschen finden den Tod, darunter viele Rettungskräfte.

Und es gibt ein kleines Wunder: Helmut Herzog und vier seiner Kollegen haben sich blitzschnell in einem Stollen eingemauert. So verhindern sie das Eindringen der tödlichen CO-Gase. Nach 72 endlosen Stunden des Wartens, ohne Wasser, ohne Essen, die Todesangst im Nacken, werden sie befreit.

Die Nachrichtenagentur DPA meldet am 2. Juni 2007, dass es in den Jahren 1953 bis 1990 zu insgesamt 42 000 Unfällen bei der Wismut kam. Dabei verloren 772 Kumpel ihr Leben. Über die Zeit davor gibt es nur Schätzungen, denn der Abbau stand unter der Kontrolle des sowjetischen Geheimdienstes. Experten gehen von weiteren 200 bis 300 Todesopfern aus. Die häufigsten Unfallursachen waren Steinschläge und unsachgemäße Sprengungen.

Außerdem erkrankten zwischen 1952 und 1990 rund

14 600 Wismut-Kumpel an der Lungenkrankheit Silikose. Die Statistik verzeichnet weiterhin 5200 Fälle von Bronchialkrebs und etwa 5000 Erkrankungen durch Überlastung.

22. April 1956: Operation Gold

Es sieht wirklich alles nach Zufall aus: Ein Trupp sowjetischer Soldaten stochert im regenweichen Acker, dann wird gegraben. Irgendetwas scheint die Männer aufmerksam zu machen, Bagger rücken an.

Rund 100 Meter vor der Sektorengrenze im Südosten Berlins, zwischen Altglienicke und Rudow, graben die Sowjets am 22. April 1956 einen 449,68 Meter langen Tunnel aus, der aus dem Westen kommt. Dort sitzen als GI's getarnte Männer der US Army Security Agency und hören Telefongespräche der Russen ab. 600 Tonbandgeräte kopieren rund um die Uhr die Gespräche aus drei angezapften Hauptkabeln mit rund 1200 Kanälen.

Es folgt eine riesige Propaganda-Kampagne. Die Entdeckung des Spionagetunnels gerät zu einem der Höhepunkte des Kalten Krieges. Nur wenige ahnen, dass das alles nur Theaterdonner ist.

Die Sowjets wissen schon vor dem ersten Spatenstich Ende 1954 vom Bau des geplanten Tunnels. Unter dem Decknamen Stopwatch oder Gold will ihn der amerikanische Geheimdienst gemeinsam mit dem britischen MI 6 bauen. Die Briten liefern das Know-how, die Amis zahlen.

Das erfährt der KGB von seinem Maulwurf George Blake, Deckname Diomid (russ. Diamant), damals 32 und im Koreakrieg 1951 von den Sowjets angeworben. Sie sind in der Zwickmühle: Ihr Mann im MI 6 ist so wichtig, dass er nicht gefährdet werden darf. Bis zu seiner Enttarnung 1959 liefert George Blake dem KGB mehr als 300 westliche Spione ans Messer.

Andererseits ist da dieser Tunnel. Ab Mai 1955 wird dort gelauscht. Bis zur »zufälligen Entdeckung« nach elf Monaten und elf Tagen zeichnen die Amerikaner 443 000 Telefonate auf und schneiden über 100 000 Fernschreiben mit.

Natürlich gibt es von sowjetischer Seite die Weisung, nichts Vertrauliches am Telefon zu bereden. Doch das klappt nicht immer, denn dass die Amerikaner mithören, hält der KGB natürlich auch gegenüber den eigenen Militärs streng geheim.

Geheimdienstexperten meinen, dass der Tunnel trotz aller KGB-Vorsichtsmaßregeln deshalb doch wichtige und vertrauliche Informationen für die Amerikaner erbracht hat. Die abgefangenen Informationen werden bis zum September 1958 akribisch ausgewertet.

Nebenbei: Auch in Wien, das bis 1955 unter der Besatzung der vier Siegermächte des Zweiten Weltkrieges stand, gab es einen (kleineren) Abhörtunnel des MI 6. Er lief unter dem Codenamen Silver.

24. Oktober 1956: Konterrevolutionäre in Ostberlin

Die »konterrevolutionären Ereignisse« in Polen und in Ungarn eskalierten. Am 24. Oktober 1956 soll Walter Janka (1914–1994), Leiter des renommierten Aufbau-Verlags, von Ostberlin aus nach Budapest fahren, um den weltbekannten Philosophen und Aufbau-Autor Georg Lukács (1885–1971) in Sicherheit zu bringen. Von dem mit dem Kulturminister Johannes R. Becher (1891–1958) abgestimmten Vorhaben wissen andere bekannte Schriftsteller und die später als Harich-Janka-Gruppe Angeklagten. Nach einer Rücksprache mit Becher unterbleibt Jankas Reise.

Der gelernte Schriftsetzer und spätere KPD-Funktionär Walter Janka hatte nach zwei Jahren Zuchthaus- und KZ-Haft in der Emigration in Mexiko zum Kreis der Kommunisten um Paul Merker gehört. Nach seiner Rückkehr nach Ostdeutschland wird er Merkers persönlicher Mitarbeiter im Parteivorstand der SED und steigt zum Verlagsleiter auf. Im Aufbau-Verlag ist auch der Philosoph und Publizist Wolfgang Harich (1923–1995) nebenberuflich als stellvertretender Cheflektor tätig.

Nach Chruschtschows Geheimrede auf dem XX. Parteitag der KPdSU entwickelt vor allem Harich kühne Vorstellungen für die in der DDR notwendigen Veränderungen, die weitgehend auch Jankas Ideen entsprechen. Am 21. November 1956 trifft sich die Gruppe in Jankas Wohnung. Anwesend ist auch Paul Merker, dem bei der von Harich an-

gestrebten Absetzung Ulbrichts eine besondere Rolle zugedacht ist.

Harich wird am 29. November 1956 verhaftet und erweist
sich in der Folgezeit als ausgesprochen geständnisfreudig.
Jankas Verhaftung erfolgt daraufhin am 6. Dezember 1956,
die seiner drei Mitangeklagten erst im März 1957, als
Harich wegen Bildung einer konspirativen, staatsfeindli-
chen Gruppe zu zehn Jahren Zuchthaus verurteilt wird.

Walter Janka und seine Mitangeklagten erhalten im Juli
1957 Freiheitsstrafen zwischen fünf Jahren (Janka) und
sechs Monaten. Nach internationalen Protesten wird der
schwerkranke Janka 1960 aus der Haft entlassen; Wolfgang
Harich kommt 1964 durch einen Gnadenerlass frei. Die
Kontroverse zwischen beiden über ihr Verhalten im Herbst
1956 zieht sich bis zu Jankas Tod hin.

08. Februar 1957: Acht Stunden bis zum Untergang

Ein sehr großes und stolzes Schiff war die MS Stralsund
nicht, aber 1957 stand die Deutsche Seereederei (DSR)
noch ganz am Anfang und der Frachter im Nordseeverkehr
war ihr erstes Motorschiff.

Am 8. Februar 1957 um 20.10 Uhr sank es vor der englischen Ostküste. Die Stralsund war gerade mit einer Fracht
Kali auf der Reise von Wismar nach Scarborough in England.

Etwa 27 Seemeilen nordöstlich der kleinen Hafenstadt auf
der Position 54.27 N/O. 16 O kommt es gegen 16 Uhr zu
einem plötzlichen Wassereinbruch. Das Schiff neigt sich
nach Backbord, bekommt Schlagseite. Der Besatzung bleibt
nur noch, SOS zu funken und in die Rettungsboote zu
gehen. Der britische Motortrawler Olvina übernimmt die 27
Männer. Die Stralsund dümpelt noch fast acht Stunden, bis
sie untergeht. Es ist der erste totale Schiffsverlust der DSR.
In den DDR-Hafenstädten blühen die Gerüchte. Die Stralsund habe beim Auslaufen in Wismar Grundberührung
gehabt, was der Kapitän entgegen allen Vorschriften nicht
meldete. Dabei seien Schweißnähte aufgerissen und es
konnte Wasser eindringen, heißt es. Damit nahm das Verhängnis seinen Lauf, denn Kali und Wasser vermischten

sich zu einem Brei, der die Lenzpumpen verstopfte. So erzählen es bis heute die alten Fahrensmänner. Beweise dafür gibt es nicht.

Damals hatte die Sache jedoch ein politisches Nachspiel. In der DDR war umstritten, ob man überhaupt viel Kraft in die See- und Hafenwirtschaft investieren solle. Doch letztlich setzten sich die Befürworter der maritimen Wirtschaft durch. 1960 eröffnete der Überseehafen Rostock. Dessen Initiator und wichtigster Befürworter, der SED-Bezirkschef Karl Mewis (1907–1987), verlor jedoch später die Gunst Walter Ulbrichts und wurde 1968 als Botschafter nach Polen abgeschoben.

13. Oktober 1957: Geheimaktion Schiebertod

An diesem Sonntagmorgen schreckt eine unerwartete Rundfunkmeldung die Bevölkerung der DDR und Ostberlins auf: Noch am gleichen Tag bis 22 Uhr sind alle Geldscheine der Deutschen Notenbank – die seit Juli 1948 geltende, in der Sowjetunion gedruckte Ostwährung – umzutauschen. Die neuen Scheine unterscheiden sich davon nur in der Farbe.

Vorgeblich ist die aufwendige Aktion gegen die Westberliner Währungsschieber und Wechselstubenbesitzer gerichtet, deren Ostgeldbestände innerhalb von zwölf Stunden jeden Wert verlieren. Um die Einfuhr des alten Geldes zu verhindern, verschärft die DDR an diesem Tag ihr Grenzregime nach Westberlin.

Begleitet wird die bis zur letzten Minute geheim gehaltene Aktion von einem gewaltigen Medienrummel um Schieber und Spekulanten. Einige Tage später handeln die Westberliner Wechselstuben die Ostmark wieder zum alten Kurs von etwa 1:4,5.

Die Ostmark wechselt in den nächsten Jahrzehnten noch einige Male Namen und Design. Aus der Deutschen Mark wird Mark der Deutschen Notenbank (MDN) und ab 1967 Mark der DDR. Auch die verliert schließlich am 1. Juli 1990 innerhalb eines Tages ihren Wert.

14. Dezember 1957: In einem Anfall von Depression …

Der technische Zeichner, Redakteur und Maschinenbauingenieur Gerhart Ziller (1912–1957) aus Dresden ist von Jugend auf in der kommunistischen Bewegung aktiv. In den Nazijahren gerät er seiner illegalen Arbeit wegen mehrfach in Haft, schließlich ins Zuchthaus und ins KZ.

In den Nachkriegsjahren steigt der intelligente Funktionär bald zum Fachmann in der sächsischen Grundstoffindustrie auf und wird Minister für Industrie und Verkehr. In der zweiten Regierung Grotewohl übernimmt Ziller 1950 das neu geschaffene Ministerium für Maschinenbau, 1953 das Ministerium für Schwerindustrie, wird jedoch schon im Januar 1954 von diesem Amt entbunden. Hat er auf dem für die DDR in jenen Jahren wichtigsten Gebiet versagt?

Ziller bleibt Abgeordneter der Volkskammer und Sekretär für Wirtschaft im ZK der SED – eine Funktion, die ihm immer wieder Diskussionen mit Ulbricht einbringt, zu dessen Kritikern er zweifellos gehört. Dessen ständige Forderungen nach Erhöhung der Arbeitsproduktivität sind unter den Bedingungen in der DDR absolut unrealistisch. Nach einer besonders heftigen Auseinandersetzung mit dem autoritären Ersten Sekretär begeht Ziller am 14. Dezember 1957 Selbstmord – in einem Anfall von Depression, wie es im offiziellen Nachruf heißt.

Nebenbei: Acht Jahre später folgt ihm ein anderer ehemaliger Minister für Maschinenbau und Wirtschaftsfachmann in den Tod. Dr. Erich Apel, Raketenbauer unter Wernher von Braun und später in der Sowjetunion, hatte das Ministeramt von 1955 bis 1958 inne, stieg nach seiner Aufnahme in die SED zum Politbüromitglied, Vorsitzenden der Staatlichen Plankommission und stellvertretenden Vorsitzenden des Ministerrats auf, bevor er sich am 3. Dezember 1965 nach internen Auseinandersetzungen im Politbüro und desaströsen Wirtschaftsverhandlungen mit der UdSSR in seinem Büro erschießt. Für das ZK-Plenum hatte man ihn als Sündenbock für alle Misserfolge auserwählt. Diesmal spricht das ärztliche Bulletin von einer Kurzschlussreaktion nach einem plötzlichen Nervenzusammenbruch.

03. Februar 1958: Machtkampf im Politbüro

An diesem Tag tagt in Berlin das 35. Plenum des ZK der SED. Ulbricht nutzt die Gelegenheit, um endgültig mit seinen innerparteilichen Gegnern abzurechnen. Dazu zählt vor allem Karl Schirdewan (1907–1998), ein ehemaliger Funktionär des kommunistischen Jugendverbandes, hinter dem zehn Jahre in Zuchthäusern und Konzentrationslagern der Nazis liegen. Seit 1952 ist der hochrangige Funktionär ZK-Sekretär und Abteilungsleiter Leitende Organe und Massenorganisationen.

Im ZK gilt Schirdewan als antistalinistischer Querdenker, der sich bei Chruschtschow für die deutsche Einheit einsetzt und dessen Geheimreferat in der SED-Führung bekannt macht.

Nach dem Selbstmord des Wirtschaftsexperten Ziller hält Ulbricht die Zeit für gekommen, wegen »Fraktionstätigkeit und Abweichlertum« endlich auch mit der Schirdewan-Wollweber-Gruppe abzurechnen. Schirdewan bekommt eine strenge Rüge, wird aller Funktionen enthoben und für sieben Jahre zur Staatlichen Archivverwaltung nach Potsdam abgeschoben. Erst Honecker löscht die Parteirüge und ehrt Schirdewan mehrfach mit hohen Orden. Auf seine Rehabilitierung muss er bis 1990 warten.

09. Februar 1958: Der Stasichef ein Parteifeind?

Der ehemalige Staatssekretär bzw. Minister (ab November 1955) für Staatssicherheit Ernst Wollweber (1898–1967) wird gemeinsam mit Karl Schirdewan und dem Wirtschaftswissenschaftler Fred Oelßner (1903–1977) wegen angeblicher Fraktionstätigkeit aus dem ZK der SED ausgeschlossen. Das Untersuchungsverfahren wegen Verstößen gegen das Parteistatut war im Januar eingeleitet worden.

Wollweber, 1898 in Hannoversch-Münden geboren, Hafenarbeiter in Hamburg und Heizer bei der kaiserlichen Kriegsmarine, hisste 1918 als Erster die rote Fahne auf einem deutschen Kriegsschiff. Von 1928 bis 33 saß er als KPD-Abgeordneter im preußischen Landtag und stieg danach in den Emigrationsjahren zum hochrangigen Vertrauensmann des sowjetischen Geheimdienstes auf. In dessen Auftrag baute er das Westeuropäische Büro der Komintern in Kopenhagen auf und agierte fortan als Leiter eines illegalen und besonders in Skandinavien erfolgreichen Apparates zur Schiffssabotage gegen die »faschistischen« Staaten.

Nach Verbüßung einer Haftstrafe in Schweden nahm ihn die Sowjetunion auf. Im Osten Deutschlands wurde er Chef der Generaldirektion Schifffahrt – nach Ansicht westlicher Beobachter nur ein Scheinposten, um den Neuaufbau seiner Sabotageorganisation zu tarnen.

Nach dem Sturz des Ministers für Staatssicherheit Wilhelm Zaisser (1893–1958) übernahm Wollweber Ende Juli 1953 das zurückgestufte Staatssekretariat für Staatssicherheit, das nach spektakulären Erfolgen bei der Bekämpfung westlicher Agenten wieder zum Ministerium mutierte. Wollweber blieb jedoch ein unbequemer Opponent Ulbricht'scher Politik, dessen man sich auf dem 35. Plenum des Zentralkomitees der SED entledigte. Als Minister war Wollweber bereits am 31. Oktober 1957 »aus gesundheitlichen Gründen« zurückgetreten.

19. Mai 1958: Züge ohne Schaffner

Für den Bau und Betrieb des Kernkraftwerkes Rheinsberg benötigte man einen gut zehn Kilometer langen Eisenbahnanschluss, dessen Bau 1957 begann.

Ab dem 19. Mai 1958 verkehrten fahrplanmäßig neun Zugpaare pro Tag (davon zwei mit Güterbeförderung) von Rheinsberg über den Haltepunkt Beerenbusch zum neu gebauten Bahnhof Stechlinsee. Die Besonderheit dieser Züge ohne Schaffner: Sie durften nur von Werksangehörigen des KKW benutzt werden. Nach dem Verlassen des Werksbahnhofs wurde streng kontrolliert.

Die Fahrt erfolgte mit einer Höchstgeschwindigkeit von 40 km/h und dauerte rund 20 Minuten. Erst Ende 1996 wurde der Werkspersonenverkehr eingestellt und von Bussen übernommen.

Das KKW Rheinsberg ging am 30. Mai 1966 ans Netz und lieferte bis zu seiner Stilllegung am 1. Juni 1990 insgesamt 9036 GWh Strom.

Nebenbei: Auch das Gleis zum Kernforschungsreaktor in

Rossendorf bei Dresden war so geheim, dass es sich in keinen dienstlichen Unterlagen der Deutschen Reichsbahn fand. Es zweigt von der Strecke Kamenz – Arnsdorf – Pirna an der Überführung der heutigen Bundesstraße 6 ab.

Januar 1959: Atomraketen in der DDR

Im Januar 1959 macht der V-Mann des BND mit der Registriernummer 9771 an der Bahnlinie zwischen Lychen und Fürstenberg eine merkwürdige Entdeckung. Aus russischen Militärzügen werden mitten auf freier Strecke zylinderförmige Behältnisse von etwa 20 Metern Länge ausgeladen und ohne Licht bei Nacht und Nebel in sowjetische Militärobjekte gebracht. Er hält sie für besonders große Bomben.

Die Beobachtungen des Spions 9771 gehen vom BND an die Amerikaner weiter. Die haben auf Luftbildern bereits Alarmierendes entdeckt: In der Gegend um Fürstenberg könnten still und heimlich sowjetische Atomraketen stationiert werden. Die DDR-Regierung und ihre Militärführung ahnt von alledem nichts.

Nach Erkenntnissen westlicher Militärspione sind bereits im Dezember 1958 der Stab und zwei Raketenabteilungen der 72. Ingenieurbrigade in Vogelsang und Fürstenberg eingetroffen. Diese Spezialeinheit untersteht direkt dem Zentralkomitee der KPdSU. Etwa ab 1956 verfügt sie über die ersten Exemplare der sowjetischen R-5M-Raketen. Die NATO nennt sie SS 3, die Soldaten sagen Shyster, Halunke, dazu. Jede Rakete hat eine Reichweite von 1200 Kilometern. Ihr Atomsprengkopf entspricht einer Sprengkraft von 300 Tonnen TNT – etwa dem Zwanzigfachen der Hiroshima-Bombe.

Das ist eine gewaltige Bedrohung. Besorgt beobachtet der Westen, wie die Sowjetunion gerade in jenen Monaten wieder einmal Druck gegen Westberlin aufbaut. Der sowjetische Staatschef Nikita Chruschtschow (1894–1971) stellt ein Ultimatum. Statt unter Viermächteverwaltung soll die Stadt künftig als Freie Stadt zwischen den Fronten des Kalten Krieges stehen. Dass die Forderung insgeheim von den Todeswaffen im Wald bei Fürstenberg und Vogelsang gestützt wird, wissen nur wenige.

Dort sind über den Flughafen Templin inzwischen auch die Atom-Sprengköpfe für sechs Raketen eingetroffen und in Bunkern bei Fürstenberg verstaut. Nun üben die Raketensoldaten an zwei mobilen Abschussrampen Nacht für Nacht den Ernstfall. Zuerst dauert es noch rund 30 Stunden, bis die Waffen einsatzbereit sind, dann reichen fünf Stunden Countdown.

Ohne dass es die Öffentlichkeit wahrnimmt, hat sich die tödliche Rüstungsspirale wieder einmal weitergedreht. Seit 1958 haben nämlich auch die Amerikaner eine neue Form der Gefechtsbereitschaft ihres Strategischen Bomberkommandos (SAC) eingeführt. Die B-52-Bomber bleiben nun volle 24 Stunden in der Luft, werden während des Fluges aufgetankt und sind innerhalb von Minuten auch für den Abwurf von Atombomben bereit.

Entspannung tritt auch nicht ein, als die sowjetischen Atomraketen aus Vogelsang und Fürstenberg im Spätsommer 1959 wieder abgezogen werden. Inzwischen gibt es eine neue Generation von Mittelstreckenraketen, die über eine Reichweite von mehr als 2000 Kilometern verfügen. Sie werden in der Gegend um Kaliningrad (früher Königsberg) stationiert. Das ist für die Sowjetunion sicherer als Bomben im Besatzungsland DDR.

Diese frühzeitige Dislozierung von Atomwaffen in der DDR blieb bis nach deren Ende geheim. Die Weltöffentlichkeit glaubte bis dahin, dass die sowjetischen Atomraketen 1962 auf Kuba das erste Auftauchen dieser Todeswaffen im Ausland wären.

02. Februar 1959: Abrutschender Abraum

Über die in den Braunkohletagebauen der DDR lauernden Gefahren spricht niemand gern. Braunkohle ist der wichtigste Energielieferant des Landes und die Arbeit im Tagebau hart. Auch wird sie als Strafe vergeben. Aus den weiträumig abgesperrten, unwirtlichen Großbetrieben dringt wenig an die Öffentlichkeit.

Dennoch finden sich hier und da zwischen den Zeilen Hinweise darauf, dass es gerade dort viele besondere Vorkommnisse gegeben haben muss. So heißt es zum Beispiel im

Protokoll der 16. Sitzung des Zentralvorstandes der IG Bergbau vom 27. Februar 1959:»In der letzten Zeit häufen sich die Katastrophenfälle und Havarien, denen allein in sechs Betrieben 16 Arbeiter zum Opfer fielen ...«

Wie so etwas geschieht, ist am 2. Februar 1959 im Tagebau Nachterstedt zu beobachten. Innerhalb von wenigen Minuten rutschen dort sechs Millionen Kubikmeter Abraum in die Grube. Ein ganzer Kohleabschnitt wird verschüttet, zwei Absetzer und ein Abraumzug erleiden Totalschaden und ein Bergarbeiter kommt ums Leben.

Dass solche Dinge unter Verschluss gehalten werden sollen, erfährt sechs Jahre später der junge Dramatiker Volker Braun, dem völlig unbeabsichtigt sein Braunkohle-Stück »Kipper Paul Bauch« zu einem besonderen Vorkommnis gerät. Die Geschichte des Hilfsarbeiters im Tagebau, der sich zum Vorzeigearbeiter hochgeschuftet hat und mit seiner Arbeitshetze seine Kumpel in einen Unfall treibt, gefällt den Genossen im Zentralkomitee der SED überhaupt nicht. Auf dem sogenannten Kahlschlagplenum, dem 11. Plenum im Dezember 1965, wird Volker Braun an den Pranger gestellt. Es dauert schließlich noch sieben Jahre, bis »Paul Bauch« uraufgeführt werden darf.

An den dort auf der Bühne kritisierten Arbeitsbedingungen im Braunkohletagebau der DDR hat sich bis zu deren Ende nichts Wesentliches geändert.

04. März 1959: Der Traum vom eigenen Flugzeug platzt

Flugkapitän Willi Lehmann, sein Copilot Kurt Bemme und Bordingenieur Paul Heerling haben es geschafft. Am 4. Dezember 1958 bringen sie das erste selbst entwickelte Verkehrsflugzeug der DDR für einen 35-Minuten-Testflug in die Luft.

Noch fliegt der Prototyp 152/I V I mit der Registrierung DM-ZYA mit sowjetischen Tumanski-RD-9B-Triebwerken, aber es ist schon jetzt ein eigener, moderner Düsenjet der internationalen Spitzenklasse: 43,6 Tonnen schwer, für 40 bis 60 Passagiere ausgelegt, 31,4 Meter lang mit einer Spannweite von 26,3 Metern, einer Reichweite von 2000 Kilometern und einer Reisegeschwindigkeit von 765 km/h.

Die Entwicklung des Vogels hatte in der Sowjetunion begonnen, wo der frühere Junkers-Ingenieur Prof. Brunolf Baade (1904–1969) mit seinen Leuten an einem zweistrahligen Bomber (später Alexejew 150) arbeitete. Nach seiner Rückkehr in die DDR soll daraus in den Vereinigten Volkseigenen Betrieben Flugzeugbau – ab 1. Oktober 1961 hieß deren Dresdner Betriebsteil dann VEB Flugzeugwerft Dresden – eine Passagiermaschine werden. Moskau signalisiert Interesse an der Abnahme von 100 Maschinen, so dass die ganze Sache auch ökonomisch zu packen wäre.

Um die Welt von der Qualität des vierstrahligen Jets zu überzeugen, soll er 1959 auf der Leipziger Frühjahrsmesse landen. Vorher ist jedoch ein weiterer Testflug für den 4. März angesetzt. Schlechtes Wetter verzögert den Start in Dresden-Klotzsche. Um 12.58 Uhr ist es dann endlich so weit. Ohne Probleme steigt die 152/I V I in den Himmel und dreht ihre Runden. An Bord die dreiköpfige Testbesatzung und der Flugzeugingenieur Georg Eismann.

Dann soll die Maschine in etwa 100 Metern Höhe über den Flugplatz donnern, um der Presse Gelegenheit für spektakuläre Fotos zu geben. Der Flugkapitän leitet einen zehnminütigen Sinkflug ein, doch es gelingt ihm nicht, den Jet abzufangen. Um 13.51 Uhr zerschellt die 152 auf einem Acker bei Ottendorf-Okrilla, 5700 Meter von der Landebahn entfernt. Keiner der vier Flieger überlebt.

Die genaue Absturzursache ist bis heute unbekannt. Nachgewiesen ist der plötzliche Ausfall der Triebwerke, wahrscheinlich durch Unterbrechung der Treibstoffzufuhr. Aber niemand weiß, ob technisches oder menschliches Versagen dahintersteht.

Da die Stasi sofort sämtliche Untersuchungen über das Unglück an sich zog, blühten auch die Gerüchte: Von einer gemeinsamen Geheimdienstaktion durch CIA und KGB war die Rede, und auch der BND soll seine Finger im Spiel gehabt haben. Die Stasi verhaftete den technischen Direktor des VEB Entwicklungsbau Pirna, der die Triebwerke Pirna 014 bauen sollte.

Beweise für all diese Verschwörungstheorien gibt es nicht. Nachgewiesen ist lediglich Sabotage bei der Entwicklung

der 152 und dem Bau und der Erprobung der DDR-Trieb-
werke lange vor den Testflügen.

Die selbst entwickelten Pirna 014-Aggregate leisten zuverlässig ihren Dienst am zweiten Versuchsträger 152/II V4, der
am 26. August und am 4. September 1960 zu jeweils etwa
20 Minuten langen Testflügen startet. Der letzte Flug eines
Triebwerkes Pirna 014 findet am 20. Juni 1961 an einer sowjetischen Iljuschin Il-28R als Erprobungsträger statt. Bis
dahin entstand auch ein dritter Prototyp als 152/II V5 mit
der Kennung DM-ZYG, der jedoch nur noch für Rollversu-
che bis 160 km/h genutzt wurde.

Das Aus für den DDR-Flugzeugbau kommt aus der Politik.
Die Sowjetunion hat nun plötzlich kein Interesse mehr am
Kauf der Maschinen. Damit gibt es für die Flugzeuge keine
Abnehmer mehr, denn der DDR-Bedarf ist zu gering und der
Westen kauft aus Prinzip nicht im Osten. Am 31. Dezember
1961 wird die VVB Flugzeugbau offiziell per Ministerrats-
beschluss aufgelöst.

Die während der Erprobung bereits begonnene Serienpro-
duktion von 26 Maschinen endet mit der blitzartigen Ver-
schrottung aller bereits fertigen Bauteile und -gruppen.
Heute existiert nur noch der Rumpf Nr. 11, der auf dem
Flugplatz Dresden aufbewahrt wird.

06. März 1959: Ein wahrer Krimi

In der Hochzeit des Kalten Krieges kommt es nicht oft vor,
dass Filme die Wahrheit zeigen. Weder im Osten noch im
Westen.

Bei dem Defa-Krimi »Ware für Katalonien« ist das anders.
Er feiert am 6. März 1959 im Leipziger Kino Capitol Premiere. Der Film erzählt die Geschichte einer Bande, die wertvolle optische Geräte aus der DDR nach Spanien schmuggelt. Bis ein cleverer VP-Kriminalist alles auffliegen lässt.
Dabei – und das ist der einzige Punkt, in dem der Film
schummelt – wird auch der Bandenchef verhaftet. In letzter
Sekunde am Brandenburger Tor.

Fotoapparate aus Dresden und Ferngläser von Carl Zeiss
Jena zählen damals noch zur Weltspitze. In der DDR preis-
wert eingekauft, über die offene Grenze nach Westberlin ge-

schafft und dort wieder verkauft, bringen sie einen respektablen Profit. Dabei bleibt das Risiko stets überschaubar.

Natürlich ist das den Behörden ein Dorn im Auge. Besonders dann, wenn der Handel in größerem Stil betrieben wird. So wie von dem 34-jährigen Hasso Schützendorf aus Düsseldorf und seiner Bande. Der Schieber rafft in jenen Jahren ein Vermögen zusammen und setzt sich nach Mallorca ab. Als er 2003 dort als ehrbarer und millionenschwerer Mietwagenkönig an einem Lungenödem stirbt, sind die wahren Quellen seines Reichtums längst vergessen.

Der Defa-Krimi »Ware für Katalonien« deckt sie auf. Hasso Schützendorf heißt im Film Hasso Teschendorf und wird von Wilfried Ortmann (1924–1994) gespielt. Das interessiert den echten Hasso, der aus dem sicheren Spanien die Dreharbeiten und die Premiere des Films verfolgt. Immer wieder schreibt er dem Regisseur Richard Groschopp (1906–1996) höhnische Briefe. Etwa: »Meine eine Villa, ich habe drei, ist eine Luxusvilla und nicht so ein mieser Stall wie die in Ihrem Film.«

Ganz unumwunden gibt er auch seine Schiebereien zu: »Ich habe selbst in allen Städten zirka 600 Zeiss-Objektive gekauft. Ich am Brandenburger Tor verhaftet – haben Sie immer so eine rege Fantasie?« Zum Ärger der gesamten Filmcrew spricht der Ganove aus, was die Defa-Leute auch schon beim Drehen gemerkt haben: »Mein lieber Groschopp, das nächste Mal etwas mehr Wahrheit, die kleinen Fische fing man, nicht die Großen …«

Nebenbei: Hasso Schützendorf fährt extra ins Zeitkino im S-Bahn-Bogen am Bahnhof Friedrichstraße im Ostsektor und sieht sich den Film an. Dann kauft er sämtliche Filmprogramme auf. Das kommt der Kassiererin komisch vor. Sie fragt und Schützendorf erklärt stolz: »Das bin doch ich, der Schieber in euerm Film!« Daraufhin ruft die Frau die Polizei an. Als die mit Blaulicht eintrifft, ist Hasso Schützendorf längst wieder per S-Bahn nach Westberlin.

24. April 1959: Lüsternheit im »Magazin«

Mit Datum vom 24. April 1959 trifft ein mit dem Aktenzeichen ZI 55.243 – 4/59 gekennzeichnetes Schreiben des Innenministers der Republik Österreich beim »Herausgeber des Druckwerkes ›Das Magazin‹« in der Ostberliner Taubenstraße ein.

Der Herr Minister hat eine Entscheidung mitzuteilen:

Spruch

Auf Grund der §§ 10 und 11 des Bundesgesetzes über die Bekämpfung untüchtiger Veröffentlichungen und den Schutz der Jugend gegen sittliche Gefährdung vom 31. 3. 1950 BGBl Nr. 97 wird im Einvernehmen mit dem Bundesministerium für Unterricht die Verbreitung des Heftes 3 des Druckwerkes »Das Magazin« des laufenden Jahrgangs an Personen unter 16 Jahren ausgeschlossen und sein Vertrieb durch Straßenverkauf oder Zeitungsverschleißer. sowie sein Ausstellen, Aushängen oder Anschlagen an Orten, wo es auch Personen unter 16 Jahren zugänglich ist, für das gesamte Bundesgebiet untersagt.

Das nackte Mädchen im März-Heft der Zeitschrift hatte also den Unwillen der österreichischen Regierung erregt. Es stand in einem Badezimmer, war von hinten zu sehen und wohl gerade dabei, Wäsche aufzuhängen. Solche Schweinereien waren in den Alpen offenbar nicht üblich und so heißt es in der Begründung:

Die Abbildung auf Seite 69, darstellend die Rückenansicht eines unbekleideten Frauenkörpers, ist durch den zweifellos beabsichtigten photographischen Effekt der Beleuchtung und die blickfängerische Betonung der unteren Partien des Körpers, insbesondere durch die provozierende Stellung der Beine geeignet, die sittliche Entwicklung jugendlicher Personen durch Reizung der Lüsternheit schädlich zu beeinflussen.

Natürlich lässt es sich »Das Magazin« nicht entgehen, diese Story zu verbreiten. Und prompt findet sich auch ein Leser, der die nach seiner Meinung wirklichen Hintergründe des verbotenen Blicks unter das Dirndl politisch-ideologisch korrekt enthüllt: Die Österreicher sollen nämlich nichts vom Inhalt des restlichen Heftes erfahren, zum Beispiel die Wahrheit über die Atomrüstung in Westdeutschland. Der Klassenkampf tobt eben immer und überall.

DIE SECHZIGER JAHRE

22. Februar 1960: Die Katastrophe von Zwickau

Es kommt mit einem Schlag. Um 8.20 Uhr am 22. Februar 1960 zerreißt eine Explosion die Stille in 1100 Metern Tiefe im Steinkohlebergwerk Karl Marx in Zwickau. 174 Bergmänner (andere Quellen sprechen von 178) sind schlagartig von der Außenwelt abgeschnitten. Tödliches Kohlenmonoxid nimmt ihnen die Luft zum Atmen.

Sofort heulen die Sirenen. Die Grubenwehr fährt ein. Die Männer kämpfen sich durch den Qualm, es gibt kaum noch Sauerstoff dort unten. Noch hoffen alle, es könne glimpflich abgehen. Elf Stunden später haben die Retter 40 Bergleute lebend und 13 Männer tot geborgen. Nun ist klar, dass sich das Unglück weder verschweigen noch bagatellisieren lässt. Ministerpräsident Otto Grotewohl trifft in Zwickau ein. Er versichert den Angehörigen, dass alles Menschenmögliche getan werde, um die verschütteten Kumpel zu bergen. Dieses Versprechen wiederholt er fast drei Tage nach der Explosion noch einmal. Solange noch ein Fünkchen Hoffnung bestehe, würden die Rettungsarbeiten fortgesetzt.

Zwischen seinen Worten liegt ein Angebot aus dem Westen. Die erfahrenen und mit modernstem technischem Gerät ausgerüsteten Grubenwehren aus dem Ruhrgebiet tragen ihre Teilnahme an den Rettungsarbeiten an. Das lehnt die DDR ab. »Eine solche scheinheilige Hilfe benötigen wir nicht«, heißt es ofiiziell.

In Zwickau kämpften immer noch 500 Rettungskräfte gegen das Feuer im Schacht und um das Leben ihrer Kumpel. 74 Bergleute sind im Berg verschollen. Auch die Rettungskräfte haben Opfer zu beklagen. Dennoch fahren sie immer wieder ein.

Das Feuer wütet schon sechs Tage. Es ist die Hölle: Hitze, Qualm, Staub, die Männer tasten sich wie die Maulwürfe vor. Da entdecken die Grubenwehren einen weiteren großen Brandherd inmitten des weit verzweigten Stollensystems.

Die Regierungskommission der DDR hat eine schwere Entscheidung zu treffen: Nach menschlichem Ermessen kann keiner der eingeschlossenen Bergleute mehr am Leben sein. Auch eine Bergung der Toten ist nicht möglich. Der brennende Schacht wird zugemauert, um damit die weitere Ausbreitung des Feuers unter Tage zu verhindern. Insgesamt 123 Kumpel verlieren bei der Katastrophe ihr Leben.

Zeitzeugen wie der Überlebende Hans Häber, damals 18, bestätigen, dass die Ereignisse im Februar 1960 ihr Leben nachhaltig beeinflussten: »Das Grubenunglück ist mir über all die Jahre zum Trauma geworden. In der DDR wurde es nicht öffentlich wahrgenommen.«

An das Unglück erinnert ein Grabstein auf dem Friedhof Zwickau, der nur 17 Namen trägt. Unter ihm ruhen die Urnen von elf Bergleuten, deren Leichen 1963 nach der Wiedereröffnung des vermauerten Schachtes gefunden wurden. Die anderen sechs Kumpel sind für immer im Berg geblieben.

Zu schweren Schlagwetterexplosionen ist es 1951 auch in thüringischen Salzbergwerken gekommen, ohne dass umfänglich darüber berichtet wurde:

– Am 7. Februar 1951 im Kali- und Steinsalzbergwerk in Volkenroda, Mühlhausen. Neun Todesopfer und 15 Verletzte sind zu beklagen.

– Am 7. November 1951 im Kali- und Steinsalzbergwerk Glückauf in Sondershausen. Zwölf Tote und 22 Verletzte werden vermeldet.

Eine weitere tödliche Gefahr droht unter Tage, wenn die Luft knapp wird. Am 17. April 1958 kommen im Kali- und Steinsalzbergwerk Menzengraben in Thüringen durch Ersticken nach dem Anbohren eines Kohlensäurebläsers sechs Menschen zu Tode, zwischen sechs und 15 werden verletzt.

15. Mai 1960: Todesweiche 262

Es war ein Blitz. Ein greller Blitz. Dann der ohrenbetäubende Lärm – Augenzeugen erinnern sich an den 15. Mai 1960 auf dem Leipziger Hauptbahnhof noch heute wie an ein gewaltiges Naturereignis.

Sonnabend, 20.20 Uhr: Der Eilzug E 237 von Halberstadt nach Bad Schandau und der Personenzug P 466 von Leipzig nach Halle stoßen frontal zusammen. Es ist eines der schwersten Zugunglücke der DDR. Allein an der Unfallstelle sterben 54 Menschen. Weitere überleben in den Krankenhäusern ihre schweren Verletzungen nur um Stunden, genaue Angaben darüber fehlen. Rund 240 Verletzte werden gezählt.

Hunderte von hauptamtlichen und freiwilligen Helfern sind im Einsatz. Eisenbahner schweißen eingekeilte Zuginsassen aus den Waggons, Taxifahrer transportieren Verletzte in die Leipziger Krankenhäuser, Blutspender stellen sich zur Verfügung. Rangierer Eberhard Schwarz fasst seine Eindrücke in einem Satz zusammen: »Es war wie im Krieg.« Er war als einer der ersten Retter am Unfallort und blieb über 72 Stunden im Einsatz.

Als Unfallursache wird menschliches Versagen nach einem technischen Fehler festgestellt. Der verantwortliche Fahrdienstleiter hatte es versäumt, die Weichenstellung noch einmal zu überprüfen. So wurde die Weiche 262 zur tödlichen Falle.

15. Januar 1961: Krebserregendes PCB und Dioxin ausgetreten

Am 10. Juli 1976 platzt in der italienischen Chemiefabrik Icmesa, einem Tochterunternehmen des schweizerischen Chemie- und Pharmakonzerns Hoffmann-La Roche, das Sicherheitsventil des Kessels A. An jenem heißen Sommertag entweicht hochgiftiges Dioxin, der Wind weht es nach Seveso. Seither ist Dioxin ein Synonym für die tödliche Bedrohung der Menschen durch Havarien der chemischen Industrie. Gegeben hat es die Gefahr aber weitaus früher. Auch in der DDR.

Am 15. Januar 1961 kurz vor 10 Uhr bricht in den Deutschen Solvay-Werken in Westeregeln, Kreis Staßfurt, ein Feuer aus. Dabei verbrennen unter anderem 500 Tonnen Naphtalin und eine nicht mehr genau ermittelbare Menge des PCB-Produktes Orophen.

PCB – Polychlorierte Biphenyle – sind giftige und krebsauslösende chemische Chlorverbindungen. Bis Ende der 80er Jahre wurden sie in Transformatoren, elektrischen Kondensatoren, Hydraulikanlagen und als Weichmacher bei Lacken und Kunststoffen verwendet. Seit 2001 sind sie weltweit verboten.

Da es sich in den Solvay-Werken in Westeregeln um eine PCB-Herstellungsanlage handelte, muss davon ausgegangen werden, dass auch die bei dem Brand zwangsläufig entstandenen giftigen Dioxinmengen erheblich waren. Der Vorgang wurde sofort als Geheime Verschlusssache eingestuft, außer den unmittelbar Betroffenen erfuhr niemand etwas davon.

Ebenso geheim gehalten wurde die reihenweise Havarie von Hochspannungstransformatoren, denn auch dabei sind größere Mengen PCB und Dioxin in die Umwelt gelangt.

Allein zwischen 1979 und 1983 explodierten im Elektroenergienetz der DDR 37 solcher 110 000-Volt-Trafos. Das Gefährliche an diesen Vorfällen war, dass dabei jeweils große Mengen des Transformatorenöls verbrannten. Diesen Ölen waren PCB zugesetzt, um die Isolierfähigkeit und andere Eigenschaften zu verbessern.

Bei diesen Bränden dürften größere Mengen Dioxin entstanden und ausgetreten sein. Da inzwischen viele Energieanlagen erneuert wurden, können heute noch Orte kontaminiert sein, an denen niemand die Gifte vermutet.

16. Juni 1961: Der lange Arm des MfS

Obwohl in mehr als 600 Fällen geschehen, gehörten die Entführungen Missliebiger und Abtrünniger zu den besonderen Vorkommnissen in der DDR, die die tragischsten Folgen zeitigten. Es geschah meist nach dem gleichen Muster: Ein vermeintlich guter Freund kredenzte dem Opfer im Westen einen Drink mit K.-o.-Tropfen, das böse Erwachen folgte dann im Osten.

So geht es auch Heinz Brandt am 16. Juni 1961. Brandt stammt aus einer jüdischen Familie. Er wird 1909 geboren, studiert Volkswirtschaft und tritt 1931 in die KPD ein. 1934 wird er von den Nazis wegen illegaler Arbeit festgenommen. Nach Verbüßen seiner sechsjährigen Zuchthausstrafe folgt der lange Leidensweg durch die KZ Sachsenhausen, Auschwitz und Buchenwald.

Brandt glaubt, in der sowjetisch besetzten Zone und dann in der DDR für alles entschädigt zu werden. Er bekommt eine Arbeit bei der Berliner Stadtverwaltung, besucht die Parteihochschule und wird Funktionär – Sekretär in der Berliner Landesleitung der SED. Dass mit dem Aufstieg das Ablegen der eigenen Meinung verbunden ist, akzeptiert der aufrechte Mann nicht. Vor dem 17. Juni 1953 kritisiert er die zu hohen Arbeitsnormen, danach sympathisiert er mit Spitzengenossen wie Wilhelm Zaisser und Rudolf Herrnstadt, die an der Macht Walter Ulbrichts kratzen.

Heinz Brandt bekommt deshalb einen untergeordneten Posten und nimmt 1956 Kontakt zum Ostbüro der SPD in Westberlin auf. Er hofft, mit Hilfe der West-SPDler oppositionelle Strömungen in der SED stärken zu können. Das nehmen ihm die SED-Genossen übel. Im September 1958 hat sich die Lage soweit zugespitzt, dass er eine Verhaftung fürchten muss. Brandt flieht in den Westen.

Dort geht er zur IG Metall und wird Redakteur bei der Gewerkschaftszeitung »Metall«. Die Stasi behält ihn im Blick und entführt ihn schließlich aus Westberlin. In Ostberlin wird er vor Gericht gestellt. Das Urteil: 13 Jahre Zuchthaus wegen seiner Kontakte zum Ostbüro der SPD.

Im Gegensatz zu anderen Entführten erhebt sich im Fall Brandt ein weltweiter Proteststurm, von der mächtigen IG Metall kräftig angefacht. Die DDR gerät international noch mehr ins Abseits, als sie es ohnehin schon ist. 1964 entlässt sie Heinz Brandt klammheimlich.

In den Westen zurückgekehrt, arbeitet er wieder als Journalist für die IGM-Zeitung. Nach seiner Pensionierung engagiert er sich für die sozialistischen Linken. Seine Utopie einer freien und gerechten Gesellschaft hat er sich bis zu seinem Tod 1986 bewahrt.

18. August 1961: Meuterei vor Rügen

Am 18. August 1961 läuft früh um sieben Uhr der Ausflugsdampfer Seebad Binz aus dem Wolgaster Hafen zu einer Tour »Vor Bornholms Küste« aus.

Gut anderthalb Stunden später, gegen 9.40 Uhr, hat der Wind auf fünf bis sechs Stärken aufgefrischt. Die meisten der rund 250 Passagiere sitzen seekrank unter Deck, überall riecht es nach Erbrochenem. Per Bordfunk teilt Kapitän Harms mit, dass die Seebad Binz wegen des Wetters ihren Kurs ändert und nur noch rund um Rügen schippern wird. Das gefällt einer Gruppe junger Leute nicht, die trotz Sturm an Deck fröhlich feiern. Also schreiben sie einen Zettel: »Seiner Majestät, dem Herrn Admiral auf der MS Seebad Binz, untertänigst übermittelt: In Anbetracht der guten Stimmung auf dem Oberdeck bitten zehn Berliner stellvertretend für die meisten Passagiere um die Fortsetzung der Fahrt in Richtung Bornholm. Gezeichnet: Neptun«.

Der Kapitän fühlt sich leicht bedroht. Er weiß nicht, wie ernst seine Fahrgäste den Wunsch meinen, immerhin wurde ja in deren Heimatort Berlin gerade die Grenze dichtgemacht. Noch während er überlegt, setzt sein Steuermann Paul Kropp vorsichtshalber einen Funkspruch an Rügen Radio ab. Der gelangt über einen inoffiziellen Mitarbeiter an die Stasi und die Grenzpolizei. Plötzlich ist von Meuterei die Rede.

Oberstleutnant zur See Günther Franke läuft sofort mit seinem Grenzboot aus Saßnitz aus. Als er die Seebad Binz erreicht, ist dort alles ruhig. Dennoch geleitet das G 442 das Ausflugsschiff in den Saßnitzer Hafen. Dort erwarten Polizei und Stasi die jungen Leute, die so gern Richtung Bornholm gefahren wären. Schnell stellt sich heraus, dass sie alle zur Jungen Gemeinde und den Baptisten gehören.

Nun sieht die Staatsmacht die Chance, ein Exempel zu statuieren. Bereits acht Tage später stehen zwölf Jugendliche vor dem Bezirksgericht Rostock. Die »Ostsee-Zeitung« vom 25. August 1961 gibt die Linie vor: »Durch NATO-Kirche Verbrecher geworden«.

Jürgen Wiechert, 18, und Dietrich Gerloff, 25, werden zu den Rädelsführern gemacht. Sie bekommen acht Jahre Zuchthaus. Im Oktober 1963 werden beide begnadigt. Fünf weitere Personen erhalten Haftstrafen zwischen neun und 24 Monaten, vier junge Männer Strafandrohungen zwischen drei und sechs Monaten auf Bewährung.

Nebenbei: Nach Indienststellung des Fährschiffes Saßnitz am 6. Juli 1959 waren auch für DDR-Bürger Ausflugsfahrten nach Trelleborg möglich. Für etwa 30 Mark Fahrpreis pro Person durfte man den zollfreien Einkauf an Bord genießen und in Schweden bis zur Rückfahrt der Fähre an Land gehen. Nach der Flucht einiger Passagiere auf dieser Route wurde zunächst der Landgang untersagt, dann, nachdem Fluchtwillige ins Trelleborger Hafenbecken gesprungen waren, diese Reisemöglichkeit völlig abgeschafft.

24. August 1961: Der erste Todesschuss an der Mauer

Das ständige Gezeter gegen die Grenzgänger geht Günter Litfin auf die Nerven. Der 24-jährige Schneider arbeitet in einem Atelier am Bahnhof Zoo und wohnt in Weißensee. Wie verwerflich das sei, ist tagtäglich in den Ostberliner Zeitungen zu lesen. Im Westen arbeiten, aber bei uns die billigen Mieten mitnehmen, unsere gestützten Lebensmittel zum Schwindelkurs von eins zu fünf in den Westen schleppen – glaubt man der Propaganda, sind die Grenzgänger an allem Schuld.

Günter Litfin hat das satt. Er zieht in den Westen. Die kleine Wohnung in der Rankestraße in Charlottenburg ist fast fertig. Gemeinsam mit Bruder Jürgen richtet er sie am Samstag, den 12. August ein. Es ist spät, als die beiden wieder in Weißensee zurück sind.

Am nächsten Morgen trennt Stacheldraht die Stadthälften. Der junge Schneider ist verzweifelt: Die Arbeit über Nacht verloren, die fertige Wohnung unerreichbar. Er weiß nicht, wie es weitergehen soll.

In Weißensee ist Günter Litfin ebenso wie sein Vater Mitglied des illegalen Kreisverbandes der West-CDU. Auch das würde Ärger geben. Günter Litfin entschließt sich, die Flucht zu versuchen. Durch die Spree.

Am 24. August 1961, kurz nach 16 Uhr schleicht er vom Gelände der Charité auf den Grenzstreifen am Ufer. Vom Humboldthafen will er durch den von der Spree abgehenden Kanal zur Westseite schwimmen. Der Mann ahnt nicht, dass seit wenigen Stunden auf Flüchtende scharf geschossen wird. In der Nacht vom 23. zum 24. August trat der entsprechende Befehl in Kraft.

Noch an Land, entdeckt eine Streife der Transportpolizei den Flüchtling. Warnschüsse peitschen. Günter Litfin rennt zur Kaimauer und springt ins Wasser. Er schwimmt um sein Leben. Von der Ostseite wird gefeuert. Günter Litfin hebt die Hände aus dem Wasser, da trifft ihn ein Schuss in den Kopf. Hals- und Mundbodendurchschuss steht im Obduktionsbericht. Seine Familie erfährt von seinem Tod erst zwei Tage später durch die »Abendschau« des SFB. Von diesem Tag an wird sie lückenlos von der Stasi überwacht. Bis zum Ende der DDR.

Jahre danach, 1997, steht der Todesschütze Herbert P., damals 22, vor Gericht. Wegen Totschlags in einem minder schweren Fall bekommt er 18 Monate Haft auf Bewährung. Günter Litfin war der Erste, der durch Schüsse an der Berliner Mauer starb.

Zwei Tage vorher, am 22. August 1961 kam bereits Ida Siekmann ums Leben. Sie sprang aus der dritten Etage ihrer Wohnung in der Bernauer Straße auf den zum Westen gehörenden Bürgersteig.

Die letzten (bekannt gewordenen) Schüsse an der Mauer in Berlin fallen am 8. April 1989. Zwei Jugendliche versuchen, an der Chausseestraße in den Wedding zu fliehen und werden mit Warnschüssen gestoppt.

04. September 1961: Aktion Ochsenkopf

Die Mauer steht noch keinen Monat, da will die SED ihren Untertanen am liebsten auch den Blick gen Westen via TV verstellen. Am 4. September 1961 ruft die FDJ zur Aktion Blitz kontra NATO-Sender auf. Als Aktion Ochsenkopf – benannt nach dem gleichnamigen grenznahen bayerischen Fernsehsender – geht sie in die DDR-Geschichte ein.

Die Jungsozialisten geben sich kämpferisch: »Seid ihr startklar zur großen Blitzaktion gegen Ochsenköpfe und geistiges Grenzgängertum?«, tönt die »Junge Welt«. Die SED stört vor allem, dass das Westfernsehen ihr Meinungsmonopol einschränkt. Sie fürchtet das »Schaufenster« in den Westen. Erst nach dem Ende der DDR wird erstaunt konstatiert, dass der Blick hindurch durchaus kritisch blieb: Aus den Kreisen jener, die Westfernsehen sahen, kamen stets weniger Ausreiseanträge als aus dem Tal der Ahnungslosen rund um Dresden.

Dennoch ist mit der Aktion Ochsenkopf zunächst dem Denunziantentum Tür und Tor geöffnet, denn die Drehrichtung der Radio- und Fernsehantennen auf den Dächern lasse erkennen, wo angeblich geistige Grenzgänger wohnten.

Wer in den folgenden Wochen nicht freiwillig auf Westfernsehen verzichtet, dem wird die Antenne abgesägt oder gewaltsam in »Richtung Sozialismus und Frieden« gedreht. Vereinzelt kommt es dabei auch zu Prügeleien.

Das alles ist auch nach DDR-Recht Sachbeschädigung und Hausfriedensbruch, denn ein gesetzliches Verbot des Westfernsehens existiert zu keiner Zeit. Im Gegensatz zum Rundfunk erfolgen auch keinerlei technische Störungen des Fernsehempfanges durch die DDR. Im Jahr 1961 scheitert die Kampagne bereits nach einigen Wochen. Besonders vorsichtige Bürger installieren ihre Westantennen unter dem Dach, andere bauen Nachtantennen, die nur in der Dunkelheit ausgefahren werden.

Angehörigen der Staatsorgane, der NVA und der Polizei wird es einfach verboten, die Sender des Klassenfeindes anzuschauen. Besonders eifrige Sittenwächter der Partei lassen mancherorts, wie zum Beispiel im Bezirk Suhl, die Umschaltmöglichkeit im Fernsehgerät vor dem Verkauf blockieren. Findige Bastler machen das dann wieder rückgängig.

ARD und ZDF strahlen ihre Programme all die Jahre über absichtlich starke Grundnetzsender ab. Sie sind bis in etwa 200 Kilometer Tiefe der DDR zu empfangen. In ungünstigen Empfangslagen bauen sich die Bürger in Eigeninitiative mit erheblichem Materialaufwand, wie zum Beispiel Stahlmasten und Abspannseilen, Antennenanlagen. Konverter für den ZDF-Empfang werden aus dem Westen besorgt oder von Bastlern zusammengelötet. Ende der 80er Jahre entstehen dann mit privat importierten Satellitenschüsseln ganze Kabelnetze. Baugenehmigungen für die dazugehörigen Großantennen sind meist problemlos erhältlich, private Kostenbeteiligungen um die 1000 Mark durchaus üblich.

Über all die Jahre bleibt die Haltung der Obrigkeit zum Westfernsehen inkonsequent. Einerseits behindert sie manche Antennengemeinschaften, und SED-Mitglieder werden intern aufgefordert, sich darin nicht zu engagieren. Andererseits zählt die Verkabelung etlicher Neubaugebiete für den Empfang solcher Sender wie RTL, Sat 1, Tele 5 und die Mehrzahl der dritten Westprogramme Ende der 80er Jahre zum Standard.

Wer östlich des Darß, auf Usedom, in der Uckermark und rund um Dresden im Schatten des Westfernsehens bleibt, fühlt sich gegenüber dem Rest der DDR-Bürger benachteiligt. Manche kompensieren das mit einem Camping-Urlaub vor dem Kofferfernseher in Grenznähe, andere machen ihrem Ärger Luft.

So führt die Stasi zum Beispiel in Dresden den operativen Vorgang Turm durch, weil anonyme Briefschreiber drohen, den Dresdner Fernsehturm in die Luft zu jagen, falls nicht der Empfang von mindestens drei Westprogrammen ermöglicht würde.

Ist in der DDR offiziell vom Westfernsehen die Rede, heißt es schamhaft »internationale Fernsehsender«.

22. November 1961: Außerplanmäßiger Stopp für den US-Militärzug

Von der Existenz eines amerikanischen Militärzuges, der seit dem 8. Dezember 1945 täglich die DDR von Westberlin Richtung Frankfurt am Main durchquert, erfahren viele Bürger erst Mitte der 70er Jahre. Im 9. Teil des Kundschafter-Thrillers »Das unsichtbare Visier« taucht er als Modellbahn auf. Der ostdeutsche Supermann Achim Detjen alias Werner Bredebusch (Armin Mueller-Stahl) erkundet in »Sieben Augen hat der Pfau«, wie der Zug von den Kriegstreibern genutzt werden soll, um einen Angriff auf die DDR vorzubereiten.

Siegfried Pump hat schon früher von dem Zug gehört, der von DDR-Posten an der Grenze nicht kontrolliert werden darf. Am 22. November 1961 springt er bei Magdeburg auf. Das beobachtet der Zugführer. In Marienborn meldet er das Vorkommnis. Ohne viel Federlesens liefern die amerikani-

76

schen Truppen den Flüchtling an die sowjetischen Streitkräfte aus. Die geben Siegfried Pump an die Stasi weiter. Er
erhält eine Freiheitsstrafe von anderthalb Jahren, der wach-
same Eisenbahner bekommt ein Sachgeschenk.
Bei ihren täglichen Zugfahrten wollen sich die USA keines-
falls mit der Sowjetunion anlegen. Mit den Touren prüfen
sie den freien Zugang nach Westberlin, und der darf nicht
gefährdet werden. Deshalb unterliegen alle Reisenden, auch
die Zivilisten, sei 1957 dem System der Flag Orders: Sie bekommen von oder nach Berlin einen Gestellungsbefehl. So
verwandeln sich während der Zugfahrt die NATO-Truppen,
die dort nicht stationiert sein dürfen, wieder in Besatzer und
deren Familienmitglieder. Die werden nur von den sowjetischen Grenzposten kontrolliert.
Um dieses komplizierte Verfahren nicht zu gefährden,
halten sich die Amerikaner aus den deutsch-deutschen
Querelen strikt heraus. Dazu gehört auch, keine Flüchtlinge
zu dulden. Als am 5. Oktober 1962 erneut ein DDR-Bürger
den Zug entert und den amerikanischen Kommandanten
um Hilfe bittet, bietet der lediglich an, ihn unbemerkt
wieder abzusetzen. So geschieht es auch zwanzig Minuten
später.
Doch auch dieser Fluchtversuch bleibt nicht unbemerkt.
Einige Tage danach bestellt das sowjetische Oberkommando Colonel Ernest von Pawel, den Chef der US-Militärver-
bindungsmission, in Potsdam ein, der den Vorfall im Duty
Train erklären muss. Weitere Folgen hat er nicht.
Bis 1990 verkehren auch täglich der britische Militärzug
The Berliner und dreimal wöchentlich ein französischer
Zug zwischen Berlin und dem Bundesgebiet. Von »Wjuns-
dorf« (Wünsdorf) fährt einmal täglich ein Zug für sowjeti-
sche Militärangehörige nach Moskau.

11. Dezember 1961: Nur ein Gerücht
Vier Monate nach dem Mauerbau kommt der Besuch des
sowjetischen Kosmonauten German Titow im Dezember in
der DDR gerade recht. Walter Ulbricht fährt mit ihm im offenen SIL durch Berlin, und es sind nicht nur bestellte
Jubler, die dem jungen Helden aus Moskau zuwinken.

Die Post feiert das Ereignis mit der Herausgabe einer Brief-
markenserie. Die Werte zu 5, 10, 15, 20, 25 und 40 Pfennig
basieren grafisch auf Originalfotos. Mit dabei, für 40 Pfen-
nige, die Triumphfahrt von Titow und Ulbricht durch Ostberlin.

Wenig später behaupten böse Zungen, in der Handfläche der
zum Winken erhobenen Hand des Kosmonauten sei ein
klitzekleines Hakenkreuz zu sehen.

Das wäre ein makabrer, aber für Sammler begehrter Fehl-
druck. Niemand weiß, woher das Gerücht kommt, viele
haben irgendwie mal davon gehört, aber so richtig gesehen
hat es eigentlich keiner. Und so mag diese Geschichte wohl
wirklich nur eine Ente sein.

Allerdings: Der MICHEL Deutschland-Spezialkatalog für
Briefmarkensammler vermerkt zu der Marke, die in einer
Auflage von drei Millionen Stück erschienen ist: »Winkel an
linker Hand von G. S. Titow (Feld 19, Teilauflage).«

Ein Sammlerwert ist nicht verzeichnet: »Diese Marke gibt
es, eine Notierung ist jedoch nicht möglich, weil Bewer-
tungsunterlagen fehlen.« Und: »Dies muss nicht zwangsläufig bedeuten, dass die Marke sehr teuer ist.«

17. Januar 1962: Heimlicher Besuch eines Weltstars

Das »Spiegel«-Heft vom 17. Januar 1962 meldet: »Der italienische Filmproduzent Carlo Ponti beginnt in diesem
Monat mit den Dreharbeiten zu ›Die Eingeschlossenen von
Altona‹ – Jean-Paul Sartres Schuld-und-Sühne-Geschichte
von einem deutschen Offizier. Für das makabre Kammer-
spiel verpflichtete Produzent Ponti eine Weltstar-Besetzung:
seine Ehefrau Sophia Loren, Alec Guinness, Kirk Douglas
und Vittorio de Sica (als Regisseur).«

Das Projekt ist im Westen von Anfang an umstritten, die
Aufarbeitung der Nazivergangenheit damals noch fast ein
Tabuthema. Die niedersächsische Landesregierung verwei-
gert dem Regisseur Aufnahmen im ehemaligen KZ Bergen-
Belsen, Blohm & Voss in Hamburg lässt keine Dreharbei-
ten auf der Werft zu.

Still und heimlich hilft Ostberlin: Vittorio de Sica (1901–
1974) baut Szenen ein, die er im weltberühmten Berliner En-

78

semble am Schiffbauerdamm dreht. Im Film spielen dann »Furcht und Elend des Dritten Reiches« und »Der aufhaltsame Aufstieg des Arturo Ui« in Düsseldorf und Hamburg. Mit dabei die damals 28-jährige Sophia Loren als Witwe Dullfeet im »Ui«.

In der DDR soll diese Zusammenarbeit geheim bleiben, denn der Einkauf des Sartre-Films ist keineswegs vorgesehen, und so würde es nur lästige Fragen geben.

Trotzdem erfährt der junge Fotograf Klaus Winkler von der Geschichte. Er hatte sich noch kurz vor dem Mauerbau im Westen für umgerechnet 3500 Ostmark eine Kamera gekauft und steht nun am Anfang seiner Karriere. Sie macht ihn im Laufe der Jahre zum bekanntesten Star-Fotografen der DDR.

Jahre später erinnert er sich: »Ich hatte einen Tipp aus Westberlin bekommen, dass Sophia Loren im Berliner Ensemble dreht. Sie kam nur mit ihrem Ehemann Carlo Ponti. Kein anderer Fotograf war dabei. Im Casino-Keller nahm sie einen Imbiss und spielte dabei mit ihrer ›Olympus‹. Sophia flirtete und meinte, sie könne ja auch einmal eine Reporterin sein. Da habe ich abgedrückt. Ohne Blitzlicht.«

Das Exklusivfoto bleibt im Privatarchiv des Fotografen. Klaus Winkler: »Schade um den Schnappschuss, aber der Aufenthalt Sophia Lorens musste in der DDR eben geheim bleiben.«

15. April 1962: Ein FDJ-Chef auf der Flucht

In der Nacht zum 16. April 1962 überschreitet der damals 38-jährige FDJ-Funktionär Josef »Jupp« Angenfort die Grenze zur DDR. Elf Tage nach seiner Flucht am Münchener Amtsgerichtsgebäude gelangt er über Österreich und die CSSR nach Ostberlin, wo man das Opfer der westdeutschen Terrorjustiz gebührend feiert. Der Deutschlandsender hatte seine Flucht mit zahlreichen Solidaritätsaufrufen begleitet. Angenfort, 1924 in Düsseldorf geboren, trat nach seiner Rückkehr aus sowjetischer Kriegsgefangenschaft der westdeutschen KPD und der FDJ bei und machte schnell Karriere. Er wurde 1. Sekretär der FDJ und saß als KPD-Abgeordneter im nordrhein-westfälischen Landtag.

Die FDJ wurde im Juni 1951 in der BRD als verfassungsfeindlich verboten, wodurch Angenfort sich kaum beeindrucken ließ. Ohne Rücksicht auf seine parlamentarische Immunität zu nehmen, verhaftete man den kämpferischen Funktionär am 12. März 1953 in Düsseldorf. Mehr als zwei Jahre vergingen, bis ihn der 6. Strafsenat des Bundesgerichts wegen verfassungsverräterischer Zersetzung, Geheimbündelei und Gründung krimineller und verfassungsverräterischer Vereinigungen zu fünf Jahren Zuchthaus verurteilte – ein Urteil, das auch in der Bundesrepublik auf Kritik stieß. Im April 1957 begnadigte der damalige Bundespräsident Heuss Angenfort mit der Auflage, künftig jede Tätigkeit für die (inzwischen ebenfalls verbotene) Kommunistische Partei zu unterlassen. Wie zu erwarten, hielt sich Angenfort nicht an diese Vorgabe. Deshalb wurde er im Februar 1962 erneut verhaftet, der Gnadenerweis widerrufen. Nach einer Vorführung beim Münchener Ermittlungsrichter gelang es Angenfort sich von der Handfessel zu befreien und zu entkommen.

Nach Gründung der DKP kehrt Angenfort 1968 in die Bundesrepublik zurück. Aufgefordert zur Verbüßung seiner Reststrafe, wird er erneut verhaftet, weigert sich jedoch, ein Gnadengesuch an den von der DDR als KZ-Baumeister verunglimpften Bundespräsidenten Heinrich Lübke zu richten. Er wird dennoch aus dem Zuchthaus entlassen und lebt seitdem wieder in Düsseldorf.

30. Mai 1962: »Ich diene der Deutschen Demokratischen Republik ...«

Wenn Leander Ratz eine seiner zahlreichen Auszeichnungen bei der DDR-Luftwaffe bekam, quittierte er die Ehrung befehlsgemäß knapp mit einem zackigen »Ich diene der Deutschen Demokratischen Republik ...«. Die letzte Ehrbezeugung für den Oberst, Kommandeur der 1. Luftverteidigungsdivision und Chef der Fliegerschule Bautzen erfolgte an seinem Grab. Am 30. Mai 1962 war Leander Ratz bei einem Übungsflug über Polen tödlich verunglückt.
Verluste bei den Luftstreitkräften/Luftverteidigung unterlagen strengster Geheimhaltung. Luftwaffenexperte Peter

Veith ermittelte, dass in den 36 Jahren des Bestehens dieser Teilstreitkraft im Schnitt etwa sieben Maschinen pro Jahr in der Luft und am Boden verloren gingen, insgesamt waren es 13 Prozent des Bestandes an Luftfahrzeugen. Mindestens 150 Besatzungsmitglieder, meist Piloten, und sieben Zivilisten verloren ihr Leben.

Alle nur denkbaren Unfallursachen kamen vor. 1958 war es der Leichtsinn eines zu tiefen Überflugs, der die Bruchlandung einer Zlin Z-126 Trener verursachte. Bei einer am 28. Februar 1965 in Dienst gestellten MiG 21 PF mit der taktischen Nummer 931 vom Jagdgeschwader 2 versagte während der Truppenübung »Rauhreif« der Bremsschirm auf der vereisten Landebahn. Es kam zum Totalschaden.

Im Luftraum über Dresden kollidierten am 23. Juni 1973 die MiG MF 654 (Werksnummer 5312) und 656 (Werksnummer 5305). Die 654 fiel in Coswig bei Meissen, die 656 im Stadtgebiet Dresden vom Himmel. Hautmann Rolf Glatter und Hauptmann Karl-Heinz Barche konnten sich retten.

Ein Hubschrauber der FuTK-512 (taktische Nummer 415) verunglückte am 26. Oktober 1984 bei Steinheid. Er hatte das Abspannkabel einer Antenne gestreift und krachte aus 30 Metern Höhe auf den Boden. Es gab drei Tote.

Nebenbei: Tote und Verletzte gab es auch bei der bundesdeutschen Luftwaffe. Zwischen der Indienststellung des F-104 Starfigther am 22. Juli 1960 und seiner Ausmusterung am 23. Oktober 1987 stürzten 292 Flugzeuge dieses Typs ab. Dabei kamen 116 Piloten ums Leben. In der Truppe trug der Starfigther den Spitznamen Witwenmacher.

Sommer 1962: »Vorsicht Zyankali!«

Es war wohl nur ein blöder Witz: Im Sommer 1962 klebt irgendjemand im Westen an einen Waggon mit Zucker für die DDR, der über den Hamburger Hafen importiert wurde, ein Schild. »Vorsicht Zyankali!« steht drauf.

Die DDR-Behörden sind alarmiert. Die Ware erweist sich als einwandfrei, aber man kann ja nie wissen … Ministerpräsident Willi Stoph (1914–1999) ordnet an, künftig »alle Importrohstoffe aus Westdeutschland auf ihre lebensmittelhygienische Unbedenklichkeit gesondert untersuchen zu lassen«. Das kostet die DDR bis 1967 jährlich rund 150 000 Mark. Gifte werden nicht gefunden.

14. August 1962: Zwei Tote am Point Alpha

Am 15. März 1998 fällt gegen vier Uhr morgens auf der Bundesstraße B 84 zwischen Hünfeld und Rasdorf ein Schuss. Ein Autofahrer findet wenig später den ermordeten Taxifahrer Hans Plüschke, 59, 70 Meter von seinem Wagen entfernt, auf der Straße liegend. Der tödliche Schuss traf ihn über dem rechten Auge ins Gehirn. Die gefüllte Brieftasche liegt da, ein Raubmord ist auszuschließen. Warum musste Hans Plüschke sterben?

40 Jahre lang war die Gegend zwischen Rasdorf und Geisa die Grenze zwischen den beiden deutschen Staaten. Auf westlicher Seite unterhalten die Amerikaner ihren Stützpunkt Point Alpha. Sie rechnen bei einem eventuellen Ostblock-Angriff mit dem Eindringen durch das Fulda Gap, die flache Senke bei Fulda. Deshalb stehen sie hier an der Grenze auch direkt den DDR-Truppen gegenüber – es ist einer der heißesten Orte im Kalten Krieg.

Anfang der sechziger Jahre dient Hans Plüschke genau an diesem Ort beim Bundesgrenzschutz. Am 14. August 1962 bauen DDR-Grenzer den Zaun aus. Auf der Westseite machen Bundesgrenzschutzbeamte einen Inspektionsgang. Den kleinen Krieg dieses Tages schildern beide Seiten völlig unterschiedlich.

Hans Plüschke berichtet von einem unerwarteten Schuss aus dem Osten. Er schießt zurück. Das war zwar verboten, aber er fühlt sich direkt angegriffen. Er trifft den Hauptmann der Grenztruppen der DDR Rudi Arnstadt, damals 35, oberhalb des rechten Auges tödlich. Die Staatsanwaltschaft bestätigt ihm, in Notwehr gehandelt und dem vorausgehenden Offizier das Leben gerettet zu haben.

Aufseiten der DDR kam der Schuss ohne Vorwarnung über die Grenze. Arnstadts Kompaniechef Edmund Aue, damals 36, erinnert sich an »geschäftiges Treiben« im Westen: »Anscheinend soffen sich die Mörder wieder einmal Mut an. Einer von der Bande kontrollierte torkelnd sein Schnellfeuergewehr … Es mochte eine halbe Stunde vergangen

sein, als sich plötzlich ein Hauptmann des Bundesgrenzschutzes aus einer Gruppe Herumstehender löste und gera-
dewegs auf die Grenze zulief. Die anderen warfen ihre
Schnapsflaschen weg und deckten mit der Waffe im Anschlag das Vorgehen des Offiziers.« Angeblich habe der
dann die Grenze überschritten, und nachdem Rudi Arnstadt
ihn zweimal aufgefordert hatte, zurückzukehren, sei vom
Westen aus geschossen worden.
Die DDR-Propaganda macht Rudi Arnstadt zum Helden.
Hans Plüschke wird in der DDR in Abwesenheit wegen
Mordes zu 25 Jahren Zuchthaus verurteilt.
1970 quittiert er den Dienst an der Zonengrenze und baut
in Hünfeld ein Taxiunternehmen auf. Er fühlt sich bedroht,
fürchtet eine Entführung und trägt eine Waffe. Seine Angst
steigert sich, als die Grenze fällt.
Nach dem Mord an Hans Plüschke blühen in Osthessen die
Gerüchte. Die Polizei bildet eine Sonderkommission und
verfolgt über 100 Spuren. Auch der Sohn Rudi Arnstadts
wird befragt, aber man findet keinerlei Zusammenhänge
zwischen beiden Taten. Der damalige Soko-Chef Eduard
Hampl kann keine Drohungen nach 1990 gegen Plüschke
bestätigen oder andere Hinweise auf Täter aus dem Osten
finden. Im Sommer 1998 werden die Akten geschlossen.
Dennoch glauben bis heute manche in der Gegend um
Geisa und Rasdorf an einen späten Racheakt.
Nebenbei: Ihre dienstfreie Zeit am Point Alpha vertrieben
sich die GI's unter anderem mit dem 1977 erschienenen
Brettspiel Fulda Gap: The First Battle Of The Next War (Die
Fuldaer Lücke: Der erste Kampf des nächsten Krieges). Die
Spielfläche ist eine Karte der Gegend zwischen Thüringen
und Hessen, auf der die Gegner möglichst schnell strategi-
sche Positionen besetzen müssen. Heute ist dieses Relikt
der Aufrüstung in den Köpfen ein gesuchtes und teures
Sammlerstück.

17. Januar 1963: Parole »Nebel – Wand«

Ob Nordkoreas Diktator Kim Il Sung (1912–1994), der sowjetische Regierungschef Nikita Chruschtschow oder DDR-
Staatsvorsitzender Walter Ulbricht, wenn die rote Promi-

nenz reiste, bevorzugte sie bis in die 70er Jahre meist den Zug – das Flugzeug schien zu unsicher.

Wer mit Staatsfahrten zu tun hatte, musste die jeweilige Parole kennen. Bei Nikita Chruschtschows Reise im Januar 1963 zum VI. Parteitag der SED hieß sie »Nebel«. Darauf war mit »Wand« zu antworten. Bevor der Regierungszug – je nach Wunsch mit Salonwagen, Schlaf-, Speise-, Geräte- und Nachrichtenwagen ausgestattet, sogar ein Garagenwagen für Pkw war möglich – überhaupt losfuhr, erfolgten umfangreiche Vorbereitungen. Ein Oberbau-Messwagen kontrollierte die Strecke, dann absolvierte ein Sonderzug unter den strengen Augen der Stasi eine Streckenkontroll- und Signalschaufahrt. Gab es Mängel oder die übliche Unordnung am Gleis, wurde repariert und aufgeräumt.

Für die Vorbereitung und Durchführung der Staatsfahrten galt eine spezielle Dienstanweisung DA Stf 1199 im roten Umschlag, die unter anderem die Sicherheitsstufe festlegte. Bei Stufe I verkehrten nicht nur der Hauptzug mit den illustren Fahrgästen, sondern auch noch ein Vorzug und ein Nachzug. Vor den Fahrten mussten die zu befahrenden Weichen und die Flankenschutzweichen verschlossen werden. Alle Arbeiten im Zusammenhang mit Staatsfahrten durften nur von besonders überprüften Eisenbahnern erledigt werden. Ein ausgeklügeltes Ausweissystem sorgte dafür, dass niemand dem Zug zu nahe kam. Streifen auf Bahnhöfen und offener Strecke ergänzten die umfänglichen Sicherheitsmaßnahmen.

Die letzte Sonderfahrt des Regierungszuges fand am 13. Januar 1989 statt. Die in der DDR akkreditierten Diplomaten reisten zur Hasenjagd in den Bezirk Erfurt. Die nächste Fahrt mit dem polierten Hammer-und-Zirkel-Emblem an jedem Wagen war dann die erste Reise, bei der auch ganz normale Fahrgäste mitfahren durften. Sie fand am 12. Mai 1990 statt und führte – nach Hamburg.

Zu den Sonderfahrzeugen der DDR-Regierung zählten auch der Stabszug der NVA und der Führungszug des Ministers für Verkehrswesen. Außerdem hielt die DR 14 Katastrophenzüge (K-Züge) bereit, die als »rollende Krankenhäuser« ausgerüstet waren. Sie wurden regelmäßig zum Krankentransport der Gruppe der sowjetischen Streitkräfte in Deutschland (GSSD) auf der Strecke Beelitz-Heilstätten – Brest eingesetzt. Zeitzeugen berichten, dass es auch einen Wagen mit verschließbaren Abteiltüren und gesicherten Fenstern gab, in dem psychisch Kranke unter ärztlicher Betreuung reisten. Er soll stets gut ausgelastet gewesen sein.

15. Februar 1963: Die Glatzkopfbande

Rock'n'Roll im DDR-Kino gab es selten. Bei der Premiere des Defa-Films »Die Glatzkopfbande« am 15. Februar 1963 war er zu hören. Bis der Propaganda-Krimi zwei Jahre später sang- und klanglos wieder von der Leinwand verschwand, weil »nicht gefestigte Jugendliche« nur wegen der Musik kamen, hielten manche das Werk für eine wahre Geschichte. Bis heute hält sich hartnäckig die Legende, im Sommer 1961 habe eine Bande glatzköpfiger Rowdys die Urlauber auf Usedom terrorisiert.

Die wirkliche Geschichte ist banaler, aber auch viel makabrer: Campingplatz Bansin, 1. August 1961. Im Bierzelt Rakete herrscht Partystimmung. Ein paar Jugendliche tanzen Rock'n'Roll, einer spielt Gitarre, das Bier fließt. Fünf der jungen Leute tragen eine Glatze. Ein Jux. Westernheld Yul Brunner ist ihr Vorbild, wenigstens im Urlaub wollen sie sein wie er. Dem Wirt passt das nicht. »Nieten in Nietenhosen unerwünscht« und »Auseinandertanzen verboten« heißt das damals. Er holt die auf dem Zeltplatz stationierten Polizisten. Die schaffen ein paar der Jungen in ihre Wachbude.

Nun eskaliert die Sache. Die Camper umstellen die Wache und schimpfen: »Kartoffeln könnt ihr nicht liefern, aber Leute verhaften, das könnt ihr!« Der Tumult wächst. Die Polizisten bekommen es mit der Angst. Sie rufen Verstärkung. In drei Nachbarkreisen gibt es Alarm. Nach Rangeleien, bei denen auch die Fäuste fliegen, werden schließlich rund 90 wütende Urlauber vorübergehend festgenommen. Mit dabei ist Manfred Schlögel, gelernter Dreher, damals 20. Er half einen Verletzten in die VP-Baracke zu tragen: »Drinnen nahmen sie mir den Ausweis ab, einen Tag später wurde ich verhaftet.«

Die SED braucht Sündenböcke. Das besondere Vorkommnis in Bansin war aus ihrer Sicht Aufruhr. Und die gilt es im Keime zu ersticken. Deshalb wird aus den elf immer noch in Haft gehaltenen Jugendlichen, darunter die Glatzköpfe vom Campingplatz, jetzt eine »Bande«. Auf Weisung der Parteiführung wird ein Drehbuch erstellt, wie mit ihr zu verfahren sei: Sieben Jugendliche sollen wegen Landfriedensbruch, vier wegen staatsgefährdender Gewaltakte verurteilt werden.

Bereits am 11. August 1961 tagt das Kreisgericht Wolgast im Kultursaal der Peene-Werft. Der prozessführende Richter verhängt sieben Strafen zwischen 16 und 18 Monaten Haft. Das ist den Genossen zu wenig. Via SED-Organ »Ostsee-Zeitung« rügen sie den Mann wegen seiner »nicht klassenmäßigen, unparteilichen Haltung«. Er verliert sein Amt.

Der zweite Prozess findet am 4. September 1961 in Rostock statt. Jetzt geht es um die angeblichen Rädelsführer – sie sehen sich vor Gericht zum ersten Mal – die »nach dem Beispiel der faschistischen Provokation vom 17. Juni 1953« einen »Putsch« angezettelt hätten.

Auch Manfred Schlögel war die Rolle eines dieser Rädelsführer zugedacht. Er erinnert sich: »Ich bin nächtelang verhört worden. Zum Schluss unterschrieb ich alles, ohne es überhaupt noch zu lesen oder gar zu begreifen.« Er bekam fünf Jahre Bautzen. Seine Mitangeklagten werden ebenfalls zu Zuchthausstrafen verurteilt, die zwischen vier und acht Jahren liegen. 1964 werden alle noch in Haft befindlichen Jugendlichen vorzeitig entlassen.

Die Mauer steht, und die meisten DDR-Bürger haben sich damit abgefunden. Die erfundene »Glatzkopfbande« hatte ihren Zweck erfüllt: Den jungen Leuten waren die Instrumente der Macht gezeigt worden.

Nebenbei: Im ersten Halbjahr 1961 gab es in der DDR etwa 3500 politisch motivierte Urteile. Im zweiten Halbjahr, nach dem Mauerbau am 13. August, waren es rund 17 000.

17. Juni 1963: Eine Bombe am Roten Rathaus

Am 10. Jahrestag des Volksaufstandes vom 17. Juni 1953 explodiert in den frühen Morgenstunden eine Bombe am

Ministerium für Außenhandel und Innerdeutschen Handel in Ostberlin. Sie richtet Sachschäden an. Zwei weitere Sprengsätze, am Roten Rathaus und am Gerichtsgebäude in der Littenstraße postiert, werden glücklicherweise rechtzeitig entschärft.

Am 30. Juni 1963 wird der Bundesbürger Herbert Kühn, 22, als Bombenleger festgenommen und am 21. Februar 1964 vor dem Obersten Gericht der DDR zu lebenslänglicher Haftstrafe verurteilt. Das Gericht nennt Kühn einen »international erfahrenen Sprengstofftterroristen«. Er habe Kontakte zur französischen Untergrundbewegung OAS gehabt und sich an den Bombenattentaten Südtiroler Separatisten am 19. Oktober 1962 in Verona und Trient und am 27. April 1963 in Mailand und Genua beteiligt, bei denen es mehrere Verletzte und ein Todesopfer zu beklagen gab. Letzteres bezieht sich auf italienische Presseberichte.

Das Gericht unterstellt dem Bundesamt für Verfassungsschutz, man sei dort über die Aktivitäten Kühns und dessen rechtsextremen Hintergrund informiert gewesen – ein angeblicher Beweis dafür, dass die Bundesrepublik umfangreiche Terrormaßnahmen gegen die DDR organisiere. Die tatsächlichen Ergebnisse der Beweisaufnahme stützen diesen Vorwurf nicht, sie belegen lediglich die Einzeltaten des Angeklagten. Festgestellt wurde, dass Herbert Kühn am 15. und 16. Juni 1963 insgesamt etwa fünf Kilogramm Sprengstoff, sieben Glühzünder und fünf Sprengkapseln nach Ostberlin in die Wohnung seines Onkels brachte. Dort montierte er die Sprengsätze.

Herbert Kühn stellt sich vor Gericht als erklärter Feind der DDR dar, der seine Aktion als politisches Fanal verstanden wissen will. Das Gericht setzt alles daran, ihm in einem Falle auch Mordversuch nachzuweisen. Damit, so hofft man, könnte man die Aufmerksamkeit der italienischen Justizbehörden erlangen und über eine Auslieferung wegen Kühns Beteiligung an den Attentaten in Genua und Verona verhandeln – ein kleines Zipfelchen Anerkennung für die von der westlichen Diplomatie hartnäckig negierte Deutsche Demokratische Republik.

11. Oktober 1963: Erster DDR-Grenzer im Westen verurteilt

Am 11. Oktober 1963 steht der aus der DDR fahnenflüchtige Grenzer Fritz Hanke vor dem Landgericht Stuttgart. Er wird zu einer Haftstrafe von 15 Monaten ohne Bewährung verurteilt. Es ist das erste Urteil gegen einen jener DDR-Soldaten, die man 30 Jahre später Mauerschützen nennen wird. Der 21-jährige Stabsgefreite Fritz Hanke hatte am 5. Juni 1962 an der grünen Grenze im Harz mit einem gezielten Kopfschuss den 19-jährigen Flüchtling Peter Reisch getötet. Als er wenig später selbst in den Westen flieht, muss er sich dafür verantworten.

Das Gericht befindet sich in der Zwickmühle: Einerseits hat sich Hanke zweifellos durch die Tötung eines Menschen schuldig gemacht. Andererseits sind die Richter davon überzeugt, dass der DDR-Straftatbestand Republikflucht Unrecht sei und im Widerspruch zum dem auch in der DDR-Verfassung anerkannten Grundrecht auf Freizügigkeit stehe.

Die Stuttgarter Richter sehen das so: Mit dem allgemeinen Ausreiseverbot sollen die DDR-Bürger gezwungen werden, »zur Aufrechterhaltung des Zwangsregimes beizutragen«. Derartige »allein vom politischen Machtstreben getragene gesetzliche Knebelungen des Einzelmenschen« verstießen gegen die Würde des Menschen, »da sie ihn zum Gefangenen im eigenen Lande machen«. Das sei unvereinbar mit der UN-Menschenrechtserklärung von 1948. Deshalb verurteilen die Richter Fritz Hanke zu einer demonstrativ geringen Haftstrafe.

In der Urteilsbegründung heißt es: »Der Angeklagte hatte ›nur‹ den Befehl zu schießen … Er konnte den Befehl ausführen, ohne zu zielen.« Mit der Haftstrafe habe man kundtun wollen, »dass an die rechtliche Verantwortlichkeit des Einzelmenschen auch unter schwierigen äußeren Bedingungen hohe Anforderungen zu stellen sind, wenn sein Handel an die Grundprinzipien der Menschlichkeit rührt.« Diese Rechtsauffassung bildete auch nach der Deutschen Einheit die Grundlage für die Verurteilung jener DDR-Grenzer, die Flüchtlinge verletzt oder getötet haben. Von den einen wird sie kritisiert, weil ihnen die daraus folgenden Urteile als zu gering erscheinen, von den anderen, weil sie überhaupt zu Strafen führt.

07. Dezember 1963: Bauchlandung bei Königsbrück und andere Interflug-Unfälle ohne Personenschäden

Die IL-14 ist das erste in der DDR eingesetzte Verkehrsflugzeug. 80 Maschinen des russischen Konstrukteurs Sergej Iljuschin (1894–1977) werden sogar im Flugzeugwerk Dresden gefertigt. Fünf Mann Besatzung transportieren mit den zweimotorigen Propellermaschinen zwischen 28 und 36 Passagiere, je nach Ausführung.

Die Flugzeuge gelten als sehr sicher und so ist auch menschliches Versagen der Grund für den einzigen IL-14-Unfall der Interflug. Durch falsche Bedienung fallen am 7. Dezember 1963 alle Generatoren aus. Die DM-SBL legt bei Schwepnitz in der Nähe von Königsbrück eine Bauchlandung hin. Personen kommen nicht zu Schaden.

Das nächste Flugzeug, eine viermotorige IL-18W mit der Kennung DM-STF verliert die Interflug am 1. März 1967 in Moskau. Bei Überholungsarbeiten in der Aeroflot-Werft bricht durch Fahrlässigkeit ein Brand aus. Die Maschine wird zerstört und durch eine neue mit den gleichen Kennzeichen ersetzt.

Ein Opfer schlechten Wetters bei der Landung in Berlin-Schönefeld wird eine TU 134 im Jahre 1972. Der zweistrahlige Tupolew-Jet gilt bei den Piloten als schwieriger Vogel mit konstruktiven Tücken. Dennoch ist dieser Typ das »Arbeitspferd« der Interflug, das einiges verträgt. So verwindet sich nur die Zelle nach einer harten Schlechtwetter-Landung, bei der die Maschine mit der Kennung DM-SCA auch noch zeitweilig von der Landebahn rutscht, aber es gibt keine Verletzten. Am 30. Oktober 1972 wird die beschädigte TU 134 in die Sowjetunion gebracht, doch eine Reparatur lohnt nicht, das Flugzeug wird stillgelegt.

Gerade noch glimpflich, weil ebenfalls ohne ernste Personenschäden, verläuft eine harte Landung in Schönefeld am 22. November 1977. In einer TU 134A soll ein neuer Autopilot getestet werden. Er ist bei der Landung der DM-SCM angeschaltet, das Flugzeug überschlägt sich, eine Tragfläche reißt ab und dann bleibt die Maschine auf der Oberseite liegen. Glücklicherweise entsteht kein Brand, sonst wäre es kaum ohne Tote abgegangen.

17. Dezember 1963: Oma kommt aus Westberlin

Die Mauer geht mitten durch viele Berliner Familien. Wo früher die Oma aus Neukölln zum Enkel nach Lichtenberg kam oder der Bruder aus dem Prenzlauer Berg die Schwester in Kreuzberg besuchte, trennt zwei Jahre lang der Todesstreifen Familien, Freunde und Verwandte.

Als sich zu Weihnachen 1963 zum ersten Mal die Möglichkeit abzeichnet, für ein paar Tage wieder zusammenzukommen, ist das für die meisten Berliner in Ost und West das wichtigste besondere Vorkommnis des Jahres. Das weiß die Parteiführung, die die Lage nutzt, um ihre Bedingungen zu setzen.

Vereinbart wird schließlich, dass für die Zeit vom 20. Dezember bis zum 5. Januar 1964 Westberliner Passierscheine für Ostberlin beantragen können. Rund 1,24 Millionen Menschen nutzen diese Möglichkeit. Für die begehrten Einlassgenehmigungen stehen sie oft stundenlang in der Kälte an. Wer mehrfach in den Osten will, muss sich auch mehrfach in die Schlange einreihen.

Ein nächstes Passierscheinabkommen wird für die Ostertage 1965 abgeschlossen. Längerfristige Regelungen vereinbaren Senatsrat Horst Korber (1927–1981) und DDR-Staatssekretär Michael Kohl (1929–1981) am 25. November 1965. Es bleibt aber dabei, dass den Westberlinern nur zu den Feiertagen Einlass nach Ostberlin gewährt wird.

Die Visagebühren von anfangs fünf Mark zahlt der Senat. Der Mindestumtausch (Umtausch von West- in Ost-Mark zum Kurs 1:1 ohne Rücktauschmöglichkeit) ist von den Reisenden zu leisten. Er gilt seit dem 1. Dezember 1964 und steigt im Laufe der Jahre von fünf DM (Westberliner drei DM) bis auf 25 DM pro Person und Tag.

Eine Erleichterung dieser Besuche erfolgt erst nach einer Übereinkunft vom 29. Februar 1972. Daraufhin werden in Westberlin fünf Büros für Besuchs- und Reiseangelegenheiten eingerichtet. Die Mitarbeiter dieser Büros treten als Postler auf, gehören aber zur MfS-Arbeitsgruppe XVII mit Sitz in Hohenschönhausen. Nun wird es auch möglich, Mehrfachberechtigungsscheine für bis zu neun Einreisen innerhalb von drei Monaten (im Volksmund Neunerkarte) zu beantragen.

Am 24. Dezember 1989 wird die Regelung außer Kraft gesetzt.

19. Januar 1964: Kollision in der Scheldemündung

Durch Außenhandel mit dem kapitalistischen Klassenfeind konnten die DDR-Frachter am besten Geld verdienen, denn das gab es in harter Währung. Der gute Ruf der DSR-Schiffe, sie waren schnell, sicher, und pünktlich, ließ die Geschäfte florieren.

Doch das Image bleibt nicht ohne Kratzer. Im Januar 1964 soll die MS Kap Arkona Fracht in den Nahen Osten, nach Beirut, bringen. Kurz nach dem Auslaufen aus dem Hafen von Antwerpen, noch in der Scheldemündung, nahe dem Feuerschiff Wandelaar, rammt der Frachter aus der DDR den norwegischen Motortanker Ida Knudsen im dicken Nebel. Die Kollision ist so heftig, dass die Kap Arkona um 9.34 Uhr über den Achtersteven wegsackt. Alle 30 Besatzungsmitglieder werden gerettet. Das Wrack wird zwei Jahre später gehoben und verschrottet. Die verlorene Fracht zahlte die Versicherung.

28. Januar 1964: Luftkrieg über der DDR

In der Luft wird scharf geschossen. Sowjetische Fliegertrupps und NATO-Flugzeuge bekämpften sich in den Jahren des Kalten Krieges oft hoch über der DDR, ohne dass es deren Bürger auch nur ahnten. Die Berliner Arbeitsgemeinschaft 13. August schätzt, dass allein bei Flugzeugabschüssen im Grenzgebiet 21 Menschen zu Tode kamen.

Manche Abschüsse blieben jedoch nicht unbeobachtet. Am 28. Januar 1964 wird Werner Jünger Augenzeuge eines solchen besonderen Vorkommnisses. Er sieht von seinem Acker bei Vogelsang in Thüringen, wie plötzlich ein Flugzeug mit nur einer Tragfläche vom Himmel trudelt. Es ist der T-39 Sabreliner der US Air Force mit der Nummer 62-4448. Er war 14.01 Uhr in Wiesbaden zu einem Rund-flug gestartet. Wegen eines wahrscheinlichen Ausfalls der Navigationsgeräte überquert er um 14.50 Uhr bei Diedorf in der Nähe von Mühlhausen die DDR-Grenze. Die sowjetis-chen Flieger lassen ihre Abfangjäger aufsteigen. Um 15 Uhr schießen sie den Amerikaner ab. Colonel Hannaford, Cap-tain Lorraine und Captain Millard sind sofort tot.

Werner Jünger erinnert sich an den Aufschlag der Maschi-ne: »Es war wie ein Atompilz. Wir sind gleich hin, aber es war schon zu spät. Die Piloten waren alle verkohlt.«

Mit dem Leben davon kommen hingegen Captain Holland, Captain Kessler und First Lieutenant Welch, Letzterer aller-dings schwer verletzt. Sie fliegen am 10. März 1964 mit einem Luftbildaufklärer RB-66C bei Haldensleben in die DDR ein. Über einem sowjetischen Manövergebiet schießen Kapitan Sinojew und Kapitan Iwannikow mit ihren MiG 17 das Flugzeug ab.

Unliebsame Zwischenfälle hat auch die Sowjetunion zu ver-zeichnen. Am 5. April 1965 landet plötzlich eine MiG 21U unangemeldet auf dem Westberliner Flughafen Tegel. Der Pilot sollte die Maschine eigentlich nach Cottbus bringen und hatte sich mit seiner Navigation vertan. Er startet durch und verschwindet so schnell, wie er gekommen ist.

25. Februar 1964: Ein nackter Professor beschäftigt die Stasi

Unter Bezugnahme auf ein Schreiben vom 16. Januar 1964 bekommt die Abteilung V/1 der Stasi-Bezirksverwaltung Leipzig am 25. Februar 1964 eine schriftliche Information über einen in der Bezirksstadt lebenden Musikprofessor:

Der Prof. (Name geschwärzt) kommt seit 1957 in jeder Badesaison nach Ahrenshoop. Er ist ein starker Anhänger der Freikörperkultur und hält sich vorwiegend am FKK-Strand auf. In der Saison 1963 gingen bei der Dünenwärterin Beschwerden ein über das Verhalten des (geschwärzt) am FKK-Strand. (Geschwärzt) soll sich dort besonders unter den nackten Mädchen auffällig bewegt haben ...

Das Nacktbaden setzt sich in jenen Jahren immer mehr in der DDR durch, und die Stasi kämpft im Verein mit den staatlichen Behörden seit Jahren dagegen an. Genossinnen mit eingebauter »Operativer Technik« – im BH versteckten Minikameras, heute in einschlägigen Stasi-Ausstellungen zu bewundern – wachen über ihre Mitbürger. Werden 1955 zum Beispiel in Göhren auf Rügen noch jedem Nacktbader 150 Mark Geldstrafe und Rausschmiss aus seinem Urlaubsquartier angedroht, ist das inzwischen nicht mehr möglich. Die Leute wollen wenigstens am Strand ihr kleines Stückchen Freiheit genießen.

Dennoch hat die Stasi ein wachsames Auge darauf. Die Berichte über den bereits 1963 auffällig gewordenen, nackten Professor werden im »Operativen Vorgang Fanatiker« gesammelt. Als der Mann 1965 splitternackt vor dem Ahrenshooper Gemeindebüro gegen die Schließung eines Stückchens FKK-Strand protestiert, erhält er Ortsverbot.

Trotzdem können weder solche noch andere Aktionen die Freude am unbeschwerten Baden aufhalten. Bis zum Ende der DDR weiten sich die FKK-Strände beständig aus, haben inzwischen auch längst Seeufer und Freibäder erobert.

Nach der Wende erlassen die neu entstandenen Kurverwaltungen wieder einschränkende Regeln für Nacktbader. Gleichzeitig erfinden sie den vorher im Osten völlig unbekannten Hundestrand.

27. Oktober 1964: Auf der Themse gekentert

Seit der kubanischen Revolution boykottieren die USA die Karibikinsel und unterbinden die Handelsbeziehungen zum bis dahin größten Zuckerexporteur weltweit. Als Anfang der 60er Jahre die Beschaffung von Ersatzteilen und neuen Autobussen auf Kuba dringlich wird, bietet die DDR ihre Dienste beim Transport an.

Am 27. Oktober 1964 ist die MS Magdeburg gerade aus London ausgelaufen, wo sie für Kuba 1535 Tonnen Stückgüter und 42 Leyland Busse geladen hat. Das DDR-Schiff fährt vorschriftsmäßig auf der Themse, als es nahe dem Leuchtfeuer Broadness plötzlich gewaltig kracht. Der japanische Frachter Yamashiro Maru hat die Magdeburg gerammt. Der Zusammenstoß erfolgte in Höhe der Steuerbord-Brückennock. Kapitän Artur Maul und seine Mannschaft tun alles erdenklich Mögliche, um den Schaden zu begrenzen. Ein in der Kammer eingeklemmter Seemann wird befreit, das Schiff vor dem Kentern aus dem engen Fahrweg auf eine Sandbank gesetzt.

So überleben alle 57 Besatzungsmitglieder den Unfall. Die Seekammer stellt später eindeutig fest, dass die Schiffsführung der Magdeburg keinerlei Schuld an dem Zusammenstoß trägt. Nach der Bergung wird der Havarist an einen griechischen Reeder verkauft. Der hat damit wenig Glück, denn als die Magdeburg nach Piräus geschleppt werden soll, versinkt das Schiff am 18. Dezember 1965 in der stürmischen Biskaya.

01. November 1964: Rotes Signal übersehen, 44 Tote

Der Lokführer des Kieswagenzuges Dg 7913 bemerkt seinen Fehler sofort. Er hatte ein rotes Signal übersehen, dadurch rumpelt sein Zug auf ein Abstellgleis. Trotz Schnellbremsung drückt die Dampflok den Prellbock weg und schießt über das Ende der Strecke hinaus.

Es ist der 1. November 1964 auf dem Bahnhof Langhagen an der Strecke Neustrelitz – Rostock. Hinter der Lok bäumt sich der erste der jeweils 90 Tonnen schweren Kieswaggons fast senkrecht auf. Aus dem Bahnhof kommt der D-Zug 1193 auf von Berlin nach Rostock. Drei seiner Wagen haben die Unglücksstelle bereits passiert, als sich der Kieswagen auf die Seite neigt und in Wagen vier des Schnellzuges bohrt. Die Lok und die ersten drei Wagen reißen ab. Sie kommen erst 300 Meter weiter zum Stehen.

Durch den abrupten Stillstand des restlichen Zuges entstehen gewaltige Energien. Der gesamte hintere Teil des D-Zugs wird zertrümmert. Bei dem Unglück finden 44 Menschen den Tod. Es gibt außerdem 70 Verletzte und einen Sachschaden in Höhe von 1,3 Millionen Mark.

07. April 1965: Sturzflug auf die Schwangere Auster

Die Düsenjäger kommen in Schüben. Um Punkt 14.30 Uhr donnert die erste MiG über die Kongresshalle in Westberlin. Nur 100 Meter über dem Boden und knapp unter der Schallgeschwindigkeit von 1000 km/h.

In der »schwangeren Auster« tagen an diesem 7. April 1965 die Abgeordneten des Deutschen Bundestages. Das ist aus der Sicht der Sowjetunion und der DDR eine Provokation, denn Westberlin untersteht alliierter Kontrolle. Ostberlin auch, aber die Machtverhältnisse sind in jenen Jahren so, dass das vernachlässigt werden kann. So soll zumindest den Bonner Abgeordneten ein tüchtiger Schrecken eingejagt werden.

Das gelingt. Dietrich Rollmann (1932–2008) war damals als junger CDU-Abgeordneter dabei: »Die Stimme des Bundestagspräsidenten ging im ohrenbetäubenden Lärm unter ... nach einer gewissen Zeit machte sich dann so etwas wie Lähmung breit.« Die Abgeordneten verlassen nach und nach die Sitzung. Kampfauftrag erfüllt.

Niemand ahnt, dass bei der Attacke auf Westberlin – neben den Flügen über der Kongresshalle gibt es auch Scheinangriffe auf den Tiergarten und die Flugplätze der Alliierten – auch fünf NVA-Flieger dabei sind. Sie starten in Neuhardenberg, damals Marxwalde. Bis nach Berlin brauchen die MiGs von dort kaum drei Minuten; Start, eine 246-Grad-Kurve, schon sind sie da.

Die Piloten wissen nicht, weshalb sie das brisante Manöver fliegen sollen. Es gibt aber Spekulationen und Notfallpläne. Hanno Blume, an jenem Tag kommandierender Offizier im Gefechtsstand Marxwalde und für die Piloten vom NVA-Jagdgeschwader 8 verantwortlich: »Es könnte ja sein, dass ein Triebwerk ausfällt. Deshalb wurde besprochen, was der Flugzeugführer tun kann, wo Freiflächen sind, wo er sein Flugzeug vor einem Absturz noch hinlenken kann.«

Es passiert nichts. Während die sowjetischen Flieger ihre Plätze anfliegen, landen die NVA-Piloten um 14.51 Uhr in Marxwalde. Jeder der fünf Männer wird mit einer Auszeichnung geehrt.

Westberlins Regierender Bürgermeister Willy Brandt (1913–1992) spielt den Zwischenfall herunter: »Wir haben in diesen Tagen auch die Begrenztheit der kommunistischen Maßnahmen erlebt.« Das sehen die Westmächte anders. Sie erklären am 11. April 1965, dass es in Westberlin keine Plenarsitzungen des Bundestages mehr geben wird.

02. Juni 1965: The Star-Spangled Banner über Potsdam

In der Bezirkshauptstadt Potsdam werden zu DDR-Zeiten um halb zehn die Bürgersteige hochgeklappt. Ein paar späte Zecher können sich dann noch von der rasselnden Gotha-Straßenbahn nach Hause rütteln lassen, doch danach liegt himmlische Ruhe über den Schlössern und Gärten.

Am 2. Juni 1965 ist das anders. Um 1.20 Uhr dröhnt The Star-Spangled Banner, die amerikanische Nationalhymne, von Neu Fahrland her über den See. In dem Potsdamer Vorort hat die Militärverbindungsmission der USA, ein Überbleibsel der Zusammenarbeit der Alliierten im Zweiten Weltkrieg, ihr Amtssgebäude.

Das ist der DDR ebenso ein Dorn im Auge wie die Missionen der Franzosen und Briten am Heiligen See, mitten in der Stadt. Aber sie muss es akzeptieren, denn im Gegenzug sitzt die Sowjetunion in den drei ehemaligen Westzonen und weder sie noch die Westmächte möchten auf das Fenster zum Gegner im Kalten Krieg verzichten.

Trotzdem wird immer mal wieder gestänkert. So auch am 6. Mai 1965. Mehrere Hundert DDR-Demonstranten marschierten nach Neu Fahrland und protestierten gegen den US-Krieg in Vietnam.

Im Missionsgebäude saß zwar nur Thomas Voss als Wachsoldat, aber das Haus ist exterritoriales Gebiet der USA. Die Situation eskalierte und rund 200 junge Leute drangen in das Missionsgelände ein. Sie holten die Stars and Stripes vom Mast und verbrannten die Flagge. »Ami go home« wurde an die Hauswand gepinselt, und als zufällig ein Missionswagen eintrifft, flogen Steine. Die VP, die das Haus von außen zu bewachen hat, blieb untätig. Nach drei Stunden war der Spuk vorbei.

Natürlich protestieren die Amerikaner postwendend bei den Sowjets. Die streiten zwar ab, für die Untätigkeit der VP verantwortlich gewesen zu sein, aber sie lassen anstandslos das ganze Haus renovieren. Sogar das Dach wird neu gedeckt. Nun fehlt nur noch die Flagge, die mitten in der Nacht unter den Klängen der Hymne aus großen Lautsprechern gehisst wird.

Die Missionsmitglieder befolgen strikt die Vorschrift nach

Title 31 des United State Code, Section 301 zum Verhalten während des Abspielens der Nationalhymne. Nach dessen Punkt c »… sollen uniformierte Personen von der ersten bis zur letzten Note salutieren«. Als eine schnell alarmierte sowjetische Streife nach dem Rechten sehen kommt, salutiert sie ebenfalls.

23. August 1965: Auf den Klippen im Pentland Firth

Der Leuchtturm am Dunnet Head, dem nördlichsten Punkt des schottischen Festlandes, sendet von der grandiosen Steilküste seinen Schein in Intervallen über den Pentland Firth bis zu den Orkney Inseln. Die Wasserstraße ist die Verbindung zwischen dem Atlantik im Westen und der Nordsee im Osten.

Ein strategisch wichtiger Punkt. Schon 1916, im Ersten Weltkrieg, trieben sich hier U 43 und U 44 unter Kapitänleutnant Paul Wagenführ (1884–1917) herum, um für Seine Majestät den Kaiser die britische Schifffahrt zu stören.

Rund 50 Jahre später will die MS Käthe Niederkirchner aus der DDR die Wasserstraße passieren. Der Frachter der Deutschen Seerederei kommt aus Kuba. Deshalb hatte der Kapitän eigentlich einen anderen Kurs im Sinn, aber Befehl ist Befehl, und der lautete, der »Großkreis« sei zu fahren. Und dieser Kurs führt durch den Pentland Firth.

Das Navigieren ist dort eigentlich kein Problem, denn für diese Gegend gab es damals sogenannte Decca Karten. Das sind Seekarten, in denen die Interferenz-Hyperbeln zwischen je zwei Sendern, dort waren es die Stationen in Bushmils, Hoek van Holland und Stavanger, eingedruckt waren.

Doch gerade für dieses Seegebiet waren keine Decca-Unterlagen an Bord der Käthe Niederkirchner. Der Kapitän versuchte sich zu helfen, indem er eine Handskizze anfertigte, nach der navigiert wurde.

Das ging schief. Kurz nach fünf Uhr morgens lief das Schiff in der Nähe der Insel Muckle Skerry in die Felsen. Der Rumpf wurde in Höhe des Maschinenraumes aufgerissen, der Frachter sank. Glücklicherweise konnte sich die Besatzung komplett retten.

24. August 1965: Tod im Ferienlager

Der brandenburgische Riewendsee zwischen Potsdam und Rathenow ist für sein klares Badewasser berühmt. Seit Jahren erholen sich hier im Sommer die Kinder der Mitarbeiter des Deutschen Fernsehfunks in ihrem Betriebsferienlager Flax und Krümel.

Als sie am 25. August 1965 am Strand ihre Mittagsruhe halten sollen, will es einfach nicht still werden. Auf dem See schwimmt ein Panzer der NVA, und das ist natürlich eine Sensation, die zu besprechen ist. Ein paar der Jungen kennen sich ganz genau aus: 14 Tonnen wiegt der Kasten, 240 PS treiben ihn an.

Der PT-76 gehört zur Erstausstattung der NVA. Seit 1952 nutzt die sowjetische Armee den leichten amphibischen Panzer, der besonders praktisch in Mitteleuropa ist, wo alle paar Kilometer Flüsse oder kleine Seen mögliche Vormarschwege behindern.

Als sich solch ein Ungetüm schließlich aufs Ufer des Riewendsees schiebt, ist es sofort von Ferienkindern umringt. Dann fragt einer der drei Soldaten der Besatzung, ob vielleicht jemand mitfahren möchte. Das will sich keiner im Ferienlager entgehen lassen. Sofort werden Gruppen eingeteilt, und die erste Runde auf dem See verläuft zu aller Zufriedenheit.

Dann rollt der PT-76 wieder ans Ufer, und ab geht es mit der nächsten Gruppe auf den See. Natürlich will niemand warten, und so drängen sich 35 Kinder und Betreuer auf dem stählernen Monstrum.

Plötzlich, mitten auf dem See, neigt sich der Schwimmpanzer vornüber und versinkt. Der Panzerfahrer und ein Teil der Passagiere können in letzter Sekunde abspringen. Wie ein Stein sackt der Stahlkoloss auf den Grund des Sees. Viele Kinder werden von dem Wasserwirbel in die Tiefe gezogen. Verzweifelt versuchen die Rettungsschwimmer des Ferienlagers, sie zurück an die Wasseroberfläche zu bringen. Dennoch bleibt eine schreckliche Bilanz: Das außergewöhnliche Sommererlebnis forderte das Leben von sieben Jungen und Mädchen.

Natürlich hat die Fahrlässigkeit der jungen Soldaten auch

in der NVA Strafe zur Folge. Noch mehr interessiert die Militärs jedoch die Ursache des Unglücks, denn der PT-76 auf dem Riewendsee ist der erste gesunkene Panzer dieses Typs im Warschauer Pakt. Konstruktionsfehler werden nicht entdeckt und auch das weltweit erste Wasserstrahltriebwerk eines solchen Amphibienfahrzeugs leistete seinen Dienst wie geplant – der Panzer war einfach überladen und geriet dadurch aus dem Gleichgewicht.

31. Oktober 1965: All you need is Beat

Leipzig, Wilhelm-Leuschner-Platz. Es ist der 31. Oktober 1965. Kurz vor zehn kommen die ersten. In kleinen Gruppen stehen die Jugendlichen beisammen, unterhalten sich. Es werden schnell mehr. Die meisten im Anzug, schmaler Lederschlips dazu, auch ein paar Langhaarige in Jeans. Bald sind rund 2500 Leute zusammen. Es wird etwas eng auf den Straßen und Kreuzungen. Nichts passiert.
Bis die Polizei vorrückt. Mit Mannschaftswagen, Hunden, Schlagstöcken und einem Wasserwerfer. »Ich wusste gar nicht, dass die VP so was hatte«, sagt einer, der damals dabei war. Wie viele andere hatte auch er gehört, dass auf dem Leuschner-Platz was los sei.
Die Butlers, die wilde Truppe um Klaus Renft (1942–2006), waren gerade ein paar Tage zuvor verboten worden. So wie vier Dutzend anderer Leipziger Bands auch. Angeblich Steuerhinterziehung. Natürlich weiß hier jeder, dass es in Wirklichkeit um die Musik geht, um den Beat.
Es ist nichts los auf dem Leuschner-Platz. Trotzdem treibt die Polizei die jungen Leute brutal auseinander, drängt sie in Nebenstraßen ab. Alles muss schnell gehen. In vier Stunden spielt die DDR im Zentralstadion gegen Österreich Fußball. 95 000 Karten sind verkauft.
Und es geht schnell. Unter Pfui- und Buh-Rufen werden 279 Personen verhaftet. Per Lkw geht es ab ins Arbeitslager nach Regis-Breitingen. In der Sonntagskleidung, so wie sie in Leipzig auf dem Platz standen. Vier Wochen dauert es, bis die Letzten wieder zu Hause sind.
Die DDR gewinnt das Spiel 1:0. Die Fans ziehen ruhig und zufrieden ab. Die Beat-Demo von Leipzig, die eigentlich

nichts weiter als ein bisschen harmloses Herumstehen war, ist vergessen. Erich Loest, Jahrgang 1926, beschreibt sie zehn Jahre später in seinem Buch »Es geht seinen Gang«.

Inzwischen blühen die Legenden über die unerwartete Konfrontation junger Leute mit der Staatsmacht. Sie war so sinnlos wie der Kampf der betulichen Funktionäre gegen die neue Musik.

Sieben Wochen haben die Rolling Stones mit Satisfaction 1965 einen Nummer-Eins-Hit im Westen, vom 8. Oktober bis zum 25. November. Nur Petula Clark hält sich noch länger in den Charts, elf Wochen für Downtown. Im Osten wird das alles aufmerksam im Westradio und -fernsehen verfolgt. Und auch, wenn man nicht selbst dabei sein kann: Der Begeisterung für den Beat tut es keinen Abbruch.

Walter Ulbricht liebt das »yeah, yeah« nicht, aber er lässt die Zügel locker. »DT 64« heißt das neue Jugendprogramm, das hin und wieder auch einen Westhit spielt, dann zum eigenständigen Radiosender wird und schließlich sogar die DDR überlebt.

Dann wendet sich der Wind in Moskau. Hardliner Leonid Breschnew (1906–1982) übernimmt das Ruder. Die »Leipziger Volkszeitung« erkennt in den Musikliebhabern nun plötzlich wieder Leute, die »abnorm« sind, die »amerikanische Lebensweise nachäffen« und sich von ihren »langen zotteligen Haaren« den Horizont verengen lassen.

Im September 1965 spielen die Rolling Stones auf der Westberliner Waldbühne. Ihre Fans nehmen den Laden auseinander. Die Genossen im Osten erschrecken. Diese Musik setzt Kräfte frei, die unbeherrschbar scheinen. Das darf bei ihnen nicht passieren. Dafür sorgte Erich Honecker. Als er in Leipzig knüppeln ließ, ist Walter Ulbricht im Urlaub. Den Siegeszug der Beatmusik kann es nicht verhindern.

06. April 1966: Das Geheimnis der Jak-28

Am 6. April 1966 starten einige sowjetische Jak-28P vom Flugplatz Finowfurt. Ihr Flug soll auch über Westberlin führen. Das ist eigentlich kein Problem, denn der gesamte Luftraum über Berlin unterliegt alliierter Kontrolle. Um 15.30 Uhr meldet der Pilot einer der Maschinen einen

Triebwerksausfall. Er befürchtet, den Flieger nicht mehr lange halten zu können. Die Leitstelle befiehlt eine Notlandung in der DDR.

Doch dazu kommt es nicht mehr. Wenig später schlägt die Jakowlew auf dem Stößensee, zwischen Pichelswerder und dem nördlichen Grunewald, mitten in Westberlin, aus 4000 Metern Höhe auf. Hauptmann Boris Kapustin und Oberleutnant Juri Janow, die Besatzung des Abfangjägers, sind sofort tot.

Am Absturzort erscheinen ein Großaufgebot der Polizei und fünf Züge der Feuerwehr. Auch die besatzungsrechtlich zuständigen Vertreter der britischen Militärregierung sind bereits anwesend, als eine Gruppe sowjetischer Offiziere unter dem Kommando von General Bulanow den Stößensee erreicht. Die Sowjets verlangen, das Flugzeug selbst zu bergen. Sie verleihen ihrem Wunsch Nachdruck, indem kurz darauf auch noch ein Bus mit sowjetischen Soldaten am Unglücksort eintrifft. Eigentlich ist es die Ablösung der Posten am sowjetischen Ehrenmal im Tiergarten.

Diese starke sowjetische Präsenz macht die Briten stutzig. Die Jak-28P muss ein Geheimnis in sich tragen, anders wäre die umfängliche Anwesenheit sowjetischer Armeeangehöriger kaum zu erklären. General Bulanow wird zugesagt, Flugzeug und Besatzung sorgfältig zu bergen. Mit seiner Forderung, dies durch eigene Leute machen zu lassen, kann er sich nicht durchsetzen.

Schon am nächsten Tag spekulieren die Zeitungen: Im Westen ist zu lesen, dass ein solches Flugzeug wie die abgestürzte Jak fähig wäre, Atombomben zu tragen. Die sowjetische Nachrichtenagentur TASS erklärt, dass Boris Kapustin und Juri Janow ihr Leben geopfert hätten, um den Absturz über einem dicht besiedelten Gebiet zu verhindern.

Hinter den Kulissen spielt sich derweil ein Geheimdienstkrimi ab. Noch am Abend des Absturztages finden britische Taucher heraus, dass die sowjetische Maschine mit dem damals modernsten Radargerät Orjel-D, die NATO nennt es Skip Skin, ausgerüstet ist.

Bereits um 1.45 Uhr werden auch die Leichen der beiden Piloten gefunden. Die Briten verstecken sie unter Wasser,

um Zeit zu gewinnen. Dann bauen Experten das Radargerät und die Triebwerke aus. Es gelingt, sie unbeobachtet aus dem See zu holen. Über den britischen Militärflugplatz in Gatow wird das Gerät nach Farnborough in England geflogen, wo es Ingenieure des Royal Aircraft Establishment auseinandernehmen. In Berlin versucht derweil Militärdolmetscher Geoffrey Stephenson General Bulanow hinzuhalten. Um 4.07 Uhr werden die Leichen von Boris Kapustin und Juri Janow aus dem Wasser geholt. In den frühen Morgenstunden des 8. April übergeben die Briten die Opfer des Absturzes mit militärischem Zeremoniell an die Sowjets. Sie werden später über Finowfurt in die Sowjetunion überführt. Innerhalb von 48 Stunden sind die Untersuchungen der Flugzeugteile in England abgeschlossen. Sie werden wieder nach Berlin geflogen und erneut im Stößensee versenkt.
Erst jetzt beginnt die offizielle Bergung der Jak-28. Vor den Augen der Sowjets erscheint ein Teil nach dem anderen an der Wasseroberfläche. Am 13. April treffen sich der sowjetische und der britische Ponton mitten auf dem See. Dort übergeben die Briten die Flugzeugtrümmer. Das ist eine langwierige Prozedur, denn die Sowjets bestehen auf der Rückgabe jeder einzelnen Schraube. Schnell bemerken ihre Experten die Sägespuren an den Rotorblättern der Triebwerkschaufeln. Wenn damals die gesamte Spionageaktion auch noch im Dunkeln lag, eines stand fest: Es waren mindestens Materialproben entnommen worden. Proteste nutzen nun auch nichts mehr.
Was sich in den letzten Sekunden an Bord der Jak-28 wirklich abgespielt hat, ist bis heute nicht geklärt. Über 30 Jahre später behauptet ein damals auf dem Teufelsberg stationierter britischer Abhörspezialist, der den Funkverkehr der Maschine abhörte, dass die beiden Schleudersitze der Piloten nicht geladen waren und der vorn sitzende Offizier eine Pistolenkugel im Kopf gehabt habe. Belege darüber gibt es nicht.

15. Juni 1966: Spur der Störer

Als Auftakt der 8. Arbeiterfestspiele der DDR vom 17. bis 19. Juni 1966 in Potsdam erlebt der Film »Spur der Steine«

von Frank Beyer (1932–2006) nach dem Buch von Erik Neutsch am 15. Juni 1966 im Babelsberger Filmtheater Thalia seine Voraufführung.

Er läuft eine Woche vor ausverkauftem Haus. Dann verschwinden Werbung und Plakate. Trotzdem gibt es noch eine Premiere in Berlin. Sie scheint einigen Zuschauern nicht zu gefallen. Es sind nur junge Männer, die raunen, mit den Füßen scharren und dazwischen rufen. Das passt anderen nicht, die nach Ruhe verlangen.

Merkwürdigerweise sitzen die Unzufriedenen alle zusammen in drei Reihen im Parkett. Bald werden die Ruhe-Rufe von der Forderung ergänzt, die Störer rauszuschmeißen. Plötzlich geht das Licht an. Eine Platzanweiserin keift: »Die Herren bleiben drin!« Dann erlöschen die Lampen. Der Film geht weiter.

Am nächsten Tag läuft er noch einmal. Diesmal sitzen »unzufriedene Arbeiter« im Saal verteilt. Ihre Zwischenrufe klingen wie eingeübtes Laienspiel: »Unsere Parteisekretäre schlafen nicht mit fremden Frauen.« Andere Zwischenrufer fordern: »Ins Gefängnis mit dem Regisseur!«, oder »Krug in die Produktion!«

Am dritten Tag wird der Film verboten, weil er »aufgrund von falschen politischen Positionen seines Regisseurs auch künstlerisch ganz schwach ist, eben ein Machwerk in jeder Beziehung«, so Kulturminister Klaus Gysi (1912–1999). Das ist die Folge des kulturellen Eishauchs, den das 11. Plenum des ZK der SED vom 16. bis 18. Dezember 1965 über die DDR geblasen hat.

Eine ganze Jahresproduktion der Defa landet im Giftschrank, darunter »Das Kaninchen bin ich« und »Denk bloß nicht, ich heule«. Das Theaterstück »Der Bau« von Heiner Müller (1929–1995) wird ebenso verboten wie der Druck des Romans »Der Tag X« von Stefan Heym (1913 bis 2001) und viele weitere Werke.

Für Walter Ulbricht und seine Führung ist das alles Klassenkampf. Die Künstler stehen im Verdacht, ihr marxistisches Weltbild nicht genügend gefestigt zu haben, stattdessen zum »Skeptizismus« zu neigen und im Zuge einer sogenannten Liberalisierung von innen her die DDR aufweichen zu wollen. Das darf nicht sein, und deshalb werden schon mal die Folterinstrumente gezeigt.

26. Juli 1966: Ein Gastmahl für Weimar

Gaststätten in der DDR sind oft keine sehr gastlichen Stätten. Das führt immer wieder zu Eingaben und Beschwerden. Darauf reagiert die Obrigkeit mit stets neuen Ideen.

Als in den 60er Jahren dank der riesigen Fischereiflotte Meeresgetier aus den fernsten Regionen des Atlantik angelandet wird, heißt die aktuelle Parole: »Jede Woche zweimal Fisch hält gesund, macht schlank und frisch.« Warum sollte das Volk also nicht mit Fischrestaurants verwöhnt werden? Deshalb öffnet am 26. Juli 1966 das erste »Gastmahl des Meeres« – nein, nicht in Rostock oder Stralsund – im thüringischen Weimar, am Herderplatz 16. Die Planwirtschaft hat ihre Eigenheiten.

Insgesamt werden es dann 34 dieser Gaststätten, unter anderem in allen Bezirksstädten. Manche haben sich bis heute erhalten. Das »Gastmahl« ist beliebt, und die Speisekarten zeichnen sich durch kreative Namensgebungen aus: Würzfleisch »Stolz von Hawai«, »Warnemünder Kräuterscholle« oder »Pilsner Bierkarpfen«.

Den DDR-Fernsehpreis »Silberner Lorbeer« erwirbt sich Fischkoch Rudolf Kroboth (1920–1986) im Ringen um »Fisch auf jeden Tisch«. Er kocht auch die Rezepte aus dem »Gastmahl des Meeres«. Dabei erhalten er und alle (Koch-) Zeitschriften die Anweisung seitens der Parteiführung: Keine Rezepte mit Zutaten, an denen es mangelt oder die nur von Westverwandten bezogen werden können. Das nennt man »Bedarfslenkung«. Es soll das nachgefragt werden, was gerade vorhanden ist. Das ist in der Endzeit der DDR dann vor allem die Makrele.

Rudolf Kroboth arbeitete eigentlich als Werbeleiter im Fischkombinat Rostock. Seine dienstägliche Fernsehsendung entstand, um per Rezeptempfehlung sowjetische Fischkonserven an den Mann zu bringen. Die kyrillischen Beschriftungen konnten die Kunden kaum lesen und der Handel saß gerade auf einem größeren Posten »Strömlinge in Tomate«. Der Tipp des Fischkochs: Risi-Bisi – eine Tüte

Kuko-Reis, eine Dose Erbsen und die Strömlinge, alles zusammen in den Topf – fertig.

12. Oktober 1966: Draußen vor der Tür

Der Tipp kam wie immer kurz und präzise: »Heute Abend, Willy und Rut, Checkpoint Charlie«. Als dann der dunkle Daimler Willy Brandts aus Ostberlin kommend auftaucht, sind die Westberliner Pressefotografen zur Stelle. Das eigentlich geheime Treffen des Regierenden Bürgermeisters mit dem »Regierenden Botschafter« Pjotr Abrassimow ist dokumentiert.

Es ist die erste Zusammenkunft seit 1960, und als die DDR am nächsten Tag aus der Westpresse davon erfährt, herrscht Frust im ZK und im Außenministerium. Immerhin liegt ja die Residenz des Sowjetbotschafters Unter den Linden in der »Hauptstadt der DDR«. Doch die Genossen können nur spekulieren, welche Sakuski (Häppchen) zum Wodka bei Abendbrot gereicht wurden. Bei Gesprächen über Berlin bleiben sie draußen vor der Tür.

Die Stadt steht nach wie vor unter der Hoheit der vier Mächte, hier haben letztlich die USA, England, Frankreich und die Sowjetunion das Sagen. Für die DDR ist das seit langem ein ärgerliches Relikt des Krieges. Dennoch wollen die Sowjets nicht darauf verzichten. Nur wenn sie die Rechte der Westalliierten im Osten respektieren, können sie auch ihre Rechte im Westen wahrnehmen.

08. Juni 1967: Letztes Geleit für Benno Ohnesorg

Im Sommer 1967 studierten die FDJ-Singeclubs in Berlin ganz schnell ein neues Lied ein. Es gipfelte in der anklagend-aggressiv vorzutragenden Frage: »Wie starb Benno Ohnesorg, Student in Westberlin?« Die genaue Antwort wussten nur jene FDJler, die pflichtwidrig West-Fernsehen schauten. Die heftigen Studentenunruhen im Westen waren kein offizielles Thema für die DDR.

In Westberlin eskalieren sie nach Demonstrationen gegen den Axel Springer Verlag im April und erneut am 2. Juni 1967, als der persische Schah Mohammed Reza Pahlevi die Halbstadt besucht. An der Deutschen Oper wird dabei von

Kriminalobermeister Karl-Heinz Kurras der 27-jährige Student Benno Ohnesorg erschossen. Kurras, 39, wird später freigesprochen.

Gegen den Willen des Senats besteht die Witwe Christa Ohnesorg auf einer Überführung des Leichnams nach Hannover auf dem Landweg. Das nutzt die DDR für ihre Propaganda. Für sie ist der Pazifist Ohnesorg ein Beispiel dafür, wie die Reaktion im Westen fortschrittliche Kräfte ermordet. An der Grenzübergangsstelle Drewitz/Dreilinden gehen am 8. Juni 1967 die Schlagbäume hoch. Es gibt keine Kontrollen und es werden keine Transitgebühren kassiert. Trotz Demonstrationsverbots verabschieden rund 15 000 Menschen den Toten an der Grenze. Ein Autocorso von mehreren Hundert Wagen begleitet den Leichnam durch die DDR. Auf den Autobahnbrücken an der Transitstrecke werden FDJler postiert, die der vorbeifahrenden Kolonne ihre Solidarität bekunden.

Nebenbei: Im November 1967 gebar Benno Ohnesorgs Frau Christa den gemeinsamen Sohn Lukas.

06. Juli 1967: Die Todesschranke von Langenweddingen

Inferno, Feuerhölle, Alptraum – für manche Ereignisse finden sich keine Worte. Verursacht werden sie oft von einer Abfolge banalster Zufälle. So wie im Sommer 1967 in Langenweddingen.

Es ist heiß. Dadurch hat sich ein längs der Bahnlinie hängendes Telefonkabel ausgedehnt. Beim Schließen der Schranke für den Personenzug P 852 verfängt es sich am Schrankenbaum, der dadurch hängenbleibt.

Der Schrankenwärter dreht die Schranke noch einmal hoch, um das Kabel zu lösen. Das Signal für den Zug von Magdeburg nach Thale bleibt derweil auf »freie Fahrt«. Am Bahnübergang steht ein Minol-Tankwagen. Der Fahrer sieht die Schranke hochgehen und fährt an.

In dem Moment, es ist kurz nach acht Uhr, stößt die Lok mit dem Lkw zusammen. Sie erfasst den Wagen mit dem rechten Puffer und reißt das Fahrzeug mit. Dadurch schleudert der 15 000-Liter-Tank gegen den Zug, in dem 540 Reisende sitzen. Der Tank platzt, beschädigte Dampfleitungen der Lok zerstäuben das auslaufende Leichtbenzin, das sich über die ersten beiden Wagen des P 852 und das Bahnhofsgelände ergießt.

Dann kommt es zur Explosion, alles steht plötzlich in Flammen. Schon um 8.32 Uhr ist die Feuerwehr aus Magdeburg da, um 8.47 Uhr hat sie den Brand gelöscht. Den in den Wagen schreienden Menschen können die Feuerwehrmänner jedoch nicht helfen, denn eine Hitzewand von etwa 1000 Grad Celsius verhindert das Vordringen der Rettungskräfte zu den eingeschlossenen Opfern. Unter ihnen sind viele Schulkinder, die zu Ferienbeginn in ein Ferienlager im Harz fahren wollten.

Die Behörden geben später 94 Todesopfer an, davon 44 Kinder. Damals beteiligte Rettungskräfte halten diese Zahl für manipuliert. Sie schätzen die Zahl der Toten auf 130 bis 140. Viele der mehr als drei Dutzend Schwerverletzten tragen dauerhafte Schäden davon. Der Schrankenwärter und sein Chef, der Bahnhofsvorsteher, werden zu je fünf Jahren Haft verurteilt.

Am 28. Dezember 1967 erlässt die Regierung eine neue Transportordnung für gefährliche Güter (TOG, gültig ab 1. 3. 1968). Überdies werden sofort in der gesamten DDR die Schließzeiten für Schranken deutlich ausgedehnt. Mittelfristig entsteht durch den forcierten Ausbau der Abhängigkeit von Schranken und Signalen auch technisch mehr Sicherheit.

Nebenbei: Der zufällig im Zug reisende Lehrer Werner Moritz, damals 39, rettet zwölf Kinder aus den Flammen. Dabei wird er so schwer verletzt, dass er am Tag nach dem Unglück im Krankenhaus verstirbt. Er hinterlässt eine Frau und drei Kinder. Ihm zu Ehren trägt die Grundschule in Rogätz bis heute den Namen Werner-Moritz-Schule.

Sommer 1967: UTA in Berlin

Der Tipp kommt von den sowjetischen Freunden. Im Sommer 1967 entdecken sie unter ihrem Ehrenmal im Tiergarten in Westberlin offenbar vergessene Tunnelbauten. Sie stammen aus den Naziplanungen zum Bau der »Welthauptstadt Germania«.

Sofort nimmt sich die Stasi der Sache an, denn Gerüchte meinen, es könnte auch noch nicht entdeckte, geheime Verbindungen zwischen West- und Ostberlin geben. In den Akten des MfS läuft die Untersuchung unter UTA – untertägige Anlagen.

Ausgangspunkt sind die von den Sowjets wiederentdeckten Tunnelfragmente unter ihrem Ehrenmal an der Straße des 17. Juni.

Die Gedenkstätte mit 2500 Gräbern wurde 1945 ganz bewusst direkt auf das von Albert Speer (1905–1981) geplante Achsenkreuz, die Kreuzung zwischen der Nord-Süd- und Ost-West-Prachtstraße, gesetzt. Sie sollte den Mittelpunkt »Germanias« symbolisch zerschmettern. An die bereits gebauten unterirdischen Straßen dachte bald niemand mehr. Nach dem Krieg entstand das Denkmal sehr schnell. Bereits am 11. November 1945 wurde es eingeweiht. Statische Berechnungen waren damals nicht so wichtig wie die repräsentative Gestaltung. Granit aus der zerstörten Reichskanzlei, eine acht Meter hohe Bronzestatue, Panzer und Kanonen dienten als Dekoration.

Dann nagten über Jahre Wind, Regen und Rost daran, so dass Ende der 60er Jahre saniert werden musste. Für die Stasi steht eine schwierige Aufgabe an, denn offenbar gibt es weder über die »Germania«-Bauten, noch über die Enttrümmerungsarbeiten verlässliche Unterlagen.

In den folgenden Jahren werden 16 verschüttete Bunkeranlagen freigelegt, wenn nötig ausgepumpt und dokumentiert. Stasi-Vermesser untersuchen jedes Fleckchen rings ums Brandenburger Tor. Ihre Sorge: Eventuell vorhandene UTA könnten Provokationen und Angriffe auf die Staatsgrenze ermöglichen. Zu den freigelegten Bunkern gehören Anlagen der Neuen Reichskanzlei, des Hotel Adlon und die einstigen Schutzräume der verschiedenen Naziministerien. Geheime Wege zwischen Ost und West werden nicht entdeckt. 1975 wandern die UTA-Akten der Stasi ins Archiv.

20. September 1967: SOS in der Biskaya

Die MS Fiete Schulze fährt in der Nacht vom 20. zum 21. September 1967 in schwerer See durch die Biskaya. Der

Frachter vom Typ X hat in Rotterdam 8000 Tonnen Roheisenmasseln geladen, die via Panamakanal nach Japan gehen sollen. Die Ladung ist vorschriftsmäßig gestaut. Trotzdem ändert der Kapitän den Kurs, denn der Wirbelsturm Chloe ist im Anzug. Riesig hohe Wellen und wirbelnde Kreuzseen gehen ihm voraus.

Die Fiete Schulze rollt heftig. Gegen 23.30 Uhr sind aus den Laderäumen plötzlich polternde Geräusche zu vernehmen. Der Kapitän weiß sofort, dass das ein Alarmsignal ist. Eisenfahrten sind bei den Seeleuten nicht beliebt, denn bei bewegter See kann schnell jedes Eisenteil im Laderaum zu einem Geschoss werden. Flickarbeiten mit dem Schweißgerät sind nach solch einer Reise meist an der Tagesordnung. Auf der MS Fiete Schulze macht sich deshalb auch sofort die Besatzung bereit, in die Luken zu gehen. In dem Moment holt das Schiff weit nach Steuerbord über und bleibt mit einer Schlagseite von 60 Grad liegen.

Der Frachter ist verloren, funkt SOS. Drei kurz, drei lang, drei kurz, ohne Zeichenpausen gesendet, kündet das bis 1999 verwendete internationale Notrufzeichen von der akuten Gefahr. Die Besatzung geht in die Boote. Der Kapitän und 17 seiner Besatzungsmitglieder klettern dazu wegen der starken Schlagseite auf die Backbordwand des Schiffes. In diesem Augenblick durchschlagen die übergehenden Eisenmasseln die bereits unter Wasser liegende Steuerbordwand. Wie ein Sieb durchlöchert, sinkt die Fiete Schulze um 1.35 Uhr auf der Position 45 Grad 33 Minuten Nord, 10 Grad 15 Minuten West.

Das Unglück ist eines der wenigen, über das die DDR-Presse berichtet. Am 22. September 1967 meldet »Neues Deutschland«: »Motorschiff Fiete Schulze überfällig. Suchaktion durch Sturm erschwert.« Derweil kämpfen die Schiffbrüchigen in den Rettungsbooten und -flößen ums Überleben. Einen ersten Erfolg kann das Blatt einen Tag später mitteilen: »Bisher 18 Mann der Fiete Schulze gerettet. Internationale Suchaktion in der Biskaya. Suchaktion wird fortgesetzt.«

Das ist nötig, denn zur Besatzung gehören 42 Personen. Manche von ihnen, wie der Bootsmann Fritz Adloff, der

Lehrling Wolfgang Mair und die Stewardess Siglinde Ruscher treiben über 48 Stunden in der tobenden See, bis sie endlich gerettet werden. Doch trotz der Erfolge muss die »Berliner Zeitung« am 24. September auch die ersten Verluste melden: »Suchaktion wird fortgesetzt. 28 Mann der Fiete Schulze gerettet. Fünf Seeleute tot geborgen. Tiefe Anteilnahme für Angehörige.«

Im eiskalten Atlantik vor Frankreichs Küste gibt es derweil kaum noch Chancen, weitere Seeleute der Fiete Schulze lebend zu bergen. Am 25. September 1967 berichtet »Neues Deutschland« abschließend: »Suchaktion in der Biskaya beendet. Sieben Seeleute der Fiete Schulze tot geborgen. Sieben weitere trotz größter Anstrengungen verschollen.«

07. November 1967: Der Goldbroiler ist gelandet

Historische Ereignisse wurden in der DDR opulent gefeiert. Zum 50. Jahrestag der Großen Sozialistischen Oktoberrevolution am 7. November 1967 eröffneten deshalb in Berlin die ersten drei Broiler-Bars.

Wenig später wird das »gegrillte Hähnchen mit leicht biegsamem Brustfortsatz« – so das »Lexikon für Hotel- und Gaststättenwesen« 1972 – aus Werbegründen sogar zum »Goldbroiler«. Der Name klingt zwar nicht nach Bruderland, doch Horst Zimmermann brauchte keinen Zoff mit der Partei zu fürchten. Als persönlicher Referent des Landwirtschaftsministers Georg Ewald (1926–1973) schrieb er als erster das Wort Broiler in die Vorlage seines Chefs für das Politbüro, denn auch Hähnchen braten war in der DDR eine politische Angelegenheit.

Immerhin konnte er nachweisen, dass der Broiler nicht nur vom englischen to broil (braten, grillen) abstammt, sondern wenigstens einen Umweg über das befreundete Bulgarien genommen hatte. Das erste Geflügel dieser Art kam nämlich aus dem Geflügelkombinat Tolbuchin und dort hatten die Balkangenossen dem Tier den Markennamen Broijleri gegeben. Das bulgarische Pile für Hühnchen klang ihnen nicht lecker genug.

Der Hintergrund des Broiler-Einflugs in die DDR ist die Fleischeslust ihrer Bürger. Viel und fett essen gilt in den

60er Jahren als Zeichen des Wohlstands. Deshalb suchen die Planer nach einem schnell wachsenden Huhn. In den USA gibt es da einen interessanten »überaus fleischwüchsigen Spezialhybriden«, aber auch die Bulgaren schaffen es bereits, per industrieller Mast den kleinen Flattermann innerhalb von zehn Wochen auf 1,5 Kilo zu bringen.

Schnell schießen in allen DDR-Bezirken die Kombinate für industrielle Mast (KIM) aus dem Boden, denn die Broiler-Gaststätten sind beliebt und bald in jeder größeren Stadt zu finden. Serviert wurde vorzugsweise der »Halbe«, mit »Butterbrot und gem. Salat« zum Festpreis von 5,85 Mark. Später geht es dann nach Gewicht, weil KIM es mit der Norm nicht mehr so genau nimmt.

25. November 1967: MS Stubbenkammer auf Kollisionskurs und das Ende eines Steckenpferds

1967 ist ein schwarzes Jahr für die Seereederei der DDR. Zwei Monate nach dem Untergang der Fiete Schulze geht die nächste Unfallmeldung in Rostock ein.

Am 25. November 1967 sinkt das Motorsschiff Stubbenkammer, nachdem es den Hafen Rotterdam in Richtung Tripolis (Libyen) verlassen hatte. Und: Der DDR-Kapitän ist schuld. Die Schiffsführung der Stubbenkammer erkannte ein entgegenkommendes Schiff mit kreuzendem Kurs zu spät. Trotz sofort eingeleiteter Manöver war eine Kollision nicht mehr zu vermeiden.

Es ist genau 5.07 Uhr, als es kracht und knirscht. Die MS Stubbenkammer stößt mit dem britischen 39 000-Tonnen-Tanker Zenata zusammen. Das DDR-Schiff zerbricht in zwei Teile und sinkt sofort. Steward Paul Sachweh geht mit dem Schiff unter, der Rest der Besatzung kann gerettet werden.

Die Seekammer entscheidet, dass der Kapitän ungenügend auf das Seegebiet eingestellt war und seine Ausweichpflicht missachtet hatte. Das Wrack der Stubbenkammer wird im April 1968 gehoben und verschrottet.

Nach der Kap Arkona am 19. Januar 1964 in der Scheldemündung ist damit ein zweites Schiff untergegangen, das durch eine der ganz typischen DDR-Aktionen finanziert wurde. Schiffe gibt es Ende der 50er Jahre nur gegen harte Devisen zu kaufen. Und die sind in der DDR knapp. Da kommen die Seifenkocher in der VEB Seifenfabrik Steckenpferd in Radebeul bei Dresden auf eine Idee: Sie produzieren einfach für 100 000 Dollar mehr Seife und für das Geld könnte dann ein Schiff gekauft werden.

Der zuständige Minister Heinrich Rau (1899–1961) ist einverstanden und so startet 1958 die »Steckenpferd-Bewegung«. Viele weitere Betriebe schließen sich an. Die Werktätigen fahren Sonderschichten und wollen natürlich auch sehen, was sie zusätzlich schaffen. Das ist für die DDR-Wirtschaft nicht so einfach, denn die Exporterlöse, auch die außerplanmäßigen, fließen alle in einen Topf.

Trotzdem gelingt es irgendwie, Geld für neue Schiffe locker zu machen. So kommt die Seereederei zum Beispiel zu einem Frachter, der den Namen MS Steckenpferd trägt. Aber auch die Stoltera, die Schwarzheide, die Lützkendorf und die Rositz werden durch die Steckenpferd-Bewegung finanziert. Natürlich bedanken sich die Seeleute bei den Werktätigen und nehmen ein paar Steckenpferd-Aktivisten mit auf die Reise.

Das spricht sich bis in eine Fabrik für Babywindeln herum. Die Leute dort wollen auch gern mal in die Welt hinaus und so verkaufen sie ihre Windeln einfach im Export. Da die jedoch von DDR-Babys gefüllt werden sollten, so war es geplant, gab es plötzlich in der ganzen DDR keine Windeln mehr zu kaufen. So wird Mitte 1960 die Steckenpferd-Bewegung klammheimlich eingeschläfert.

Nebenbei: Die MS Steckenpferd, bis 1981 Rufzeichen DAYM, war ein recht betagter Seelenverkäufer. 1936 bei Doxford & Sons LTD in Großbritannien gebaut, durchpflügte sie bis zu ihrem Dienst für die DDR schon als Carla, Ostbris, Cromarty und Skipsea die Weltmeere.

01. Dezember 1967: Eine Dame aus Bonn

Für die Bundesrepublik ist die DDR Ende der 60er Jahre nichts anderes als ein gewaltsam abgetrennter Teil Deutschlands. So wie auch das einstige Ostpreußen oder Pommern östlich der Oder.

Von der »Zoffietzone« sprach Kanzler Konrad Adenauer Zeit seines Lebens vor dem Volk, eine »Irredenta«, ein »unerlöstes Gebiet außerhalb des Nationalstaates«, nennt er den kleineren deutschen Teilstaat, wenn es intellektueller zugehen soll. Der Begriff stammt aus der italienischen Unabhängigkeitsbewegung Ende des 19. Jahrhunderts.

Vor diesem Hintergrund können auch inoffizielle Kontakte über die Grenze nützlich sein, denn offizielle lassen sich nicht pflegen, weil ein stabiler Dauerzustand bei Nichtanerkennung des Status quo nicht entstehen kann.

Solch einen inoffiziellen Kontakt unterhält der DDR-Journalist Karl-Heinz Gerstner (1912–2005) zum höchsten Mann der Bonner Regierung, Bundeskanzler Kurt-Georg Kiesinger (1904–1988). Das ist eine höchst ungewöhnliche Verbindung. Sie hat ihre Wurzeln in der 30er Jahren. Karl-Heinz Gerstner ist damals Jurastudent. Für die Vorbereitung seines Examens geht er Abend für Abend in die Berliner Bleibtreustraße 34, wo der Referendar Kurt-Georg Kiesinger ein Repetitorium abhält. Das ist fachlich glänzend und für 25 Mark im Monat das preiswerteste, was zu haben ist. Sozialist Gerstner spürt, dass der Jurist Kiesinger zwar stockkonservativ, aber kein Nazi ist. Damit kann er leben.

Ein paar Jahre später, damals schon im Auswärtigen Amt tätig, empfiehlt Karl-Heinz Gerstner seinen früheren Lehrer Kurt-Georg Kiesinger, und der bekommt auch tatsächlich einen Job als Wissenschaftlicher Hilfsarbeiter in der Rundfunkabteilung des AA.

Das vergisst er seinem jungen Freund nicht. Im September 1956 lädt Kiesinger, inzwischen Bundestagsabgeordneter für die CDU, Karl-Heinz Gerstner nach Bonn ein. Er will sich revanchieren, bietet dem DDR-Journalisten Hilfe an, falls der in den Westen kommen möchte.

Das will der jedoch nicht. Karl-Heinz Gerstner ist inzwischen Chefreporter der »Berliner Zeitung«, überzeugter DDR-Bürger und Wirtschaftskommentator beim Rundfunk. Seit dem 19. Januar 1955 spricht er jeden Sonntag, elf Uhr, unter dem Motto »Sachlich, kritisch, optimistisch« seine »Wirtschaftsbetrachtung«. Sie ist stets eine Minute zu lang, hat aber bis zu fünf Millionen Zuhörer.

Am 10. November 1966 wird Kurt-Georg Kiesinger Bundeskanzler. Ein Jahr später fährt die Frau seines Regierungssprechers Conrad Ahlers nach Westberlin zu einer Veranstaltung. Sie will die Gelegenheit nutzen, auch im Osten vorbeizuschauen, und der Kanzler trägt ihr Grüße an seinen alten Freund Karl-Heinz Gerstner auf. Für den ist der plötzliche Besuch von Hellwig Ahlers eine schwierige Sache. Immerhin handelt es sich ja um einen inoffiziellen Kontakt zu einem führenden Westpolitiker, bei dem sie nur die Briefträgerin ist.

Karl-Heinz Gerstner informiert Joachim Herrmann (1928–1992), damals Staatssekretär für gesamtdeutsche Fragen. Als er am nächsten Tag, dem 1. Dezember 1967, das ND aufschlägt, glaubt er seinen Augen nicht zu trauen. Unter dem Titel: »Eine Dame aus Bonn« geifert der Kommentator gegen die »Bonner Ultras«: Kostprobe: »Die Regierenden in Bonn betreiben eine Eskalation der Alleinvertretungsanmaßung gegen die DDR. Um keinen Preis wollen sie die DDR anerkennen. Gleichberechtigte Regierungsverhandlungen und vertraglich geregelte normale Beziehungen lehnen sie kategorisch ab. Stattdessen unternehmen sie ständig neue Versuche, auf irgendwelchen unteren Ebenen in die DDR einzudringen. Dabei steigen sie die Treppe immer weiter hinab. Jetzt sind sie gerade auf der Ebene der Ehefrauen angelangt.« Nur deshalb habe ein »Kiesinger-Intimus« seine Frau geschickt. »Sie sollte mal ein bisschen hören, ob es nicht doch weiche Stellen gibt, wo man die DDR anbohren könnte.«

Das ist keine sehr diplomatische Reaktion. Karl-Heinz Gerstner ist entsetzt und fühlt sich blamiert. Ihm ist die Geschichte gegenüber Kurt-Georg Kiesinger äußerst peinlich: »Ich hielt unsere persönliche Beziehung durch diesen Fauxpas für beendet.« Der West-Politiker sieht großzügig darüber hinweg. Karl-Heinz Gerstner: »Doch wenige Tage später, zum Jahreswechsel 1967/68, erhielt ich von ihm einen herzlichen Neujahrsgruß. Bis zu seinem Tode wiederholte sich das.«

06. Dezember 1967: Ein Mann wird gejagt

Für einen Tag Freiheit ein Jahr Knast. Das ist die zusätzliche Strafe für den einzigen Häftling, dem es jemals gelang, aus dem berüchtigten Gefängnis Bautzen II auszubrechen. Er heißt Dieter Hötger. Der Westberliner, damals 22, zog nach dem Mauerbau zu seiner Freundin in den Osten. Dort fühlt er sich bald bedrängt und eingeengt.

Noch funktionieren ein paar Schleichwege von Ost nach West. Dieter Hötger kennt sie. Seine Freundin will er nachholen. Doch die Mauer wird Tag für Tag dichter. Deshalb versucht er, einen Tunnel zu graben. In der Maulwurf-Mannschaft ist ein Spitzel. Der Plan wird verraten. Als Hötger seine Freundin holen will, peitschen Schüsse. Die Frau stirbt, er selbst wird schwer verletzt verhaftet und am 5. Oktober 1962 zu neun Jahren Haft verurteilt.

Das Gefängnis in Bautzen an der Lessingstraße liegt zwar mitten in der Stadt, aber es scheint so ausbruchsicher wie Alcatraz in der Bucht von San Francisco. Hier hat die Stasi das Sagen, mehrere Höfe umgeben den Komplex und die Mauern sind auch nicht von Pappe.

Trotzdem beginnt Dieter Hötger in seiner Zelle, ein Loch in die Wand zu kratzen. Mit einem Löffel schabt er hinter einem Wandschrank den Mörtel aus den Fugen. Nach wochenlanger Schwerstarbeit lassen sich die ersten Steine bewegen. Es dauert noch bis zum 27. November 1967, bis er sie vorsichtig herausziehen kann. Ein Loch von 40 mal 30 mal 65 Zentimetern klafft nun in der Außenmauer des Zellenbaus zum Hof hin. Dieter Hötger zwängt sich hindurch. Hinaus in die Freiheit.

Obwohl der Mann seit Jahren nur an diesen Moment gedacht hat, weiß er nicht, wie es weitergehen soll. Erst einmal raus, das war es, was ihm im Kopf herumging. Natürlich ist Westberlin sein Ziel, zurück nach Hause, doch wie es rings um die eingemauerte Stadt aussieht, weiß Dieter Hötger nicht. Er hofft, irgendwo im Süden, in der Gegend Teltow, Kleinmachnow einen Durchschlupf zu finden. Doch noch irrt er rings um Bautzen umher. Eine Großfahndung nach dem Ausbrecher läuft.

Es ist kalt in den Novembernächten, und Dieter Hötger hat

nur seine dünne Häftlingskluft. Hin und wieder gelingt es ihm, vom Transportwagen für das Essen eines Krankenhauses ein paar Scheiben Brot zu stehlen, ansonsten bleiben nur die Mülltonnen. Tagsüber versteckt sich der Ausbrecher in Ruinen und Feldscheunen, nachts sucht er den Weg nach Berlin.

Am 6. Dezember 1967 fasst eine VP-Streife Dieter Hötger in einem stillgelegten Teil des VEB Schamottwerkes Wetrow. Er ist am Ende seiner Kräfte. In der Begründung zum zusätzlichen Urteil für den Fluchtversuch heißt es: »Die Gebäude der StVA sind sozialistisches Eigentum. Durch die Schaffung eines Loches in der Mauer beschädigte er das sozialistische Eigentum.« Dieter Hötger lebt heute als Rentner in Berlin.

11. Juli 1968: Der große Knall von Bitterfeld

Dass es irgendwann im Chemiedreieck der DDR ganz gewaltig knallen würde, war jedem klar, der auch nur einmal mit dem Zug durch Leuna oder auf der Straße durch Bitterfeld fuhr. Überall zischte und tropfte es, beißender Gestank lag in der Luft, Dreckränder am Hemdkragen wuchsen innerhalb von Minuten und die Wäsche auf der Leine blieb grau.

Am 11. Juli 1968 um 14.02 Uhr, unmittelbar bei Schichtwechsel, war es dann soweit. Eine gewaltige Explosion erschüttert Bitterfeld. Das Chemiekombinat bebt, der ganze Ort scheint zu schwanken, und noch in Muldenstein, sechs Kilometer vom Unglücksort entfernt, bersten die Fensterscheiben.

Die PVC-Halle des Chemiekombinates ist in die Luft geflogen. Von den darin arbeitenden Menschen hatte kaum jemand eine Chance, 42 der 57 in der Halle tätigen Arbeiter sind sofort tot. Die gewaltige Druckwelle walzt weite Teile des Werkes nieder. Über 200 Werktätige müssen ärztlich versorgt werden.

Der große Knall kündigte sich frühzeitig an. Während der Frühschicht entdeckten Arbeiter an einem der zwölf Autoklaven für die PVC-Gewinnung undichte Stellen. Über solche Kleinigkeiten macht sich niemand Sorgen, das kommt oft vor. Normalerweise wird das gasförmige Vinylchlorid in solchen Fällen einfach in den grauen Himmel über Bitterfeld abgeblasen. Auch an diesem 11. Juli 1968 hatte es Druckänderungen im Autoklav gegeben, nachdem dort bereits viel Vinylchlorid eingeströmt war.

Das Behältnis muss vollständig entleert werden, um am Manometerflansch eine neue Dichtung einziehen zu können. Das ist eigentlich gar nicht so schnell zu machen, denn Vinylchlorid hat eine narkotisierende Wirkung. Bei den in der Nähe befindlichen Arbeitern führt das immer mal wieder zu Bewusstseinsstörungen.

Doch die Chemiewerker in Bitterfeld sind nicht zimperlich. Wie sonst auch, signalisiert ein durchdringender Hupton den Vinylaustritt – im Werk heißt das VC-Alarm – und das war's. Die Leute würden schon wissen, was sie zu tun hätten.

Diesmal ist die Gaskonzentration jedoch viel zu hoch. Es knallt. Weil auch nach der Explosion weiter Vinylchlorid in die Luft schießt, kann in der total zerstörten PVC-Halle nicht mit Schweißbrennern gearbeitet werden. Die Rettungsmannschaften bergen die Toten und Verletzten mit bloßen Händen aus den Trümmern.

Die Zerstörungen fallen so gewaltig aus, dass das Werk nicht wieder aufgebaut und die Produktion von PVC nach Schkopau ins Bunakombinat verlagert wird. Allein die direkten Produktionsausfälle betragen rund 80 Millionen Mark. Dazu kommen noch die Einbußen in den Folgeproduktionen.

Nach dem Unglück verschärft die DDR rigoros sämtliche Bestimmungen über Arbeits-, Gesundheits- und Brandschutz. Trotzdem kommt es auch in den Folgejahren häufig zu Störfällen. Sie werden hauptsächlich durch den erheblichen Verschleiß der Produktionsanlagen ausgelöst.

Die Akten von Stasi und Staatsanwaltschaften belegen auch, dass Fahrlässigkeit und Gleichgültigkeit der Werktätigen eine bedeutsame Rolle beim Entstehen von Havarien spielen. Es ist ein Teufelskreis: Die alten, verschlissenen Anlagen lassen die Arbeiter, die sie immer wieder irgendwie zusammenflicken müssen, phlegmatisch werden. Das wiederum lässt die Anlagen noch weiter verkommen.

31. August 1968: Kollision im Nebel

Die Truppen des Warschauer Paktes stehen seit dem 21. August in der benachbarten CSSR. Auch wenn die Nationale Volksarmee dort keine Einheiten vor Ort hat, ist die Stimmung angespannt. Diese Anspannung umfasst alle Teilstreitkräfte, sogar die Marine, die mit dem Binnenland im Süden nun wahrlich nichts zu tun hat.

In diese Atmosphäre platzt am 31. August 1968 die Meldung eines besonderen Vorkommnisses: In dichtem Nebel ist das Torpedoschnellboot der Volksmarine Willi Bänsch auf der Ostsee mit der schwedischen Fähre Drottningen kollidiert. In der 6. Flottille der Volksmarine, dem Schnellbootverband, laufen unter der Bezeichnung »Projekt 183« 27 dieser Kampfschiffe. Die NATO nennt sie P-6-Klasse. Bei der Marine haben sie den Spitznamen Holzpantoffel, denn der Rumpf der zwar schnellen, aber kleinen Schiffe ist aus Holz. Als das TS 844 Willi Bänsch in den frühen Morgenstunden mit der wuchtigen Fähre zusammenkracht, wird es einfach untergepflügt. Sieben Seeleute aus der DDR finden dabei den Tod. An sie erinnert später ein Stein auf dem Friedhof in Dranske auf Rügen und seit der Einheit auch eine Tafel in der Marine-Gedenkstätte Laboe.

Die Ursache dieses schwersten Seeunfalls in der Geschichte der Volksmarine liegt im seemännischen Fehlverhalten des Kommandanten. Er ist relativ neu an Bord und kommandiert eine Mannschaft, die auch noch nicht sehr lange zusammenarbeitet. Im Januar 1968 waren nämlich mehrere Besatzungsmitglieder des TS 844 wegen einer geplanten Republikflucht verhaftet worden. Danach wurde die Besatzung ausgetauscht. Viele gemeinsame Erfahrungen konnten sie bis August noch nicht sammeln.

Zu einem weiteren, damals streng geheim gehaltenen Unfall bei der Volksmarine kam es Ende 1985. Nordöstlich vor Darßer Ort stießen das Torpedoschnellboot 945 (vormals 951, Baunummer 131 421) und das Raketenschnellboot 734 Paul Eisenschneider zusammen. Dabei wurde das kleine Torpedoschnellboot an der Steuerbordseite zwischen Aufbauten und Geschütz gerammt und so stark beschädigt, dass es sank. Der Ari-Gast starb bei der Kollision, der Rest der Mannschaft konnte sich retten. Das Torpedoschnell-boot wurde am 30. Juni 1986 außer Dienst gestellt.

Aktenkundig sind auch Zwischenfälle von zivilen mit militärischen Schiffen. Das Fahrgastschiff Granitz kollidierte am 6. August 1965 bei Tonne 2 im Rassower Strom vor Rügen mit einem Schleppzug der Volksmarine. Am 29. Oktober 1966 krachte es auf der WAR-64 Adolf Hennecke vor Warnemünde, als sie mit einem Minenräumgerät Berührung hatte. Am 3. November 1966 stieß der Kutter WOG 99 Erfüllung auf der Bock-Reede vor Stralsund mit dem Grenzboot G-95 zusammen.

Besonders unangenehm waren Unfälle von DDR-Schiffen mit Einheiten der Bundesmarine. In der Fehmarnbelt auf 54 Grad 35,4 Minuten Nord und 11 Grad 09,4 Minuten Ost rammt am 14. April 1969 der U-Boot-Jäger P 6113 Najade die Völkerfreundschaft. Eine zweite unliebsame Begegnung hat das FDGB-Urlauberschiff ganz in der Nähe dieser Position am 23. Januar 1983. Diesmal kollidiert es mit U 26 (S 175) der Bundesmarine. 17 Seemeilen nordöstlich vor Arkona stoßen am 6. Januar 1973 der Fischer ROS-205 Berlin und die Fregatte F 221 Emden zusammen. Die Theodor Fontane hat am 5. Dezember 1975 in der Ausweiche Oldenbüttel im Nord-Ostsee-Kanal einen Zusammenstoß mit dem Lenkwaffenzerstörer D 187 Rommel aus dem Westen.

30. September 1968: Die blutige Hand – Theaterskandale

Deutsches Theater, 30. September 1968. Die Schlussszene von Goethes Faust, Gretchen im Keller: Fred Düren kommt auf die Bühne. Als Faust soll er einen Metalldeckel von einem kleinen Koben reißen und auf die Bühne schleudern. Plötzlich steht die Szene still. Blut tropft, eine Lache bildet sich, der Vorhang fällt. Nur ein kleiner Unfall.

Als sich der Vorhang wieder hebt, um die Szene zu Ende zu spielen, sind die ersten Reihen im Parkett leer. Hier saßen während der Premiere die Repräsentanten von Partei und Regierung. Sie haben gedacht, das Stück sei zu Ende und sind nach spärlichem Klatschen gegangen. Im Deutschen Theater donnert Applaus. Was die hohen Herren nicht gut finden, gefällt dem Volk.

Theater ist für viele Menschen eine Ersatzkommunikation. Was in der Zeitung nicht geschrieben werden darf, in der Öffentlichkeit kaum diskutiert werden kann und im Rundfunk nicht zu hören ist, steht in manchen Theaterstücken zwischen den Zeilen. Fallen die versteckten Metaphern zu sehr ins Auge, ist ein Theaterskandal da.

So war es 1951 mit Brechts und Dessaus »Verhör des Lukullus«, 1961 mit Peter Hacks' »Die Sorgen und die Macht« und so ist es auch diesmal.

Die Faust-Macher unter Intendant Wolfgang Heinz (1900 bis 1984) hatten sich frische, freche Texte einfallen lassen, damit die Zuschauer trotz Klassiker genau lauschten, was sich alles zwischen den Zeilen verbergen könnte, und das waren allerhand Anspielungen auf die Mächtigen.

Am nächsten Tag erscheinen deshalb zwei Herren vom Kulturministerium bei Wolfgang Heinz und fordern von den Theaterleuten harsch etwa 60 Änderungen. Außerdem sei die Walpurgisnacht-Szene ganz zu streichen, ließe der Minister bestellen.

Die Herren vom Theater fügen sich und ärgern sich darüber. Wolfgang Heinz tritt als Intendant zurück. Der Faust-Skandal bleibt der letzte dieser Art in der DDR.

Hatte man zum Beispiel »Die Umsiedlerin« von Heiner Müller kurz nach dem Mauerbau 1961 noch schlichtweg verboten, weil es die Kollektivierung der Landwirtschaft als Gewaltakt zeigte, geht es später subtiler zu. Sein Werk »Der Auftrag« feiert 1980 die Uraufführung im Theater im 3. Stock der Berliner Volksbühne – vor ganzen 40 Zuschauern! Danach in Karl-Marx-Stadt (heute Chemnitz) ist es erneut ausverkauft: Diesmal passen 62 Menschen auf die Bühne hinterm Eisernen Vorhang.

26. Oktober 1968: Das erfundene Attentat auf Ulbricht

Am 26. Oktober 1968 feiert das thüringische Steinbach seine Kirmes. Die Sterncombo aus Trusetal macht Musik, in der Dorfkneipe geht es hoch her. Dort sitzen die Einheimischen und schimpfen auf die Regierung. Von »Kommunistenschweinen« ist die Rede und auch davon, das man diese Leute am besten erschießen sollte.

Das hören Fremde am Nachbartisch mit Missfallen. Sie tragen das SED-Parteiabzeichen am Revers und kommen aus dem benachbarten Bad Liebenstein. Dort sind sie Kurgäste. So wie hin und wieder auch mal Walter Ulbricht und Frau Lotte.

Die Steinbacher Gerald Rilk und Werner Iffert legen sich mit den SED-Genossen an. Es wird gepöbelt, immer wieder ist vom Erschießen der Kommunisten die Rede. Viel Bier hat die Zungen gelockert. Die Kurgäste verdrücken sich und erstatten Anzeige. Rilk und Iffert werden noch in der Kneipe verhaftet.

Die Kripo hat die beiden schon lange im Auge, denn dort wird gewildert. Und wer wildert, der muss auch Waffen haben. Sie sammelt alle Informationen in der Akte Steinbock.

Nach einem Dreivierteljahr übernimmt die Stasi-Kreisdienststelle Bad Salzungen die Sache. Am 16. Juni rücken ihre Leute in Steinbach ein, verhören die Anwohner und durchsuchen die Häuser. An mehreren Stellen werden illegale Waffen gefunden, auch Handgranaten sind dabei. Gerald Rilk besitzt sogar ein Fallschirmspringer-Sturmgewehr. »Das habe ich gefunden«, gibt er an, doch niemand glaubt ihm.

Die Wehrmacht hatte bei Kriegsende das Zeug einfach im Wald liegen gelassen und viele Steinbacher bedienten sich. Über 20 von ihnen sitzen jetzt wegen illegalen Waffenbesitzes in U-Haft. Anfang 1970 werden die meisten in Bad Salzungen verurteilt. Gerald Rilk und Werner Iffert sind nicht dabei. Auch die später verhafteten Brüder Kurt und Herbert Malsch und Herbert Fischer nicht.

Die Stasi vermutet, bei diesen Männern könnte mehr dahinterstecken. Sie haben in der Kneipe auf Ulbricht geschimpft und den Prager Frühling begrüßt – daraus konstruieren die Vernehmer nun einen Umsturzplan, eingeleitet mit einem Attentat auf Walter Ulbricht. Die Steinbacher begreifen zunächst gar nicht, worum es eigentlich geht. Gerald Rilk: »Die Stasi hat uns auf eine Linie geführt.« Immer wieder ist nun vom angeblich geplanten »Mordanschlag auf den Staatsratsvorsitzenden« die Rede.

Dass Walter Ulbricht das benachbarte Bad Liebenstein seit 1964 gar nicht mehr besucht hatte, ficht die Stasi nicht an. Sie bastelt ihren Mordplan, und nach anderthalb Jahren fehlen nur noch die Geständnisse. Die Beschuldigten sind derweil so weichgekocht, dass sie die erpressten Anschuldigungen unterschreiben.

Doch noch traut sich die Stasi mit ihrer erfundenen und erpressten Geschichte vom Attentat auf Walter Ulbricht nicht vor Gericht. Ein angeblicher Anführer der Bande fehlt noch.

Den glaubt man in NVA-Hauptmann Rainer Grauel zu finden, einem MiG-21-Piloten aus Steinbach, der in Trollenhagen bei Neubrandenburg dient. Er erhält Flugverbot, wird von 42 inoffiziellen Mitarbeitern bespitzelt, in Arrest gesteckt, zum Soldaten degradiert und schließlich für ein Jahr eingesperrt, weil er alles nicht begreift. Worum es damals, Anfang der 70er Jahre überhaupt geht, erfährt Rainer Grauel erst nach dem Ende der DDR aus seinen Stasiakten. Als Rädelsführer des angeblichen Ulbricht-Attentates taugt er damals jedenfalls nicht.

Da scheint Georg Wölkner geeigneter. Der Förster arbeitet im Sperrgebiet, kennt die Steinbacher und hat sogar schon illegal zusammen mit ihnen gejagt. Am 2. Oktober 1970 wird er verhaftet.

Wieder vergehen zwei Jahre. Walter Ulbrichts Stern ist gesunken und die angeblichen Attentäter sitzen derweil fast fünf Jahre in U-Haft. Also wird ein Geheimprozess vor dem Obersten Gericht der DDR geplant. Die Angeklagten lernen ihre Rollen auswendig. Immerhin steht die Drohung der Todesstrafe im Raum. Die Stasi macht den Männern unverhohlen klar, dass die ganze Geschichte nur dann glimpflich abgehen könnte, wenn sie wie erwartet vor Gericht funktionieren.

Im Prozess gibt es weder Beweismittel noch Zeugen. Nur Urteile. Am 11. April 1972 werden sie verkündet: Gerald Rilk lebenslänglich, Werner Iffert und Herbert Fischer 15 Jahre, Herbert Malsch zwölf Jahre und Kurt Malsch zehn Jahre. Georg Wölkner wird in einem Extraprozess in Erfurt wegen Spionage zu lebenslänglicher Haft verurteilt. Nach acht Jahren erkrankt er lebensgefährlich, wird entlassen und verstirbt. Die fünf Männer aus Steinbach sitzen zwischen fünf und sieben Jahren ab, dann werden sie begnadigt. Nach dem Ende der DDR folgen die Rehabilitierung und Haftentschädigung. Die Richter von damals können aus Altersgründen, die Stasi-Mitarbeiter aus rechtlichen Gründen nicht belangt werden.

19. Dezember 1968: Großbrand im Lokschuppen

Wenigstens die Schraubköpfe am Fahrgestell sollten noch runter. Es ist 18.20 Uhr, in fünf Tagen zu dieser Zeit wollen die Männer aus dem Reichsbahnausbesserungswerk (RAW) Cottbus in Ruhe unter dem Weihnachtsbaum sitzen. Deshalb gehen sie mit dem Schweißbrenner an den defekten Kesselwagen.

Das ist eigentlich streng verboten. Den Großraumwagen hatte eine Havarie auf der Strecke Frankfurt/Oder – Cottbus erwischt. Kesselriss und Fahrgestellschaden. Im Kessel sind noch 48 Tonnen Benzolgemisch, wegen der Kälte in festkristallisierter Form, dennoch hochgefährlich. Deshalb durfte ja auch nicht geschweißt werden.

Schon nach kurzem Zischen flammt Feuer auf, dann tritt das Benzolgemisch aus dem Kesselriss und entzündet sich. Der Brand breitet sich in Windeseile aus. Im Lokschuppen stehen acht Dampfloks, fünf Dieselloks V 100, ein RRY-Wagen und der Kesselwagen.

Die Feuerwehr ist mit mehr als 400 Leuten im Einsatz. Neben den Berufsfeuerwehren aus Cottbus, Guben, Senftenberg und Schwarze Pumpe sind auch 15 Freiwillige Feuerwehren dabei. Dennoch lässt sich ein Sachschaden von 5 078 000 Mark nicht vermeiden. Gegen die verantwortlichen Ingenieure der Abteilung Wagenwirtschaft ermittelt der Staatsanwalt.

18. September 1969: Bananen auf Rezept

Für die 26-jährige Christiane W. aus Berlin ist der 18. September 1969 ein Glückstag. Sie bekommt in ihrer Poliklinik im Prenzlauer Berg eine Bescheinigung für den »Bananenkeller«. Damit kann sie in die Rosa-Luxemburg-Straße 17 gehen und für ihren kleinen Sohn Frank außer der Reihe Bananen einkaufen. Das Kind ist schwächlich und braucht Vitamine.

Bananen haben in der DDR ein nahezu mystisches Image. Wer Bananen essen kann, lebt gesund und im Wohlstand. Leider gibt es die gelben Krummfrüchte aber meist nur zu Weihnachten und das auch nur in begrenzter Menge. Verteilt wird diese dann in der Familie nach dem alten Seemannsmotto: Frauen und Kinder zuerst.

Mit Bananengeschmack sollen die lieben Kleinen auch ans tägliche Zähneputzen gewöhnt werden. Seit 1957 schäumt die Zahncreme Putzi von der Dresdner Firma LEO, später dann VEB Elbe Chemie, in Kindermündern. Der Name des Herstellers verrät auch die Herkunft des Geschmacks: Chemiker sagen Fruchtester dazu – für die Banane stehen leckeres Pentylethanoat und Isobutylacetat zur Verfügung. Dennoch bleiben echte Bananen das Ziel aller Wünsche. Um sie »gerecht« an die DDR-Kunden zu verteilen, finden sich in den entsprechenden Plänen von HO und Konsum bemerkenswerte Wortschöpfungen zur sozialistischen Handelstätigkeit wie Verbrauchslenkung, Nachfragevolumen, Bevölkerungsabkauf und Engpassvermeidung.

Auch ein simples Rezept für den »Bananenkeller« – so etwas gibt es auch in anderen Städten, in Erfurt zum Beispiel im alten Malzwerk – berücksichtigt die geballte sozialistische Weisheit des sozialistischen Handels. Wissenschaftlich gesehen bedeutet es nämlich »die Engpassvermeidung durch Verbrauchslenkung des Nachfragevolumens beim Bevölkerungsabkauf«.

20. September 1969: Für die Rolling Stones in den Knast

Eigentlich geht es Moderator Kai Bloemer nur um einen Gag, als er am 20. September 1969 in seiner Sendung »Rias-Treffpunkt« verkündet, zum 20. Jahrestag der DDR würden die Rolling Stones ein Konzert auf dem Springer-Hochhaus an der Westberliner Kochstraße (heute Rudi-Dutschke-Straße) geben. Es war einer der ersten »Treffpunkte« für den mit 22 Jahren aus den USA gekommenen Radiomann, und da will er mit einem besonders guten Witz einsteigen.

Das misslingt gründlich. Obwohl Kai Bloemer noch in der gleichen Sendung die angebliche Sensationsmeldung dementiert, ist das Gerücht nicht mehr zu stoppen.

Schon in den frühen Morgenstunden des 7. Oktober 1969 machen sich Stones-Fans aus allen Teilen der DDR auf den Weg nach Ostberlin. Vom Spittelmarkt aus wollen sie das Konzert verfolgen, derweil auf dem Alexanderplatz das übliche Volksfest zelebriert wird. Rund 250 Jugendliche fängt die Polizei bereits auf dem Weg ab. Manche, wie Thomas Kabot, sind leicht zu erkennen: Er trägt ein Stones-T-Shirt, es ist sein ganzer Stolz. Bei anderen genügen die langen Haare als Ausweis. Dutzende werden festgenommen, verhört und wieder nach Hause geschickt. Andere, wie Werner Piehl, versuchen das Ostberliner Zentrum in langen Fußmärschen und per Anhalter zu erreichen. Gegen 17 Uhr stehen einige Hundert Jugendliche auf dem Spittelmarkt und in den angrenzenden Straßen. Nichts geschieht.

Bis plötzlich die Polizei vorrückt. »Akute Gefährdung der Staatsgrenze« heißt es in ihrem Befehl. Die Polizisten räumen das Gebiet, treiben die Jugendlichen in den Autotunnel am Alex. Viele, wie Claus Dieter Sprink, fliehen in Panik nach Hause, 430 junge Leute werden festgenommen. Im Untersuchungsgefängnis Keibelstraße stehen sie bis zu 20 Stunden an der Wand.

Die meisten dürfen am nächsten Morgen nach Hause. Dennoch hat für manche von ihnen das angebliche Stones-Konzert nachhaltige Folgen. So bekommt zum Beispiel Lutz Baumann wenig später eine Ablehnung seiner Studienbewerbung. Begründung: Er war in Berlin.

Andere führt der Ausflug direkt in den Knast. Am 8. Oktober sind noch 82 Jugendliche in Haft, unter ihnen Burkhard Herzel. Der 18-Jährige wird wegen Zusammenrottung zu einer Ordnungsstrafe von sechs Wochen Haft verurteilt, die er in Rummelsburg absitzt. In dieser Zeit durchleuchtet die Stasi sein ganzes bisheriges Leben. Dabei erfährt sie, dass der Junge in der Kneipe mal davon geschwärmt hatte, dass es im Westen auch recht schön sein könne. Deshalb wandert Herzel von Rummelsburg direkt in die Stasi-Haftanstalt Hohenschönhausen.

Wegen angeblicher Fluchtpläne wird Burkhard Herzel zu zwei Jahren Gefängnis verurteilt. Erst 1976 darf er in den Westen ausreisen.

07. Oktober 1969: Frohsinn im VEB Kulturpark

Es ist ein Geschenk zum 20. Geburtstag der Republik. Wenige Tage vor dem 7. Oktober 1969 eröffnet im Ostberliner Plänterwald der VEB Kulturpark Berlin.

Die Sensation auf dem 30 Hektar großen Gelände sind die Karussells: Hightech-Geräte aus dem Westen. Kulturparkchef Karl König: »Damals hieß es, ich durfte die Fahrgeschäfte im Westen kaufen, weil die Bundespost Schulden bei der DDR hätte.«

Drehten sich bei der heimischen Kirmes im Osten ausschließlich Vorkriegs-Modelle, locken nun Achterbahn, Wellenrutsche, Autoscooter und ein Oldtimer-Fahrgarten. Spezialitätenrestaurants und Goldbroiler-Stände ergänzen das Angebot. Auf der Freilichtbühne tritt die erste Garnitur der DDR-Musikszene auf.

Die Attraktion ist jedoch das 45 Meter hohe Riesenrad, drei Meter höher als das im Wiener Prater. Bei gutem Wetter gibt es den Blick bis zum Wannsee im Westen gratis.

Trotz einer Mark Eintritt und langem Schlangestehen lockt der Plänterwald rund 1, 5 Millionen Besucher im Jahr an. Sie kommen aus der ganzen DDR und genießen das Stückchen vermeintlichen Westen im Osten. Nach dem Ende der DDR wandelt sich der VEB in den privaten Spreepark und dümpelt noch einige Jahre vor sich hin. Er fällt Spekulanten in die Hände und schließt endgültig 2001.

DIE SIEBZIGER JAHRE

19. März 1970: Willy mit Ypsilon

Die Sprechchöre bilden sich spontan und die DDR-Oberen haben nicht damit gerechnet: Als sich nach langer deutsch-deutscher Eiszeit Bundeskanzler Willy Brandt und DDR-Ministerpräsident Willi Stoph am 19. März 1970 in Erfurt treffen, gilt der Jubel der Thüringer dem Mann aus dem Westen.

»Willy, Willy«, schallt es über den Bahnhofplatz vor dem Erfurter Hof und damit auch ja keine Missverständnisse aufkommen, werden Zeichenblockblätter mit einem Y hochgehalten. Dann fordert die Menge: »Willy Brandt ans Fenster.« Der kommt und zeigt sich ein paar Sekunden. Das Bild macht Geschichte, auch wenn das Treffen ohne Ergebnisse bleibt.

Die Sicherheitskräfte der DDR reagieren hilflos. Besonders hartnäckige Rufer aus der Menge werden für ein paar Stunden festgesetzt, ein quergestellter Bus soll den Zustrom von noch mehr Leuten verhindern.

Die »Aktuelle Kamera« hat es besonders schwer. Die Rufe sind nicht zu überhören und so erläutert der Kommentator, dass es sich um bestellte Provokateure handele. Wer Dutzende solcher Provokateure mal eben nach Erfurt bestellen kann, wird nicht gesagt.

Ein paar Stunden später rollt dann die Gegenoffensive an. Eilig herbeigeschaffte Genossen skandieren nun: »Forderung an Willy Brandt – DDR wird anerkannt!«

30. Juni 1970: Walter Ulbricht probt den Aufstand

Am 30. Juni 1970 feiert Walter Ulbricht seinen 77. Geburtstag. Für den nächsten Tag beruft er eine Sondersitzung des Politbüros ein. Am Ende dieser Sitzung ist sein bisheriger Kronprinz Erich Honecker, damals 57, nicht mehr Sekretär des ZK der SED, verantwortlich für Sicherheitsfragen. Stattdessen soll er auf die Parteischule geschickt werden.

Zwischen Ulbricht und Honecker war der seit langem

schwelende Machtkampf nun offen ausgebrochen. Dem Jüngeren passte weder die Deutschland- noch die Wirtschaftspolitik des greisen SED-Chefs.

Er fährt in die Sowjetische Botschaft Unter den Linden. Botschafter Pjotr Abrassimow weilt in Moskau, sein Gesandter ruft ihn an: »Pjotr Andrejewitsch, in Ihrem Arbeitszimmer sitzt Honecker. Er ist völlig verzweifelt und niedergeschlagen ...« Dann gibt er den Hörer der Direktleitung weiter und Erich Honecker bestätigt zerknirscht: »Walter Ulbricht hat mich abgelöst.«

Das ist eine Ungeheuerlichkeit, denn Ulbricht hatte es versäumt, in Moskau um Erlaubnis zu fragen. Abrassimow spricht mit dem sowjetischen Staatschef Leonid Breschnew. Der schickt ihn noch am selben Tag zurück nach Berlin. Dort nimmt er sich Walter Ulbricht zur Brust.

In der Politbüro-Sitzung am 7. Juli 1970 setzt der Erich Honecker wieder in seine vorherigen Funktionen ein. Walter Ulbricht tut so, als sei nichts geschehen und fistelt nur noch, dass der Genosse Honecker nun wohl ausreichend Zeit gehabt habe, um »seinen Platz zu finden«. Sein Aufstand ist gescheitert.

27. April 1971: Der stille Staatsstreich

Am Vormittag des 27. April 1971 erklärt Walter Ulbricht vor dem Politbüro des ZK der SED seinen Rücktritt als Erster Sekretär der Partei. Dann geht er aus dem Sitzungssaal.

Walter Ulbricht ist gestürzt. Mit ihm verlässt nur noch Albert Norden (1904–1982) den Raum, einer seiner letzten Getreuen. Er gehört zu den wenigen, die die Unterschrift unter einen geheimen Brief an Leonid Breschnew vom 21. Januar 1971 verweigerten, in dem Erich Honecker die Absetzung Ulbrichts gefordert hatte.

Der starrsinnige Greis in Ostberlin war inzwischen auch Moskau ein Dorn im Auge. Er fühlte sich als Gottvater des Weltkommunismus, hielt sogar der ruhmreichen Sowjetunion seine kleine DDR als sozialistisches Musterland vor und versäumte es immer öfter, den großen Bruder um Erlaubnis für seine Politik zu fragen. Das konnte nicht ewig gut gehen.

Am Tag vor der Politbüro-Sitzung war Erich Honecker zu Walter Ulbricht auf dessen Landsitz am Döllnsee gefahren, um ihm zu erklären, dass er »freiwillig« zurückzutreten habe. Vorher ließ er die Telefonleitungen kappen. Die ihn begleitenden Personenschützer erhielten den Befehl, statt der üblichen Bewaffnung Maschinenpistolen mitzuführen. Unmittelbar nach dem Rücktritt drängt der neue Mann darauf, Walter Ulbricht auch die Einflussmöglichkeiten zu nehmen. Sein Strategischer Arbeitskreis – ein Beratergremium – wird am 3. Mai aufgelöst. Statt einer Zimmerflucht in der zweiten Etage des ZK-Gebäudes muss sich Ulbricht nun mit einem Arbeitszimmer begnügen.

Kurz nach dem VIII. Parteitag der SED vom 15. bis 19. Juni 1971 lässt sich Erich Honecker von der Volkskammer als Vorsitzender des Nationalen Verteidigungsrates wählen, ohne dass Walter Ulbricht zuvor von dieser Funktion zurückgetreten oder abgewählt worden wäre.

14. August 1972: Absturz eines Ferienfliegers

Es war ihre Hochzeitsreise und wenigstens die Füße wollten sie am Abend noch ins Schwarze Meer stecken. Als die IL-62 der Interflug am 14. August 1972 von Berlin-Schönefeld um 16.29 Uhr Richtung Burgas abhebt, halten sich die beiden an den Händen.

Gut eine halbe Stunde später sind sie tot. Die DM-SEA ist abgestürzt. Keiner der 148 Passagiere und acht Besatzungsmitglieder überlebt.

Bereits kurz nach dem Start bemerkt Kapitän Heinz Pfaff, 51, dass es Probleme mit dem Stabilisator gibt. Er entscheidet sich zur Umkehr. Der Tower in Schönefeld stimmt zu, um 16.44 Uhr dreht die Maschine bei Cottbus um. Sieben Minuten später lässt die Besatzung Treibstoff ab, um das Landegewicht zu reduzieren.

In Schönefeld ahnt niemand etwas von der bevorstehenden Katastrophe. An Bord entwickelt sich derweil eine dramatische Lage. Beim Landeanflug über Königs Wusterhausen versagt plötzlich die Höhensteuerung. Dann bricht das Heck des Flugzeugs ab, wenig später das Rumpfvorderteil. Die Einzelteile schlagen nacheinander auf einem Feld auf.

Es ist 17 Uhr, Sekunden vorher hatte es noch einen Notruf der DM-SEA gegeben. Es war die erste IL-62 der Interflug, Werksnummer 00702, im April 1970 in Dienst gestellt.

Die DDR ist starr vor Schreck und Trauer. Die üblichen Gedenkfeiern werden organisiert, verschiedene Untersuchungskommissionen suchen nach der Ursache des Unglücks. Darüber wird die Öffentlichkeit nur spärlich informiert.

Deshalb blühen die Spekulationen: Das Flugzeug sei in die eigene Spritwolke geflogen und explodiert, sagen die einen, Schlamperei bei der Wartung vermuten die anderen.

Es dauert Jahre, bis die Ursache der Katastrophe feststeht: Durch undichte Heißluftleitungen im Heck der Maschine verschmorten elektrische Kabel, die einen Kurzschluss hervorriefen. Dadurch entstandene Funken entfachten einen Brand im Frachtraum. Da es dort keine Brandmelder gab, wusste die Besatzung im Cockpit nicht, was hinten im Flugzeug geschah. Durch den Brand verlor das Heck die Stabilität und brach ab. Damit ging die Flugfähigkeit der gesamten Maschine verloren, die wie ein Stein zu Boden stürzte.

Die Ergebnisse der Untersuchungen blieben bis zum Ende der DDR geheim. Öffentliche Kritik an der Sowjetunion – das Iljuschin-Werk hatte die Brandmelder »eingespart« – war nicht opportun. Ohne großes Aufsehen wurden die verbliebenen Maschinen nachgerüstet und Veränderungen am Kontroll- und Wartungsplan vorgenommen.

15. September 1972: Todesstrafe für einen Kindermörder

Einen Tag zuvor hat man den »Kinderschlitzer von Eberswalde« über Torgau in die Alfred-Kästner-Straße nach Leipzig gebracht. Gegen zehn Uhr teilt ihm der Staatsanwalt die Ablehnung seines Gnadengesuchs durch den Noch-Staatsratsvorsitzenden Ulbricht mit. Dann trifft ihn der »unerwartete Nahschuss« des Henkers in den Nacken – exakt der geheimen Verschlusssache 02014 entsprechend: »Gemeinsame Anweisung über die Vollstreckung der Todesstrafe vom Juni 1968.«

Erwin Hagedorn, zur Zeit seiner Untaten siebzehn bzw. neunzehn Jahre alt und auch nach Ansicht der psychiatrischen Gutachter eine schwer gefühlsgestörte Persönlich-keit, hatte 1969 zwei Neunjährige und im Oktober 1971 einen Elfjährigen gefoltert und bestialisch ermordet. Die an-fangs ungeklärten Morde hatten weit über Eberswalde hinaus Unruhe in der Bevölkerung hervorgerufen, gefördert durch die Informationspolitik der staatlichen Organe, die sich im Fall des Doppelmordes erst zwölf Tage nach Ver-schwinden der Kinder mit einem Aufruf an die Öffentlich-keit gewandt hatten. Gefasst wurde Hagedorn Wochen nach dem dritten Mord. Er war sofort geständig.

Nicht nur dem westdeutschen Krimiautor Friedhelm Wer-remeier (Kommissar Trimmel) fallen die Parallelen zwischen dem Fall Hagedorn und dem des »Kirmesmörders« Jürgen Bartsch auf. 1975 erscheint sein Report »Der Fall Hecken-rose«, der zahlreiche Fakten und Details der Eberswalder Fälle enthält. Sofort geht das MfS mit einer Sonderkommis-sion auf Jagd nach einer undichten Stelle bei der Staatsan-waltschaft oder bei den Gutachtern – vergebens. Nur das Fachblatt »Forum der Kriminalistik« ist von nun an aus-schließlich »zur Verwendung in der Deutschen Volkspoli-zei und den anderen Organen des Ministeriums des Innern bestimmt«. Der Film »Am hellerlichten Tag« der Cottbuser Autorin Dorothea Kleine, entfernt auf den Eberswalder Er-eignissen basierend, wird aus dem Programm DDR-Fernse-hens gestrichen. Selbst die Kopien werden vernichtet.

30. Oktober 1972: Zusammenstoß im Nebel

Der Oktober 1972 endet rings um Karl-Marx-Stadt (heute Chemnitz) mit viel Nebel. Auch am 30. wabert überall eine dichte, grau-weiße Suppe. Im Bahnhof Schweinsburg-Culten an der Strecke von Leipzig nach Werdau ist kaum die Hand vor Augen zu sehen.

Das Ausfahrsignal des Bahnhofs steht auf »Halt«. Der Ext 346 Karola von Leipzig über Bad Brambach nach Karlsbad (Karlovy Vary) soll dort stoppen. Auf der nur eingleisigen Strecke kommt ein D-Zug entgegen.

Der Görlitzer Schnelltriebwagen, der als Karola-Express ins Nachbarland fährt, gehört zu den Vorzeigezügen der Deut-schen Reichsbahn. Modern ausgestattet, Top-Service, bis

160 km/h schnell, ein Zug, der auch international Aufsehen erregt. Doch das nützt kaum auf den maroden DDR-Gleisen. Auf den 67 Kilometern von Leipzig bis nach Schweinsburg-Culten hat er an diesem 30. Oktober schon zwölf Minuten Verspätung eingefahren. Deshalb soll er den D-Zug auch schon hier kreuzen. Eigentlich geschieht das planmäßig sieben Kilometer weiter auf dem Bahnhof Werdau. Doch wozu gibt es Signale?

Der entgegenkommende D 273 von Aue nach Berlin besteht an diesem Morgen aus zwei fünfteiligen Doppelstockgliederzügen. Er ist mit zirka 1000 Reisenden besetzt. Im dichten Nebel übersieht der Karola-Triebfahrzeugführer in Schweinsburg-Culten das Haltsignal. Um 7.30 Uhr stößt er an der Einfahrweiche aus Richtung Werdau mit dem D 273 zusammen.

Der Ext 346 wird so schwer zerstört, dass Triebkopf und zwei Beiwagen verschrottet werden müssen. Zwei Wagen des Doppelstockgliederzuges sind total zertrümmert. Zwischen den berstenden Metallteilen und splitternden Fenstern finden 22 Reisende den Tod. Auch die Triebfahrzeugbesatzungen der beiden Unglückszüge gehören dazu. Weitere 70 Menschen erleiden Verletzungen.

Nach dem Unglück beginnt der zweigleisige Ausbau des Abschnittes Crimmitschau – Werdau, um die seit langem bekannte Gefahr auf der völlig überlasteten Strecke zu vermindern. Am 8. April 1976 wird das zweite Gleis in Betrieb genommen.

13. November 1972: Orkantief Quimburga

Am 13. November 1972 zog einer der schlimmsten Orkane des 20. Jahrhunderts über Mitteleuropa hinweg.

Die Zugbahn führte das Orkantief damals über die Elbmündung und Hamburg hinweg nach Osten, das Hauptsturmfeld reichte von Niedersachsen über Sachsen-Anhalt bis nach Brandenburg und Berlin.

So starke Stürme erwartete damals niemand in Deutschland. Deshalb blieb es in West und Ost auch bei ungenügenden Warnungen. Dabei war die Wetterlage im November 1972 hochbrisant. Über dem Atlantik hatte sich um den

10./11. November ein kräftiges Viererdruckfeld aufgebaut. Zwei Hochs lagen über Labrador, Kanada und südlich der Azoren. Nördlich von Schottland befand sich ein Orkantief mit einem Kerndruck unter 960 Hektopascal. Ein weiteres Tief südlich von Neufundland vervollständigte das Feld, bei dem eine sehr starke Tiefentwicklung zu erwarten war.

Nun spaltete sich am 11. November aus dem Neufundland-Tief ein Randtief ab, das mit der starken Höhenströmung rasch nach Osten vorankam. Seine Dynamik gewann es aus den starken Temperaturgegensätzen: In rund 1500 Meter Höhe lagen sie am 12. November 1972 zwischen rund zehn Grad warmer Luft auf der Südseite des Tiefs und minus 25 Grad über Grönland.

Durch diese enormen Temperaturgegensätze konnte sich das inzwischen Quimburga genannte Tief auf seinem Weg nach Osten weiter verstärken. Bereits in der Nacht zum 13. November richtete es als Sturmwirbel mit einem Kerndruck unter 975 Hektopascal in England erhebliche Schäden an. Der Sturm zog dann rasch über die Elbmündung hinweg, und weiter nach Mecklenburg-Vorpommern, wo es wegen der Nähe zum Zentrum nur geringere Schäden gab. Der Durchzug des Tiefs ging jedoch mit einem starken Abfall des Luftdrucks einher.

Orkanböen pfiffen im Flachland mit 120 bis 155 km/h über die Felder. Auf dem Brocken im Harz, obwohl schon etwas abseits des Hauptsturmfeldes gelegen, wurde eine Spitzenböe mit 245 km/h gemessen. Im brandenburgischen Doberlug-Kirchhain betrug die Geschwindigkeit noch 175 km/h, in Berlin über 130 km/h. Besonders im Westen waren die Sturmschäden erheblich. In Niedersachsen zerstörte Quimburga rund 15,9 Millionen Kubikmeter Wald, das entspricht etwa dem fünffachen jährlichen Holzeinschlag.

In Ostberlin forderte der Sturm fünf Todesopfer. 434 Menschen wurden verletzt. Zu den zahlreichen Sachschäden gehörte auch der nach dem Orkan nötig gewordene Abriss der Christophorus-Kirche in Berlin-Friedrichshagen. Europaweit kamen mehr als 50 Menschen durch Quimburga ums Leben. Am Abend des 13. Novembers 1972 ließ der Sturm spürbar nach. Das Tief zog ostwärts ab.

Nebenbei: Die Namensgebung von Hoch- und Tiefdruck-
gebieten erfolgt nach vorbereiteten Listen in alphabetischer
Reihenfolge. Es existieren jeweils zehn Durchgänge durch
das Alphabet (also 10 x 26 = 260 Namen für Hochs und 260
Namen für Tiefs). Nach den zehn Durchgängen beginnt die
Namensgebung wieder beim ersten Durchgang. Deshalb er-
hielt ein Sturmtief am 19. November 2004 ebenfalls den
Namen Quimburga.

23. Februar 1973: 41 000 Dollar für Lotte Ulbricht

»Lotte Ulbricht? Die lebt doch längst in der Schweiz!« – Das
war immer wieder von DDR-Bürgern zu hören, wenn sich
in den 80er Jahren mal jemand an die greise Gattin des 1971
abgedankten DDR-Staatschef Walter Ulbricht erinnerte.
Lotte Ulbricht, seit dem Tod Walters 1973 allein in einem
Haus am Majakowskiring in Berlin-Pankow ihre Renten
von zunächst 2015 Ostmark (Stand Oktober 1985), dann
4472 Westmark (Stand März 2002) genießend, spuckte bis
zuletzt Gift und Galle, wenn sie davon hörte. Für die Witwe
war klar: »Diese Verleumdungen haben ihre Quelle in der
Parteiführung unter E. Honecker.«
Das ist gut möglich. Im Nachlass von Lotte Ulbricht fand
sich eine Notiz, die darauf hindeutet, dass das Zentralkomitee der SED offenbar Lotte und Walter den Lebens-
abend beim Klassenfeind angeboten hat. Am 23. Februar
1973 taucht bei ihnen nämlich ein Genosse Raab mit einem
Koffer voller Blankoschecks, ausgestellt auf US-Dollar, auf.
Auch 1000 Dollar in bar sind dabei, insgesamt umfasst das
Angebot eine Summe von 41 000 Dollar. Unter dem Datum
6. März 1973 ist notiert: »Genosse Wildenhain (Finanzen)
mitgeteilt, dass Valuta nicht benötigt wird.«
Fünf Monate später stirbt Walter Ulbricht. Ein knappes Jahr
danach, im Mai 1974, wird Lotte Ulbricht von einem Bekannten angesprochen, der sie in der Schweiz wähnte. Ihr
kommt zu Ohren, wer alles von ihrer Ausreise zu wissen
meint und notiert es akribisch: Zwei MfS-Männer in Görlitz, eine Luise in Dresden, Genosse Wach aus Weimar, ein
gewisser Gustl von der Wohnparteiorganisation Berlin-
Prenzlauer Berg, Major Junker aus der Bruno-Kühn-Kaser-

ne und so weiter und so fort. Das Gerücht ist nicht totzukriegen.

Am 23. April 1977 schreibt eine Leserin aus Wismar an die Frauenzeitschrift »für dich«: »In letzter Zeit musste ich von etlichen Mitbürgern eine hässliche Feindpropaganda erfahren. Unsere Lotte Ulbricht soll unsere Republik verlassen haben und in der Schweiz leben …« Sie möchte, dass die Zeitung das mal öffentlich klarstellt, aber ihr Wunsch bleibt unerfüllt. Stattdessen reist die zuständige Abteilungsleiterin der SED-Kreisleitung zu einem Gespräch an.

Die letzte Anfrage nach dem Verbleib von Lotte Ulbricht stellt der Ingenieur Anton H. aus Spremberg am 4. Oktober 1989 an die »Lausitzer Rundschau«. Auch sie bleibt ohne Antwort.

Nebenbei: Ihre erste Westreise nach dem Ende der DDR machte Lotte Ulbricht im September 1991 mit einem Bus von Holiday. Nicht in die Schweiz, sondern nach Paris.

27. April 1973: Kinderprostitution am Alex

Mit dem Datum vom 27. April 1973 legt die Abteilung Kriminalpolizei zur Vorbeugung und Bekämpfung der Jugendkriminalität dem Präsidium der Volkspolizei Berlin einen Bericht vor.

Er beschäftigt sich mit unliebsamen Vorkommnissen in Ostberlin: »Des Weiteren gibt es am Konzentrationspunkt des Alexanderplatzes Anzeichen von Prostitution, die sich unter anderem darin zeigen, dass sozial fehlentwickelte Mädchen, in einigen Fällen erst zwölf und 13 Jahre alt, sich insbesondere von sogenannten Westberliner Gastarbeitern ansprechen lassen, Geschenkartikel annehmen und zu diesen dann intime Beziehungen aufnehmen.«

Eine Handhabe gegen solche Erscheinungen findet sich im neuen Strafgesetzbuch der DDR, das am 12. Januar 1968 in Kraft trat. Die Beeinträchtigung der öffentlichen Ordnung und Sicherheit durch asoziales Verhalten, wozu im Absatz 2 auch die Prostitution gezählt wird, kann nach Paragraph 249 mit einer Freiheitsstrafe bis zu zwei Jahren bestraft werden.

Nebenbei: Berliner nennen den von Walter Womacka, Jahrgang 1925, gestalteten Brunnen der Völkerfreundschaft am Alex bis heute »Nutten-Brosche«.

04. Mai 1973: Tod eines Träumers

War er wirklich ein Träumer, dieser Eugen Hanisch (1905–1973) aus Thalheim im Erzgebirge, besser bekannt unter seinem Parteinamen Anton Ackermann?

Schon 1929–1933 war er Schüler bzw. Aspirant der Moskauer Lenin-Schule gewesen. Über Berlin, Prag, Spanien und Paris kam der KP-Funktionär 1940 nach Moskau zurück, wo er als Chefredakteur des Senders Freies Deutschland arbeitete.

Im Mai 1945 gelangte die »Gruppe Ackermann« als zweite nach der »Gruppe Ulbricht« in die Sowjetische Besatzungszone. Im Februar 1946 veröffentlichte Ackermann als Sekretär des ZK der SED in dessen Auftrag den Aufsatz »Gibt es einen besonderen deutschen Weg zum Sozialismus?«. Der brachte ihm nach Titos Abfall vom Sowjetsystem zum ersten Mal Ärger mit der Partei ein, als deren theoretischer Kopf er galt.

Nach gehöriger Selbstkritik wurde Ackermann 1949 Kandidat des Politbüros der SED und war als Staatssekretär im Ministerium für Auswärtige Angelegenheiten faktisch Außenminister der DDR. Nach Georg Dertingers Verhaftung übernahm er dieses Amt für kurze Zeit auch formal. Außerdem entstand unter seiner Leitung 1951 die Auslandsspionage der DDR, die nach Wilhelm Zaissers Sturz in das Staatssekretariat für Staatssicherheit eingegliedert wurde.

Im Sommer 1953 durchlief Ackermann innerhalb weniger Monate verschiedene Funktionen bis zum stellvertretenden Kulturminister, bis er schließlich – ebenso wie seine Frau Elli Schmidt (1908–1980) – im Januar 1954 wegen Unterstützung der Zaisser-Herrnstadt-Fraktion alle Ämter verlor und aus dem ZK ausgeschlossen wurde.

Den beiden blieben weitere Repressalien erspart. Elli Schmidt amtierte als Leiterin des Modeinstituts, Ackermann übernahm die Hauptverwaltung Film im Ministerium für Kultur. Im Juli 1956 wurden beide rehabilitiert.

Man kann nur darüber spekulieren, weshalb Anton Acker-

mann nur drei Monate vor dem Tod des inzwischen ent-
machteten Widersachers Ulbricht in einer Toilette des Regierungskrankenhauses Selbstmord beging. Ein Gespräch
mit Honecker jedenfalls hatte ihn »wenig optimistisch« ge-
stimmt.

31. Mai 1973: Ein Treffen unter Genossen

Fast 40 Jahre sind vergangen, seit die beiden Männer einmal
Freunde und Genossen waren. Nun ist der eine Staatslen-
ker der DDR und der andere Führer der SPD-Opposition im
Westen Deutschlands. Erich Honecker und Herbert Wehner
(1906–1990).
Dazwischen liegen Stalins tödlicher Terror und das, was für
Kommunisten als unverzeihliche Todsünde gilt: Der Über-
tritt Herbert Wehners zu den Sozialdemokraten. Eigentlich
verbieten sich deshalb jegliche Kontakte. Aber es ist die
Zeit, in der die DDR und die Bundesrepublik Deutschland
endlich ihr Verhältnis zueinander normalisieren wollen.
Dazu muss man miteinander reden. Beide Männer sind
bereit, dieses Risiko einzugehen und sich aufeinander ein-
zulassen.
Am 31. Mai 1973 treffen sich Erich Honecker und Herbert
Wehner, der bereits einen Tag vorher, von seiner Stieftoch-
ter und späteren Frau Greta Burmester im orangefarbenen
Volvo chauffiert, in die DDR eingereist war, in aller Heimlichkeit um zehn Uhr im Jagdhaus Wildfang in der Schorf-
heide.
Obwohl Erich Honecker am 15. Mai vor dem Politbüro eine
Ehrenerklärung für den verfemten Sozialdemokraten abgegeben hat, ist er unsicher. Herbert Wehner hat sogar Angst.
»Psychische und seelische«, sagt er später.
Die Anspannung löst sich in den ersten Minuten. »Wie
reden wir uns denn an?«, fragt Honecker. »Na, so wie
früher«, antwortet Wehner.
Und dann sind sie wieder Erich und Herbert, so wie damals,
als sie beide noch KPD-Genossen waren. Im Saarland hatte
der 28-jährige KPD-Spitzenkader Wehner mit dem sechs
Jahre jüngeren Jugendfunktionär Honecker Aktionen gegen
die Nazis organisiert.

Erich Honecker hatte das Treffen gründlich vorbereiten lassen. Spionage-Chef Markus Wolf erinnert sich: »Er wählte selbst das Gebäck aus, das er dann am Gartentisch seinem Gast anbot. Der Kuchen sollte genauso schmecken wie der selbstgebackene, mit dem Honeckers Mutter den hungrigen Wehner einst im Saarland verwöhnt hatte.« Der Bienenstich tut seine Wirkung und die beiden Männer verstehen sich.

Am nächsten Tag kommt der FDP-Politiker Wolfgang Mischnick (1921–2002) hinzu, damit Herbert Wehner im Westen nicht in den Verdacht gerät, einen Alleingang gestartet zu haben. Erich Honecker macht den beiden ein sensationelles Angebot: »Muss denn immer alles über die großen Brüder laufen? Können wir einige Sachen nicht unmittelbar erledigen?«

So beginnt eine inoffizielle Zusammenarbeit, die über Jahre mit Hilfe des »Briefträgers« Wolfgang Vogel funktioniert und die auf beiden Seiten des Eisernen Vorhangs misstrauisch beäugt wird. »Mein lieber Freund« schreibt Erich Honecker in seinen Briefen an Herbert Wehner, von »E. H.« spricht der, wenn er einen seiner Trümpfe aus dem Direktkontakt im Westen ausspielen kann.

Während seines West-Besuchs 1987 nimmt Erich Honecker Abschied von Herbert Wehner, der bereits schwer erkrankt als Pensionär in seiner Bad Godesberger Wohnung lebt. Zufrieden resümiert der SED-Chef seine Freundschaft mit dem früheren Kampfgefährten: »Wir haben die alten Gegensätze zwischen Sozialdemokraten und Kommunisten einfach abgebaut.« Auch für den Wechsel des einstigen Genossen in die SPD hat er nun eine simple Erklärung: »Herbert Wehner hatte die Schnauze voll von den Zuständen in Moskau.«

01. Juni 1973: Trotz Zensur ein Tänzchen in Ehren

Zwar nicht im Lipsi-Schritt, aber immerhin im flotten Walzer-Dreh ist Walter Ulbricht auf einer ganzen Seite des Juni-Heftes der beliebtesten DDR-Zeitschrift, »Das Magazin«, zu bewundern. Im Arm hält er die sowjetische Kosmonautin Walentina Tereschkowa, damals 36, im Text wird ihm zum 80. Geburtstag am 30. Juni gratuliert.

Das ist ein ungeheuerlicher Verstoß gegen die Zensur, denn der abgehalfterte DDR-Lenker gilt lägst als Unperson. Nachfolger Erich Honecker wacht streng darüber, dass er nicht mehr erwähnt wird. Im Vorfeld des Geburtstages bekommen alle Zeitungen der DDR die Weisung, dass außer dem kargen Glückwunsch der Parteiführung nichts veröffentlicht werden darf.

»Magazin«-Chefin Hilde Eisler (1912–2000) passt dieser Schwenk nicht. Deshalb hebt sie den Verfemten trotzdem ins Blatt. Als Angehörigen des »kommunistischen Adels« in der DDR kann sie sich das ungestraft leisten.

10. Juli 1973: D 703 rast ins Stellwerk

Der Fahrdienstleiter im Bahnhof Leipzig-Leutzsch hat Stress. Es ist an diesem 10. Juli 1973 wieder einmal eng – angespannte Betriebssituation sagt man bei der Deutschen Reichsbahn dazu.

Der D 703 soll deshalb den Bahnhof auch nicht wie üblich auf dem Bahnsteigsgleis 1, sondern über das Bahnhofsgleis 3 passieren. Dazu geht es über einige Weichen und die können nicht in voller Fahrt überfahren werden.

Am Einfahrtssignal wird dem Lokführer aus diesem Grund »Fahrt mit Geschwindigkeitsbegrenzung auf 40 km/h« vorgeschrieben. Doch der scheint die Schaltstellung Hp2 nicht zu bemerken und donnert mit seiner Dampflok 03 2121 in voller Fahrt heran. Dann bremst er doch noch, doch auf der in der Einfahrt liegenden doppelten Kreuzungsweiche beträgt die Geschwindigkeit noch 80 km/h.

Die Weiche ist auf Abzweig gestellt, die Lok hebt ab und rast auf die nächste, nach links abbiegende Weiche zu. Dort entgleist sie und kracht mit voller Wucht in das am Ende der Weichenstraße stehende Fahrdienstleiterstellwerk. Der erste Wagen entgleist, die anderen schieben sich ineinander. Der Heizer kann gerade noch abspringen, der Lokführer gehört zu den vier Toten des Unfalls. Außerdem sind 25 Verletzte zu beklagen.

Das Stellwerk ist schwer beschädigt, die komplette Stellwerkstechnik ausgefallen. Die Aufräumarbeiten dauern zwei Tage. Danach wird das Stellwerk wieder aufgebaut.

13. August 1973: Der Brückeneinsturz von Zeulenroda

»Was der Parteitag beschließt, wird sein«, heißt die Parole, und der VIII. Parteitag der SED hatte 1971 beschlossen, den Talsperrenbau bei Zeulenroda voranzutreiben, denn im Bezirk Gera ist das Wasser knapp. Zu dem Projekt gehört eine 365 Meter lange Brücke für die Straße von Auma nach Zeulenroda.

Der Bau beginnt 1973, erstmals soll eine Brücke im freien Vorbau errichtet werden. Es herrscht Termindruck. Wie überall in der DDR klappt die Materialzufuhr nicht, und die Sicherheitsregeln werden ignoriert. An allen Ecken und Enden wird am knappen Stahl gespart. Chefingenieur Gisbert Rother weist auf die Missstände hin und muss sich anhören, er sei kontraproduktiv.

Dann kommt der 13. August 1973. Während ein schweres Brückenteil im Vorbau montiert werden soll, bricht das Vorderteil des bereits fertigen Bauwerkes ab. Vier Bauarbeiter sterben, fünf werden schwer verletzt. Der Sachschaden, darunter der abgestürzte Kran, beträgt rund 3,5 Millionen Mark. Sofort vermutet die Stasi einen feindlichen Anschlag, denn es ist der 12. Jahrestag des Mauerbaus. Die wahren Ursachen sind jedoch andere: Mit 80 Tonnen war der eingesetzte Kran viel zu schwer; die eingesparten Stahlmengen gingen auf Kosten der Stabilität.

Trotzdem werden Gisbert Rother und seine Ingenieure Heinz Haser und Horst Adler verhaftet – wegen Sabotage. Am 27. Mai 1974 verurteilt sie das Bezirksgericht Gera zu mehrjährigen Haftstrafen.

Rund 300 Ingenieure haben den Prozess im Gerichtssaal verfolgt. Sie alle wissen, dass nicht ihre Kollegen, sondern die Verhältnisse an dem Unfall schuld waren. Das hat Folgen. Überall auf den Baustellen wird nun Dienst nach Vorschrift geleistet. Es wird mehr Material verbaut und keiner mag mehr Verantwortung übernehmen, weil man Haftstrafen fürchtet.

Diese ungewollte Konsequenz alarmiert die Funktionäre in Berlin. Plötzlich wird der Prozess im September 1974 vor dem Obersten Gericht der DDR neu aufgerollt. Jetzt weicht die Propaganda einer fairen Untersuchung. Gisbert Rother,

Heinz Haser und Horst Adler werden schon vor dem Urteil aus dem Gefängnis entlassen, denn ihre Unschuld am Brückeneinsturz steht fest.

Die neue Brücke über dem Stausee wird am 22. Juni 1975 feierlich eingeweiht. Ein 1994 am Straßenrand aufgestellter Gedenkstein erinnert an das Unglück.

14. September 1973: Ein folgenschwerer Blaulichtunfall

Wenn DDR-Funktionäre auf den Straßen des Landes unterwegs sind, haben sie immer Vorfahrt. Auch die Geschwindigkeitsbegrenzungen, wie zum Beispiel 100 km/h auf allen Autobahnen, gelten nicht. Dafür sorgen der im Auto mitgeführte Freifahrtsschein A und die Volkspolizei. Bei Mitgliedern der obersten Führung fährt ein Polizeiwagen mit Blaulicht vorweg und einer hinterher.

Georg Ewald ist ein Mann aus der SED-Spitze. 1926 als Sohn eines Bauern geboren, hat er sich bis zum Minister für Landwirtschaft der DDR hochgearbeitet. Seit 1963 ist er auch Mitglied des Politbüros der SED.

Am 14. September 1973 hat er Termine in Thüringen. Seine Wagenkolonne jagt über die Autobahn. Plötzlich schert ein Pkw direkt vor dem Wagen des Ministers ein. Der Fahrer hatte den Polizeiwagen mit Blaulicht zwar vorschriftsmäßig passieren lassen, dann aber gedacht, dahinter sei die Straße frei. Die schwere Staatslimousine kracht in den Pkw. Trotz sofort eingeleiteter Rettungsmaßnahmen überlebt Minister Georg Ewald den Unfall nicht.

Damit solch ein Unglück nicht noch einmal passieren kann, wird nach dem Tod Georg Ewalds ein neues Reglement eingeführt. Die Kolonnen der Würdenträger werden künftig von einem Blaulichtfahrzeug mit zusätzlichem rotem Licht oder einer roten Fahne angeführt. Damit ist die Straße für alle anderen Fahrzeuge gesperrt. Erst ein Wagen am Ende der Kolonne mit Blaulicht und einer grünen Rundumleuchte oder Fahne gibt den Verkehrsweg wieder frei.

05. November 1973: MfS-Offiziere als Fluchthelfer

Am 11. September 1973 wurde Chiles Präsident Salvador Allende Gossens, geboren 1908, gestürzt und in den Tod getrieben. Nach dem Militärputsch tobte der Terror. Zu den Chilenen, die um ihr Leben fürchten mussten, gehörte auch der Generalsekretär der Sozialistischen Partei Chiles, Carlos Altamirano.

Etwa zwei Wochen nach dem Putsch gelang es dem 51-Jährigen, sich in die DDR-Botschaft zu flüchten. In Ostberlin wurde beschlossen, ihn über Argentinien in die DDR auszuschleusen. Dazu reiste ein Kommando von MfS-Offizieren nach Südamerika. Die Männer planten die Flucht des Chilenen in einem präparierten Pkw. Ein Monteur baute für den nur 58 Kilogramm schweren Altamirano ein Versteck in der Rückbank des Autos.

Gefahren werden sollte es von einem DDR-Bürger, der als West-Geschäftsmann getarnt agieren würde. Dabei fiel die Wahl auf Prof. Dr. Eberhard Hackethal von der Universität Leipzig, der mehrere Jahre in Chile gearbeitet hatte und das Land sehr gut kannte. Er führte im Vorfeld einige Kontrollreisen durch den Tunnel an der Grenze bei Portillo durch, um das Grenzregime zu erkunden.

Ab Argentinien würde Carlos Altamirano, mit Bart und Perücke unkenntlich gemacht, dann mit gefälschten Papieren weiterreisen, die die Stasi mit allen erforderlichen Stempeln präpariert hatte.

Alle Strecken waren geprüft, so dass die Schleusungsaktion für den 5. November 1973 festgelegt werden konnte, Beginn 9.30 Uhr. Zwei Autos der DDR-Vertretung, mit Stasi-Offizieren besetzt, würden die Fahrt zur Grenze absichern. In einem Hohlweg abseits der Hauptstraße sollte Altamirano in das Schleusungsfahrzeug umsteigen. Dazu wollten die Stasi-Männer den Weg für 15 Minuten mit Straßenbauschranken sperren. Dann wären es noch 160 Kilometer über die Serpentinen der Anden, 3000 Meter hoch. Um 14 Uhr sollte Carlos Altamirano in Sicherheit sein, um 18 Uhr schließt die Grenze.

Die Aktion läuft planmäßig. An der Strecke ist ein Wagen postiert, in dem der Monteur, ausgerüstet mit Ersatzteilen, wartet, um bei technischen Problemen einzugreifen. Die Fahrzeuge der DDR-Vertretung begleiten unauffällig den Fluchtwagen mit Prof. Hackethal und warten an einem

Hotel, sechs Kilometer vor der Grenze. Würde etwas schief gehen, könnten sie den prominenten Flüchtling eventuell in die Vertretung zurückschaffen.

Dann plötzlich die Überraschung: Das Fluchtfahrzeug taucht wieder auf chilenischer Seite auf. Just seit diesem Tag ist ein bisher nicht verlangter Sonderpassierschein für die Grenze nötig.

Nun ist Improvisation angesagt. Der Flüchtling muss aus dem Versteck heraus und verbirgt sich im Unterholz. Prof. Hackethal fährt nach Los Andes, um beim Militärkommandanten den Passierschein zu besorgen.

Dort wartet bereits eine lange Schlange von Menschen, doch als Deutscher wird er bevorzugt abgefertigt. Dann jagt er eine Stunde zurück an die Grenze, nimmt den Flüchtling wieder auf. Wenige Minuten vor 18 Uhr verschwinden die beiden im Tunnel Richtung Argentinien. Alles ist gutgegangen.

In der DDR empfängt Erich Honecker den Generalsekretär der Sozialistischen Partei. Altamirano weint vor Dankbarkeit. Erich Honecker tröstet ihn väterlich: »Beruhige dich, es geht alles vorüber.«

Nebenbei: Als Ersatzvariante war die Ausschleusung per Schiff geplant. Dafür wurde die Neubrandenburg, die auf der Route Rostock – Havanna verkehrte, vorsorglich nach Chile umgeleitet.

Auch für DDR-Agenten im Ausland war die Flucht per Schiff der Deutschen Seereederei ein letzter Notausstieg. Sie verfügten über ein Kennwort, dass sie im Gefahrenfalle dem Kapitän nennen konnten. Der würde sie dann als blinde Passagiere in die sichere Heimat befördern.

04. April 1974: Fatale Funken

Kleine Ursache, große Wirkung: Am 4. April 1974 brennt ein Arbeiter an der Außenwand eines ehemaligen Apparatehauses der Energieversorgung Cottbus ein Rohr ab. Er hat keinen Schweißerpass, aber die Arbeit muss gemacht werden.

Durch das 15 Zentimeter starke Rohr fliegen Funken in das im Gebäude befindliche Lager für Gaszähler. Weil nach Beendigung der Arbeit die vorgeschriebene Kontrolle des Arbeitsplatzes unterbleibt, glimmen bald die Verpackungen der Zähler. Die Halle, 35 Meter lang, 14 Meter breit und 13,5 Meter hoch, liegt inmitten eines Gebäudekomplexes. Sie besteht aus einem Kellergeschoss und einer darüberliegenden Turnhalle.

Als die Feuerwehr eintrifft, brennt schon alles lichterloh. Es gibt mehrere Verpuffungen. Dann erfahren die Brandbekämpfer, dass an der Nordseite des Gebäudes eine unter Druck stehende Gasleitung liegt. Sie erzwingen mit hohem Risiko einen Innenangriff auf die Brandherde im Lager. So kann in letzter Sekunde das Feuer unter Kontrolle gebracht werden. Die Energieversorgung Cottbus ist gerade noch einmal an einer Katastrophe vorbei geschlittert.

24. April 1974: Ein Agent entlarvt sich selbst

Als an diesem Mittwoch um 6.32 Uhr in der Bonn-Bad Godesberger Ubierstraße 107 die Aktion Tango des Bundeskriminalamtes (BKA) anläuft, hat Kriminalhauptkommissar Nikolaus Federau nicht einmal seine Pistole dabei. Er soll Günter Guillaume und dessen Frau Christel verhaften, vorsichtshalber auch Oma Erna Boom mitnehmen und die Wohnung durchsuchen.

Der Referent des Bundeskanzlers steht unter Spionageverdacht für die DDR, doch die Beweise sind dünn. Da geschieht etwas, was einem Topspion nie hätte passieren dürfen. Stolz erklärt Günter Guillaume: »Ich bin Bürger der DDR und ihr Offizier – respektieren Sie das!«

Markus Wolf erinnert sich: »Als mir das zu Ohren kam, traute ich meinen Sinnen nicht. Guillaume hatte damit ein Schuldbekenntnis abgelegt, ohne überhaupt beschuldigt gewesen zu sein. Mit diesem Bekenntnis erlöste er die Bonner Abwehr und die Strafverfolgungsbehörden aus großer Beweisnot und ersparte ihnen das peinliche Schauspiel, ohne stichhaltige Beweise einen Prozess zu führen.«

Auch Guillaumes Spionage-Opfer, Bundeskanzler Willy Brandt, bestätigt die fatalen Folgen dieser Aussage: »Günter Guillaume hatte sich als Bürger der DDR und ihr Offizier offenbart und denen, die ihn überführten, durch die Selbstanzeige das Geschäft einigermaßen erleichtert. Was die Fahnder gerichtsverwertbar parat hatten, ließ zu wünschen übrig.«

Das erkennt viel später auch der Kundschafter selbst. Er schreibt einen Brief an seinen Chef Markus Wolf, der nicht sehr heldenhaft klingt: »Was … auf mein Fehlverhalten zurückzuführen ist, lässt mich hier nicht zur Ruhe kommen. Wenn es überhaupt möglich ist, so bitte ich die Partei und Sie als meinen Vorgesetzten um Nachsicht für mein Verschulden.«

Markus Wolf bleibt hart: »Das war ein unverzeihlicher Fehler. Als Spion muss man jederzeit damit rechnen, dass man festgenommen wird. Unsere Leute wurden deshalb in dieser Hinsicht stets sorgfältig geschult. Wir schärften Ihnen ein, nichts als Name, Anschrift und Geburtsdatum anzugeben, zu verlangen, dass man die DDR-Vertretung in Bonn verständige, und sich ansonsten in eisernes Schweigen zu hüllen.«

Nebenbei: Günter Guillaume hält sich schließlich doch noch an diese Regel – nach seinem Tod. Auf seinem Grabstein auf dem Friedhof Berlin-Marzahn steht Günter Bröhl, der Nachname seiner zweiten Frau.

14. Januar 1975: Eine MiG stürzt in ein Wohnhaus

Erich Schroff aus Cottbus glaubte, seinen Augen nicht mehr trauen zu können. Am 14. Januar 1975 rief er um 10.20 Uhr die 112 an und meldete: »Ein Düsenjäger ist eben in ein Haus gestürzt.« Auch über Melder 26 erfuhr die Feuerwehr davon. Direkt vom Dienstsport auf dem Platz an der Burger Chaussee rückt um 10.21 Uhr eine komplette Einsatztruppe aus. Die Männer hatten bereits die Rauchsäule über Ströbitz bemerkt. Fünf Minuten später sind sie in der Karlstraße/Ecke Pawel-Straße. Kurz darauf treffen weitere Feuerwehren und Krankenwagen ein.

Im zweiten Geschoss eines Wohnhauses war eine MiG-21 eingeschlagen. Es brennt vom Keller bis zum vierten Stock. Dort wohnen polnische Frauen und Mädchen, die im Textilkombinat arbeiten.

Die Feuerwehrleute wissen weder, wie viele Menschen sich

im Ledigenwohnheim befinden, noch, ob die Maschine Waffen trägt und wie lange das Haus nach dem Einschlag noch hält. Die NVA-Verantwortlichen meinen, es dürften noch mindestens 800 Liter Benzin an Bord sein. Im Treppenhaus fließen flüssiges Magnesium und Aluminium. Ein Betreten ist unmöglich. Die Schlotwirkung facht das Feuer immer wieder an. Von draußen greift die Feuerwehr über Leitern an. 18 Wohnungen werden aufgebrochen und nach Menschen durchsucht. Das MiG-Wrack wird gekühlt, dann kann der Kraftstoff gelöscht werden.

Die Bilanz der Katastrophe: Pilot Peter Makowicka und fünf polnische Arbeiterinnen sterben. Zehn Zivilisten werden verletzt, zum Teil dadurch, weil sie in Panik aus Fenstern sprangen. Natürlich ist auch die MiG-21PFM/SPS, Werksnummer 945115, seit 03/66 im Dienst und unter der Nummer 849 registriert, nur noch Schrott.

Die Ursache der Katastrophe liegt in menschlichem Versagen: Die Vorstartkontrolle erfolgte nicht ordnungsgemäß. Dadurch blieb dem Piloten verborgen, dass der Mechaniker die Verdichterluke nur mit vier Schrauben angeheftet statt mit 36 Schrauben befestigt hatte. Sie riss im Landeanflug ab und brachte das Triebwerk zum Stehen.

Obwohl Major Peter Makowicka bereits den Befehl hatte, sich aus der Maschine zu katapultieren, setzte er sein Leben ein, um den Absturz über dem Stadtzentrum von Cottbus zu vermeiden. Er versuchte, einen nahe gelegenen Friedhof zu erreichen, doch eine Windböe drückte die 849 herunter, so dass der Absturz nicht mehr zu verhindern war. Dieses Manöver rettete vermutlich Dutzenden von Menschen das Leben.

Das Loch im Haus ist bereits am nächsten Tag repariert. Trotzdem wabern in Cottbus die Gerüchte über diese Katastrophe. Major Peter Makowicka wurde auf dem Südfriedhof Cottbus mit militärischen Ehren beigesetzt.

In der vom Westen aus schwer einsehbaren südöstlichen Ecke der DDR haben die Bürger immer wieder durch den starken Flugbetrieb rings um die Stadt zu leiden.

– Am 25. Juli 1959 brennt eine MiG-17F nach einer Bauchlandung auf dem Flugplatz Cottbus aus.

146

– Am 3. März 1960 wirft die MiG-17F Nummer 425 um 14.09 Uhr zwei Kraftstoffzusatzbehälter ab. Sie fallen auf ein Privatgrundstück.

– Am 31. Mai 1960 macht die MiG-17F Nummer 478 eine Bruchlandung in Cottbus, am 9. August 1960 folgt eine MiG-15UTI.

– Am 3. September 1960 schlägt gegen 0.24 Uhr die MiG-17F Nummer 425 in das Dach eines Hauses in der Sielower Landstraße in Cottbus ein.

– Am 13. September 1964 durchbohrt das Staurohr einer MiG 17 auf dem Flugplatz Drewitz einen Offizier, der trotz Flugbetrieb die Landebahn überquert hatte. Er überlebt.

– Am 28. Juli 1977 stürzt die 469, eine MiG-21SPS-K, bei Groß Schacksdorf ab, am 19. Januar 1978 folgt die 567 des gleichen Typs bei Lübben.

In aller Regel wurde über solche Unfälle in der Presse nicht berichtet. War es unvermeidlich, erschien meist nur eine kurze Notiz.

17. April 1975: Phnom Penh – DDR-Botschaft im Feindesland

Am 17. April 1975 marschieren die Roten Khmer in der kambodschanischen Hauptstadt Phnom Penh ein. Dort treffen sie unter anderem auch auf sechs sowjetische und einen DDR-Vertreter, die meinen, mit den »Befreiungskräften« seien Verbündete gekommen und nun können die von beiden Staaten suspendierten diplomatischen Beziehungen wieder aufleben.

Das ist ein Irrtum, der fast tödlich endet. Die Roten Khmer beginnen nicht nur, die Bürger Phnom Penhs aufs Land zu treiben – später werden sie etwa zwei Millionen der sechs Millionen Einwohner Kambodschas ermorden – sondern bedrohen auch alle Ausländer, die für die Dschungelkämpfer unerwünschte Agenten des Westens sind.

Die Ausländer, darunter auch die Sowjets, der DDR-Vertreter und viele Kambodschaner mit ausländischen Ehepartnern fliehen auf das Gelände der französischen Botschaft. Dem dortigen Funker gelingt es, einen Kontakt zur Außenwelt herzustellen.

Daraufhin fordern die Roten Khmer, dass alle Kambodschaner das Gelände der französischen Botschaft verlassen
müssen. Andernfalls würde es gestürmt. Die Verhandlungen ziehen sich einige Tage hin. In der völlig übervölkerten
französischen Botschaft herrschen untragbare hygienische
Zustände, Essen und Wasser sind knapp.

Unter diesem Druck kann den Kambodschanern kein weiteres Asyl gewährt werden. Es kommt zu erschütternden
Abschiedszenen der zerrissenen Familien. Danach wird für
die ausländischen Bürger ein Konvoi auf offenen Lkws über
Poipet nach Thailand organisiert. An der Grenze erwarten
sie dann Vertreter vom Roten Kreuz mit Reisebussen.

Die Terrorherrschaft der Roten Khmer währt bis zum
7. Januar 1979. In diesen Jahren gab es keine ausländischen
Diplomaten in Kambodscha.

Doch wie war die DDR-Vertretung in diese gefährliche
Lage geraten? Ende der 60er Jahre kämpfte der kleinere
deutsche Staat um die internationale Anerkennung. Das
damals neutrale Königreich Kambodscha unter der Herrschaft von Prinz Norodom Sihanouk signalisierte, dass es
nicht abgeneigt wäre, die DDR diplomatisch anzuerkennen. Sihanouk betrieb damals eine Balance-Politik zwischen Ost und West, mit der es ihm lange gelang, sein Land
aus dem im Nachbarland Vietnam tobenden Krieg herauszuhalten.

Am 8. Mai 1969 erkannte das Königreich Kambodscha die
DDR völkerrechtlich an. Das war lange vor der großen Anerkennungswelle nach 1972. Daraufhin brach die Bundesrepublik ihre Beziehungen zu dem südostasiatischen Land
ab. Die DDR baute ihre Beziehungen umfänglich aus, denn
sie wollte international beweisen, wie ernst sie die ausländischen Partner nahm.

Derweil verloren die USA in Vietnam immer mehr an
Boden, unter anderem auch deshalb, weil Kambodscha ein
sicheres Rückzugsgebiet für den Vietcong bot. Mit Hilfe der
CIA stürzte deshalb der proamerikanische kambodschanische General Lon Nol am 18. März 1970 den Prinzen Sihanouk. Das bis dahin neutrale Land geriet in den Strudel des
Indochina-Krieges.

Die DDR unterhält nun plötzlich und ungewollt eine Botschaft auf der falschen Seite der Front. Sie leistet Nordvietnam Hilfe im Kampf gegen Südvietnam, das nun mit Kambodscha verbündet ist. Die in Ostberlin befindliche kambodschanische Botschaft tritt auf die Seite der gegen Phnom Penh kämpfenden »Befreiungskräfte« über, die ihre Zentrale wiederum im mit der Sowjetunion und der DDR verfeindeten Peking unterhalten.

In dieser verworrenen Situation reduziert die DDR zwar ihre Beziehungen zu Kambodscha, erhält sie aber bis Herbst 1973 offiziell aufrecht. Dann schließen die Sowjets ihre Botschaft in Phnom Penh und die DDR zieht nach. Nur ein Diplomat bleibt vor Ort, der nach außen hin nur Verwaltungsaufgaben wahrnimmt, aber natürlich auch den Auftrag hat, die Entwicklung vor Ort zu beobachten. Er wird im Oktober 1974 abgelöst. Sein Nachfolger erlebt dann den Einmarsch der Roten Khmer.

Die DDR-Vertreter ertragen Bombenangriffe, werden ausgeraubt und von Erpressern bedroht. Dennoch können sie sich nicht vorstellen, dass der Konflikt mit Waffengewalt gelöst wird. Sie setzen auf Verhandlungen der kambodschanischen Konfliktparteien. Dass es sich bei den Roten Khmer um eine Terrorbande handelt, erkennen sie zu spät. Das hätte die beiden Männer und ihre Frauen fast das Leben gekostet.

Nebenbei: Am 17. April 1975 bekommen auch die einzige in Kambodscha lebende DDR-Bürgerin, Sabine V., ihre beiden Kinder und ihr kambodschanischer Ehemann V. Y. Asyl in der französischen Botschaft. Y. muss das sichere Gelände verlassen und ist jahrelang verschollen. Aber er überlebt und taucht im März 1979 wieder auf. Seine Frau Sabine glaubte, er sei ermordet worden. Sie lernte ein anderes Mitglied seiner Familie kennen, mit dem sie heute in Kalifornien, USA, lebt.

05. Juli 1975: Die Volldampfspione

Bei der Hauptabteilung VIII der Stasi-Bezirksverwaltung Potsdam herrscht höchste Alarmstufe. Am 5. Juli 1975 hat Burkhard Wollny aus Nürtingen in Baden-Württemberg gemeinsam mit vier Freunden eine Wohnung in Westberlin angemietet.

Was will der Bankkaufmann mit der Profi-Fotoausrüstung, der nun regelmäßig mit seinen Begleitern die »großzügigen Reisemöglichkeiten« für Westberliner bei Tagesfahrten in den Osten nutzt? Der Ermittlungsgrund ist schnell formuliert: »Die Personen sind hinreichend verdächtig, Aufklärungshandlungen an militärischen und reichsbahntechnischen Objekten begangen zu haben.«

Man scheint es den Männern anzusehen: »langer Schal«, notiert ein Spitzel, die Haare »schwarz, kurz, strähnig«, ein anderer. Einer trägt eine »starke Brille« – die Genossen behalten die Männer aus dem Westen, die vorzugsweise an Bahndämmen herumkriechen, im Auge. Sie meinen, die CIA stecke dahinter.

»Hätten wir das damals alles gewusst, wär uns das Herz in die Hose gerutscht«, sagt Burkhard Wollny heute. Er und seine Freunde sind nämlich nichts anderes als Eisenbahnfreaks. Die zischenden, fauchenden Dampfloks haben es ihnen angetan. Und die gibt es im Westen nicht mehr, aber bei der Deutschen Reichsbahn leisten sie noch brav ihren Dienst.

Für einen Schnappschuss liegen die Männer, damals alle Mitte zwanzig, stundenlang im Gebüsch. Dann das ersehnte Geräusch, der Schwefelgeruch, der die Schleimhaut im Mund zusammen zieht und plötzlich geht es ganz schnell: »Warten, abdrücken und weg.« So entstehen Tausende von Lokomotiv-Fotos, viele erscheinen später in den Büchern Burkhard Wollnys.

Die Stasi beobachtet die Hobby-Eisenbahner bis 1980, schnüffelt sogar in deren Heimatorten. Die Akte Fotograf wächst und wächst, aber geheimdienstliche Verbindungen findet sie nirgendwo.

Schließlich müssen die Ermittler resigniert feststellen, dass »der direkte Nachweis einer Feindtätigkeit nicht erbracht werden« konnte.

Nebenbei: Für ernsthafte Fans sind Loknummer, Zugnummer und genauer Zeitpunkt der Aufnahme von höchster Wichtigkeit. Was Burkhard Wollny damals an Angaben fehlte, fand er später irgendwo auf den 1250 Seiten seiner Stasiakte. So unterstütze die Stasi ungewollt im Nachhinein die Eisenbahnfreunde.

01. September 1975: Das Ende eines Messefluges

Tief hängende Wolken machen den Morgen dieses 1. September 1975 so trübe, dass Bauer Leskowitz das Flugzeug erst nur hört, bevor er es sieht. Wieder eine Messemaschine, TU-134, Charterflug irgendwoher aus dem Westen. Es ist acht Uhr und Leskowitz will weiterarbeiten, da fällt ihm auf, wie niedrig die DM-SCD einschwebt.

Dann kracht es auch schon. Die TU-134 streift eine Antenne des Funkfeuers Mike rund 1000 Meter vor der Landebahn, dann ein Dach. Sie wird herumgerissen, fällt auf den Boden, überschlägt sich, bricht auseinander und dann brennt es auch schon.

Alles geht blitzschnell. Der Bauer rennt zum Unfallort. Noch ist keine Feuerwehr da. Leskowitz schleppt vier Schwerverletzte aus dem geborstenen Rumpf. Aus dem etwas abseits liegenden Cockpit kriechen die vier Besatzungsmitglieder. Sie sind mit dem Schrecken davongekommen. 26 der 34 Insassen der Maschine verbrennen, ein weiterer Schwerverletzter stirbt später. Außer den drei Stewardessen sind alle Opfer aus dem Westen. Die TU-134 kam aus Stuttgart.

Die Sache ist für die DDR äußerst unangenehm. Ohne die sonst übliche Bürokratie dürfen die Angehörigen einreisen, und auch die Überführung der Leichen klappt.

Kaum Informationen gibt es zur Ursache des Unglücks. Wegen des schlechten Wetters war die TU-134 im Instrumenten-Anflug (ILS-Anflug). Ein solcher Anflug wird vom Boden aus durch zwei Leitstrahlen – für den Kurs und für die Höhe – unterstützt. Wegen des sonst eher ruhigen Flugverkehrs auf dem Flugplatz Leipzig unterstützte eine eigens herbeigeschaffte mobile Radarstation die Landung. Sie sendete Angaben zur Höhe. Wahrscheinlich versäumte es der überforderte Lotse am Anflugradar, diese sonst nicht vorhandenen Daten an die DM-SCD zu übermitteln. Das Flugzeug verließ so unbemerkt den Gleitpfad und geriet unter die

Entscheidungshöhe von 60 Metern. Als der Fehler bemerkt wurde, war ein Durchstarten nicht mehr möglich.

Nebenbei: Obwohl Reporter der »Aktuellen Kamera« vor Ort waren, dürfen keine Aufnahmen vom Unglück gesendet werden.

07. Dezember 1975: Alarmstufe Rot im KKW Lubmin

Am 7. Dezember 1975 will ein Elektriker im Kernkraftwerk Lubmin seinem Lehrling zeigen, wie man Schaltkreise überbrückt. Es knallt, ein Lichtbogen entsteht und plötzlich brennt ein Kabel an der Primärseite des Block-Trafos an Block 1.

Der Brand zerstört die Stromzufuhr und die Steuerleitungen für fünf der sechs Hauptkühlmittelpumpen. Die Betriebsfeuerwehr kann ihn schnell löschen und die Pumpen über provisorische Leitungen wieder in Gang setzen. Nur weil alle in diesem Moment alles richtig machen, wird eine Katastrophe in letzter Sekunde verhindert. Das wird in der DDR geheim gehalten.

In den folgenden Wochen werden die Pumpen mit separaten Stromzufuhren versorgt. Experten optimieren noch einmal den Brandschutz im KKW. Die Sowjetunion, die für die Technik des KKW verantwortlich zeichnet, informiert bereits wenige Stunden nach dem Zwischenfall die Internationale Atomenergieorganisation (IAEO) in Wien. Sie stuft den Zwischenfall auf der Internationalen Bewertungsskala für nukleare Ereignisse (INES) in die Kategorie vier ein.

INES klassifiziert in sieben Stufen, von null (keine oder nur sehr geringe sicherheitstechnische Bedeutung) bis sieben (Katastrophaler Unfall). Stufe vier gilt als Unfall (Steigerungen: Ernster Unfall, Schwerer Unfall, Katastrophaler Unfall). Seine möglichen Folgen sind nach IARO-Definition: Auswirkungen außerhalb der Anlage durch Strahlenexposition der Bevölkerung etwa in der Höhe der natürlichen Strahlung und/oder die Auswirkungen innerhalb der Anlage durch schwere Kontaminationen und/oder Strahlenbelastung des Personals, die zu akuten Gesundheitsbelastungen führen kann (Größenordnung ein Sievers). Auch spätere Auswertungen belegen, dass der Zehn-Prozent-Grenzwert der zulässigen Aktivitätsabgabe nicht überschritten wurde. Dennoch erfahren die Greifswalder Bürger und alle anderen erst nach dem Ende der DDR von der Gefahr, in der sie 1975 schwebten.

19. Dezember 1975: 100 000 Mark für die Ergreifung eines Doppelmörders

100 000 Mark auf den Kopf eines Doppelmörders – das gibt es in der DDR nur einmal. Der Fall Werner Weinhold. Am 15. Dezember 1974 bricht der Soldat im 14. Panzerregiment in Spremberg eine Munitionskiste auf, stiehlt einen voll getankten Trabi und desertiert mit seiner Kalaschnikow und 360 Schuss Munition.

Werner Weinhold, damals 26, will in den Westen. Wegen Autodiebstahls in 54 Fällen ist er in der DDR sechsmal vorbestraft. Nun hat ihn auch noch seine Frau verlassen.

Bei Wüstenbrand stellt eine Kradstaffel der VP den Flüchtling auf der Autobahn. Er droht mit seiner Maschinenpistole und kann so entkommen. In Bockstadt, nahe der thüringischen Kleinstadt Hildburghausen, versteckt sich Weinhold in einer Scheune. Bis zur Grenze sind es noch zweieinhalb Kilometer.

Inzwischen jagen 8000 Mann den schwer bewaffneten Fahnenflüchtigen. An der Demarkationslinie herrscht erhöhte Alarmbereitschaft. Auf Posten 401 schieben Klaus-Peter Seidel (21) und Jürgen Lange (20) Wache. Es ist eine mondhelle Nacht mit minus 20 Grad Kälte.

Gegen 2.25 Uhr peitschen elf Schüsse. Hauptmann Uwe Auerswald findet wenig später die beiden toten Posten. Klaus-Peter Seidels Schuh ist durchschossen, offenbar saß er, als Weinhold auftauchte. Jürgen Lange lag derweil auf dem Bauch, wahrscheinlich schlafend. Spuren auf Schneeresten zeigen, dass der Todesschütze in den Westen gelangt ist. Bei seinen Verwandten im westfälischen Marl wird Weinhold verhaftet.

Die DDR verlangt die Auslieferung Werner Weinholds. Das widerspricht jedoch der Rechtslage im Westen. Danach ist er deutscher Bürger und darf nicht aufgeliefert werden. Stattdessen verhandelt 1976 das Schwurgericht Essen. Weil keine Zeugen aus der DDR geladen sind und somit die Tötung nicht erwiesen werden kann, erfolgt ein Freispruch. Er ruft derartig viel Protest hervor, dass der Bundesgerichtshof sein Veto einlegt und Werner Weinhold in Hagen erneut vor Gericht erscheinen muss. Dieses Mal wird er im Oktober 1976 wegen Totschlags zu fünf Jahren und sechs Monaten Haft verurteilt.

Das Gericht steckt im Dilemma. Was für den Osten zweifelsfrei ein kaltblütiger Doppelmord ist, stellt Werner Weinhold als Notwehr dar. Die Richter machen sich Gedanken darüber, ob sie gerechtfertigt sein könnte, weil der Täter ja nur sein Grundrecht auf Freiheit wahrnehmen wollte.

Ihr Urteil ist von der durch den Kalten Krieg hervorgerufenen Konfrontation gekennzeichnet. So heißt es in der Urteilsbegründung: »Er war nicht im Recht, als er schoss. Die Soldaten Seidel und Lange waren nicht im Unrecht, als sie getroffen wurden.«

Nach Verbüßung von zwei Dritteln der Strafe kommt Werner Weinhold 1982 wegen guter Führung frei. Er behauptet, Morddrohungen zu erhalten und von der Stasi verfolgt zu werden. Niemand glaubt ihm das. Erst nach dem Ende der DDR finden sich in den Stasi-Akten Pläne, die eine Ermordung Weinholds im Westen beschreiben.

Das Stasi-Trauma verfolgt Werner Weinhold offenbar bis heute. Nach dem Genuss von 17 Gläsern Pils schießt er, inzwischen 55 Jahre alt, am 8. Januar 2005 in der Gaststätte »Bierkiste« in Marl einem 43-jährigen Bekannten eine Kugel durch die Schulter. Das Urteil wegen gefährlicher Körperverletzung lautete 30 Monate Haft. Ein Hauch des Kalten Krieges wehte durch den Gerichtssaal als Richter Knut-Henning Staake an die Flucht Werner Weinholds aus dem »Gefängnis DDR« vor 30 Jahren erinnerte.

03. Januar 1976: Der Verlust der Capella

Dass der Maler und Zeichner Gerhard Vontra zu den berühmten Prerower Seebären gehört, bezweifelt an der ganzen Ostseeküste kein Mensch. Dabei ist er eigentlich Thüringer, 1920 in der Skatstadt Altenburg geboren. Doch oft ist er mit seinem Skizzenblock auf Schiffen der Deutschen Seerederei unterwegs, und da war nicht immer nur romantisches auf den Block zu bannen.

Zum Beispiel zum Jahreswechsel 1975/76. Das Küstenmotorschiff Capella ist auf einer Reise von England nach Schweden. Gerhard Vontra berichtet: »Der Sturm frischte immer weiter auf, für den 3. Januar 1976 war ein Orkan bis zu elf Stärken angesagt.«

Das Schiff der 840-Kümoserie kämpft gegen die schwere See. Dann ein Schlag. Von der Position 53 Grad 32 Minuten Nord, 05 Grad 23 Minuten Ost funkt die Capella einen Hilferuf. Wassereinbruch im Schiff.

Um zehn Uhr teilt der Kapitän über Rügen-Radio mit, dass die Ruderanlage ausgefallen ist. Das Schiff liegt quer zur See, Rettungsboot und Vermessungsluke sind eingeschlagen, es gibt acht Grad Schlagseite. Die Reederei leitet sofort Rettungsversuche ein.

Die Besatzung ringt derweil ums Überleben. Trotz der heftigen Wellenbewegung gelingt es ihr, die Ruderanlage wieder flott zu machen. So kann die Capella in die See gelegt werden.

Gegen elf Uhr trifft das niederländische Motorrettungsboot Carlot beim Havaristen ein. Auch die DSR-Frachter Nienburg und Laidaue sind auf Rettungskurs. Doch die Besatzung will ihr Schiff nicht aufgeben. Sie steigt nicht über. Der Kapitän und seine Leute hoffen, doch noch die Reede von Borkum zu erreichen.

Sie schaffen es nicht. Am Abend des 3. Januar sinkt die Capella im Seegebiet der Emsmündung nahe der Insel Schiermonnikoog. Wegen der schweren Grundsee gelingt es nicht, die elfköpfige Besatzung zu retten.

Die von Gerhard Vontra während des ruhigen Teils der Reise schnell aufs Papier geworfenen Skizzen der Seeleute sind eine letzte Erinnerung an die Männer. Die Trauerfeier findet am 9. Januar 1976 in Rostock statt.

04. Februar 1976: Explosion im Sprengstoffwerk und weitere Chemie-Unfälle

Havarien, die die Umwelt belasteten, unterlagen in der DDR grundsätzlich strengster Geheimhaltung. Über deren

Einhaltung wachte die Stasi. Nur, wenn es sich wegen Toter oder Verletzter bereits herumgesprochen hatte, ist eine kleine Notiz in der Zeitung zu finden. Über die möglichen Dimensionen solcher Zwischenfälle – in der Chemie können zum Beispiel sehr schnell aus Kleinigkeiten Kettenreaktionen und damit Katastrophen entstehen – wird meist nichts gesagt.

So auch über die Explosion im Sprengstoffwerk Schönebeck am 4. Februar 1976. Mit zwei Toten und zwei Schwerverletzten verläuft das besondere Vorkommnis im Bereich Nitroaromatenanlage glimpflich. Es steht in einer langen Reihe ähnlicher Unfälle:

– Am 6. November 1954 explodierte in der Farbenfabrik Wolfen bei Greppin der Autoklav Sieben des Nitrobetriebes. Drei Arbeiter erlitten tödliche, zwei schwere und 15 leichte Verletzungen.

– Am 8. August 1959 brach gegen 9.25 Uhr im VEB Leuna-Werke Walter Ulbricht, Betriebsdirektion Erdöl-Olefine, Bau 941, ein Brand aus. Er wütete in der Neuen Erdöldestillation und fraß neben Einrichtungen des apparatetechnischen Teils auch Produktpumpen und elektrische Ausrüstungen sowie Mess-, Steuer- und Regeltechnik.

– Am 24. November 1960 knallte es gegen 13.45 Uhr im VEB Teerchemie Erkner in der Pyridin-Abteilung. Auf die Explosion folgte ein Brand. Der Sachschaden betrug etwa 250 000 Mark.

– Am 4. Januar 1963 ereignete sich in den Chemischen Werken Buna/ Merseburg, Bau F 59 (PVA-Anlage), eine Explosion. Drei Personen wurden schwer verletzt. Der Sachschaden betrug rund 300 000 Mark. In der Anlage wurden Vinylacetat und Vinylperoxid (beide Gefahrenklasse A1) zu Polyvinylacetat polymerisiert.

– Am 12. Januar 1970 erschütterte eine Explosion den Bau H 55 im Chemiekombinat Buna. Eine Arbeiterin und ein Arbeiter wurden tödlich und zwei Arbeiterinnen schwer verletzt.

Solcherart Zwischenfälle mit Katastrophen-Charakter setzten sich bis zum Ende der DDR fort. Für 1988 verzeichnet die Statistik 3899 Unfälle an überwachungspflichtigen Anlagen. Dabei finden 31 Menschen den Tod und 463 werden zum Teil schwer verletzt. Der Produktionsausfall wird auf 262 Millionen Mark geschätzt.

23. Juni 1976: Interzonenzug rammt Rangierlok

Eigentlich heißen die Züge zwischen der DDR und der Bundesrepublik seit 1954 nicht mehr Interzonenzüge, aber der Name hat sich eingebürgert.

Offiziell nennen die Bahner diese internationalen Reisezüge auch Wechselverkehrszüge, inoffiziell nennen sie in Eisenach den D 354 Berlin-Friedrichstraße – Frankfurt am Main – Paris: die »Angst«. Vielleicht ist der Name deshalb entstanden, weil gerade an diesem Zug nichts passieren durfte.

Doch genau das ist am 23. Juni 1976 der Fall. Die SED-Zeitung »Das Volk« meldet am 24. Juni: »Am Mittwochabend, 17.23 Uhr waren vier Wagen des internationalen Schnellzuges D 354 Berlin-Friedrichstraße – Paris im Eisenacher Bahnhofsgelände entgleist. Ein Wagen hatte einen auf einem Nebengleis stehenden Rangierzug vom Bahndamm auf eine vorüberführende Straße gedrückt.«

Das beigefügte Foto von übereinander gepurzelten D-Zug-Wagen widersprach der harmlosen Erklärung. Außerdem hatte es 26 Verletzte gegeben und die Zeitung meldete, alle seien außer Lebensgefahr.

Die »Angst« hatte ihren Spitznamen offensichtlich drastisch bestätigt. Wahrscheinlich wegen einer falschen Weichenstellung fuhr der Zug einer Rangierabteilung in die Flanke. Der Lokführer der V60D kann sich nur durch einen kühnen Sprung retten, bevor die 600 PS starke, vierachsige Rangierlok vier Meter die Böschung herunter kracht. Ein Schnellzugwagen fällt auf die Lok.

Die Feuerwehr überzieht die Rangierlok vorsorglich mit einem Schaumteppich, um einen Brand oder gar eine Explosion zu verhindern. Recht schnell rücken vier Eisenbahndrehkräne und zwei Bauzüge der Reichsbahn an, um den Eisenacher Bahnhof zu beräumen. Bereits 24 Stunden später ist die Unfallstelle wieder für den Verkehr frei.

14. Oktober 1976: Der Untergang der Böhlen

Im Oktober 1976 kommt der Tanker Böhlen mit 10 000 Tonnen Rohöl aus Venezuela. Das Schiff hat es schon fast bis in den Kanal geschafft, als es am 14. Oktober gegen 3.55 Uhr durch einen Navigationsfehler in die Chaussée de Sein westlich der bretonischen Landspitze Pointe du Raz gerät. Die Böhlen berührt den Grund und schlägt leck. Der Kapitän und seine nautischen Offiziere schätzen die Lage nach den drei harten Stößen völlig falsch ein. Trotz eines aufkommenden Sturms, vor dem auch Land's End Radio warnt, lassen sie das Schiff auf hohe See setzen. Später wird sich herausstellen, dass die Männer nicht genau wussten, wo sie waren. Durch falsche Berechnung der Schiffsgeschwindigkeit wähnten sie ihre Position etwa 30 Seemeilen abseits des tatsächlichen Standortes.

Erst elf Stunden nach der Grundberührung, um 15.25 Uhr, setzt die Böhlen eine Dringlichkeitsmeldung ab: »much water on deck may be leckage stop ships in vicinity please come for assistance stop ...« Teile des Vorschiffs liegen unter Wasser, 15.50 Uhr nimmt die Schlagseite nach Backbord ruckartig zu, das vorn an Backbord befindliche Rettungsboot reißt aus den Halterungen. Als die See auch noch das Ruderhaus beschädigt, geht der Ruf »DDD SOS from boehlen DCZB ... deck under water stop urgent help stop FFU 141625« raus.

Über Brest Radio bietet der westdeutsche Bergungsschlepper Pacific seine Hilfe an. Der Kapitän zögert. Vielleicht hofft er auf Hilfe der sich in der Nähe befindlichen Bernburg aus der DDR. So ließen sich die kostbaren Devisen sparen, obwohl der Schlepper-Kapitän »no cure – no pay« (ohne Erfolg keine Zahlung) angeboten hatte.

Um 16.33 Uhr schlägt die See das Fenster des Funkraumes ein, der Funkkontakt bricht ab. Gegen 17 Uhr sinkt die Böhlen mit dem Bug voran auf der Position 48 Grad, 10 Minuten, 30 Sekunden Nord und 5 Grad 10 Minuten, 48 Sekunden West in eine Tiefe von 103 Metern.

Der Kapitän und die gesamte Schiffsführung gehen mit unter. Nur wer im Achterschiff war, hatte die Chance, ins Wasser zu gelangen. Schlechtes Wetter und ein sich ausbreitender Ölteppich erschweren die Rettung. Die Seeleute sind so erschöpft, dass zehn von ihnen von den Rettungsmitteln gespült werden. Insgesamt sterben 24 der 35 Besatzungsmitglieder und zwei mitreisende Ehefrauen.

Die Gründe für das Verhalten der Schiffsführung können in der Verhandlung der Seekammer nicht völlig geklärt werden. Unstrittig ist, dass die Katastrophe der Böhlen zu schweren Umweltschäden führte. Etwa 2000 Tonnen Rohöl gelangten in den Atlantik, bevor der Rest abgepumpt wurde. Die Ölverseuchung der Gewässer führte zu einem neunzehnjährigen Fischfangverbot vor der bretonischen Küste. Das Wrack liegt bis heute dort.

29. Oktober 1976: Nostalgietrip nach Leipzig

Für Walter ist die Sache so peinlich wie sie für einen Dreizehnjährigen nur peinlich sein kann: Er soll dem vermeintlichen Liebespärchen, das so verkrampft am Nachbartisch im Weimarer Hotel Elephant die frisch Verliebten spielt, eine Flasche Wein rüberbringen. Einen schönen Gruß und sie sollen sich nicht so abmühen, lässt die Mutter bestellen. Die als Liebespaar getarnten Stasi-Aufpasser verdrücken sich mit hochrotem Kopf.

Hannelore Kohl macht Ende Oktober 1976 mit Familie einen Privatbesuch in der DDR. Der Nostalgietrip gilt vor allem Leipzig. Dort ist Hannelore aufgewachsen.

Eigentlich ist sie Berlinerin. Geboren am 7. März 1933 als Tochter des Elektroingenieurs Wilhelm Renner. Der kommt aus dem pfälzischen Mutterstadt bei Ludwigshafen. Die Karriere brachte ihn nach Berlin. Kurz vor Weihnachten 1935 lässt sie ihn weiter nach Leipzig ziehen. Er wird dort Betriebsdirektor. »Püppi« wächst in gutbürgerlichen Verhältnissen auf. Die ersten Bombenangriffe auf Leipzig treiben die Familie aufs Land, nach Döbeln. Dann folgt die Flucht aus Mitteldeutschland. Am 10. Juli 1945 trifft Familie Renner in der alten Heimat Mutterstadt ein.

An ihre zwölf Kinderjahre in Leipzig erinnert sich Hannelore Kohl gern. Deshalb möchte sie sehen, wie es 30 Jahre später dort aussieht. Ehemann Helmut Kohl, damals 45, kandidiert für die CDU als Bundeskanzler. Vor der Wahl am 3. Oktober 1976 soll die Reise stattfinden, danach würde es nur noch komplizierter, privat in die DDR zu gelangen. Alles endet mit einer großen Enttäuschung. Walter Kohl erinnert sich: »Diese Reise war für meine Mutter eine schlimme Erfahrung. In diesen Tagen musste sie schmerzlich feststellen, dass es die Heimat ihrer Kindheit nicht mehr gab und auch nie mehr geben wird.«

16. November 1976: Ausbürgerung eines Bänkelsängers

Selten wohl hat das Ministerium für Staatssicherheit eine Programmänderung der ARD bewirkt und ihr auch noch eine ungewollt hohe Zuschauerquote beschert.

Der Liedermacher (und Erfinder dieser Berufsbezeichnung) Karl-Wolf Biermann, 1936 als Sohn eines jüdischen Kommunisten in Hamburg geboren und 1953 in das »bessere« Deutschland, die DDR, gekommen, um Philosophie zu studieren, erfreut sich spätestens seit 1964 der anhaltenden Ungunst der in der DDR Herrschenden. Mit seinen frechen Liedern und Gedichten greift er sie mit zunehmender Schärfe an, was ihm ein elfjähriges Auftrittsverbot einbringt. Biermann weiß sich zu helfen. In seiner Wohnung in der Chausseestraße 131 (ab 1972 der Ständigen Bonner Vertretung gegenüber gelegen) produziert er unter den Augen und Ohren des MfS seine Texte und Platten, die im Westen veröffentlicht werden. Im MfS gibt es seit 1973 Pläne, den unbequemen Sänger nach dem Westen abzuschieben. Die Gelegenheit scheint günstig, als Biermann von der IG Metall zu einer Konzertreihe in die Bundesrepublik eingeladen wird. Prompt gewährt man ihm die Ausreise mit dem eindeutigen Vorsatz, ihn nicht wieder hereinzulassen.

Nachdem Biermann am 13. November in Köln sein erstes und überaus erfolgreiches Konzert vor 7000 Zuhörern absolviert hat, verkünden die DDR-Medien am 16. November seine Ausbürgerung. Mit der sofort stürmisch einsetzenden Protestwelle in Ost und West haben die DDR-Organe nicht gerechnet.

Auch die Westmedien reagieren unerwartet: Am 19. November überträgt die ARD ab 23 Uhr das Kölner Konzert des damals »kritischen Kommunisten« in voller Länge und macht damit den in der DDR wie im Westen weitgehend unbekannten Sänger erst wirklich bekannt.

In der DDR initiieren Schriftsteller und Künstler eine Protesterklärung an die Regierung, die voreilige Maßnahme zu überdenken. Partei und MfS reagieren mit Härte und Repressionen, die in der Folge zu einem Exodus von über 200 namhaften Künstlern und Schriftstellern führen.

Biermanns Name bleibt bis zum Ende der DDR ein unerträgliches Reizwort für SED-Funktionäre. Als er am 1. Dezember 1989 in Leipzig nach 25 Jahren wieder sein erstes Konzert im Osten Deutschlands gibt, muss auch dem Letzten einleuchten, dass das Ende der DDR bevorsteht.

22. November 1976: Kinder im Knast?

Kinder und Tiere sind für jeden Fotografen dankbare Motive. Für die Fotoreporterin Waltraud Raphael steht im Sommer 1976 eine neue Kindereinrichtung in Torgau auf dem Programm. Sie hat sogar ein kleines Schwimmbad. Das ist es: Die Fotografin knipst eine Gruppe kleiner Mädchen und Jungen, die nach dem Bad in gestreiften Frotteeumhängen vor sich hin bibbern.

Am 22. November 1976 verbreitet ADN-Zentralbild das Foto mit der Bildunterschrift: »Es gelang der Fotoreporterin nicht, jeden dieser kleinen Frottee-Zwerge zu einem freundlichen Gesicht zu bewegen. Beim Planschen im krippeneigenen Schwimmbad sind die Mienen jedoch vorwiegend freundlich bis begeistert. Damit sich niemand erkältet, haben die Krippenerzieherinnen die praktischen Umhänge genäht.«

Zur Ausstellung World-Press-Photo 1977 reicht Zentralbild eben dieses Foto als Wettbewerbsbeitrag ein. In der Kategorie »Das schönste Foto« bekommt Waltraud Raphael eine Medaille für den zweiten Platz.

In der Juniausgabe 1977 der Zeitung »Stimme der Märtyrer«, einem Blatt der Hilfsaktion Märtyrerkirche aus Uhldingen-Mühlhofen, das sich verfolgten Christen in aller Welt widmet, ist das DDR-Foto abgebildet. Diesmal heißt die Bildunterschrift: »Kinder in Häftlingskleidung. Aus einem Sowjet-KZ in der UdSSR geschmuggeltes Bild. Die Kinder wurden im Lager geboren und wachsen dort auf, bis die Eltern einmal entlassen werden.«

26. November 1976: Hausarrest für einen Kampfgenossen

Sie waren enge Freunde und Gesinnungsgenossen, Wolf Biermann und der Chemiker Robert Havemann (1910 bis 1982). Dessen Lebensweg ließ ihn vom aktiven Kommunisten und Widerstandskämpfer zum scharfen Kritiker der DDR-Verhältnisse werden.

Jahrzehntelang hatte Havemann für den sowjetischen Geheimdienst und von 1956 bis 1963 auch für das MfS gearbeitet. Von den Nazis war er zum Tode verurteilt worden. Heute ist seine Rolle im Dritten Reich allerdings umstritten. Mit »kriegswichtigen Arbeiten« beschäftigt, überlebte er in der Todeszelle des Zuchthauses Brandenburg. Einer der Mithäftlinge war Erich Honecker.

Nach 1945 wurde Havemann Direktor des Berliner Instituts der Kaiser-Wilhelm-Gesellschaft in Westberlin. 1950 entließ der Senat den kämpferischen Kommunisten. Havemann zog in die DDR, wo er seit 1946 an der Humboldt-Universität lehrte und zahlreiche wissenschaftliche wie politische Funktionen bekleidete. Die verlor er sämtlich, nachdem 1964 seine Vorlesungsreihe »Dialetik ohne Dogma« und das »Plädoyer für eine neue KPD« im Westen erschienen waren. Havemann war zum wichtigsten Systemkritiker in der DDR geworden, der es trotz aller Repressalien bis zu seinem Tode verstand, seine unorthodoxen Ideen im Westen zu propagieren.

Nachdem es die Parteiführung unterlassen hatte, den unbequemen Naturwissenschaftler strafrechtlich zu verfolgen oder – wie 1975 geplant – auszuweisen, spricht sie am 26. November 1976 eine Aufenthaltsbeschränkung gegen Havemann aus, die mit großem personellen Aufwand durchgesetzt und kontrolliert wird. Dazu bildet die Hauptabteilung VIII im MfS eine gesonderte Abteilung mit etwa 40 (!) Mitarbeitern. »Die erklärte Absicht, Havemann zu isolieren, wurde trotz riesigen Aufwandes nicht verwirklicht«, gesteht einer der dafür Verantwortlichen im Jahre 2006 ein.

Havemann bleibt eine der zentralen Figuren in der von ihm mitbegründeten unabhängigen Friedens- und Bürgerrechtsbewegung in der DDR. Als er im April 1982 stirbt, gestattet man seinem Freund Wolf Biermann an der Beisetzung teilzunehmen.

01. Januar 1977: Weshalb Klaus Feldmann vom Bildschirm verschwand

Die »Aktuelle Kamera« im DDR-Fernsehen hatte ein Gesicht. Der Mann dahinter hieß Klaus Feldmann, damals 40, und war einer der bekanntesten Fernsehstars des Ostens. Deshalb wählten ihn die Zuschauer auch immer wieder zum »Fernsehliebling des Jahres«. Insgesamt 13 Mal, so auch für 1976.

Gerade in diesem Jahr war Klaus Feldmann aber seit Februar gar nicht mehr auf dem Bildschirm zu sehen. Erst im Januar 1977 taucht er wieder bei der »Aktuellen Kamera« auf.

In der DDR kochen die Gerüchte. Er sei beim Verlesen der Nachrichten sternhagelvoll gewesen, meinen selbst ernannte Insider zu wissen. In diesem Zustand habe der Moderator die täglichen Jubelmeldungen mit einem »so, das war der Scheiß von heute« beendet, wird erzählt.

Klaus Feldmann weiß es besser. Es geschah im Februar 1976: »Obwohl ich um 19.30 Uhr bei der ›Aktuellen Kamera‹ war, nahm ich am Nachmittag an der Geburtstagsfeier eines Kollegen teil und prostete ihm nicht nur einmal zu.« Trotzdem bestritt der Profi die Durchlaufprobe um 18 Uhr ohne Probleme. Niemand merkte ihm etwas an. Doch zur Sendung entfaltete der Alkohol seine Wirkung. Klaus Feldmann: »Gelallt habe ich nicht, etwas bedächtiger gesprochen vielleicht, aber dafür umso heiterer bei den Erfolgsmeldungen über die hervorragenden Leistungen der Werktätigen.« Von »Scheiß« war natürlich nicht die Rede. Eine Sperre für den Rest des Jahres 1976 gab es trotzdem. Klaus Feldmann: »Diese Sperre ging völlig in Ordnung. Auf Live-Sprecher muss sich ein Sender hundertprozentig verlassen können.« Das Gerücht vom klammheimlichen »Widerstandskampf« hält sich dennoch bis heute.

29. Januar 1977: Einbruch in Sanssouci

Karl Geist wundert sich. Dass abends gegen 19 Uhr im Potsdamer Schloss Sanssouci Türen offen standen, hat der langjährige Wächter noch nie erlebt. Solch eine Schlamperei hätte schon der Alte Fritz nicht geduldet.

Der Mann schlurft zur Südseite der Schlossgalerie und ist plötzlich hellwach. Hier stehen nicht nur zwei Türen offen, auch der Eingang zum Kleinen Kabinett ist aufgebrochen. Ein Einbruch ins Allerheiligste. Die Volkspolizei stellt fest, dass zehn Bilder fehlen und drei schwer beschädigt wurden. Das wertvollste gestohlene Werk ist Tintorettos »Bildnis eines alten Mannes«.

Der Gesamtschaden beläuft sich auf eine Million Mark. Doch das ist ein theoretischer Wert – Bilder dieser Klasse sind unbezahlbar.

Ende Februar bekommt das Bundeskriminalamt einen Tipp. Die Bilder aus Potsdam sollen in Kassel verkauft werden. Am 8. März greifen die BKA-Kommissare dort zu. Zwei Männer werden verhaftet. Vier Gemälde finden sich in ihrem Auto, die sechs anderen liegen unter der Fußmatte eines weiteren Wagens.

Als Anstifter des Raubes wird ein Mann namens Bernd Wuchold identifiziert, der den Bruch in Sanssouci und den darauf folgenden Schmuggel der Bilder in den Westen von zwei Türken ausführen ließ.

Bernd Wuchold, 37, ist Thüringer. Als Elfjähriger geht er von Neudietendorf zu seinen Eltern nach Kassel. Dort besucht er die Schule, lernt Dreher und tritt 1959 in die Bundeswehr ein. Der Drill gefällt ihm nicht. Also zieht es ihn wieder zu den Großeltern nach Thüringen. In der DDR macht er eine kunsthandwerkliche Ausbildung.

Wuchold will zurück in den Westen, macht dunkle Geschäfte und wandert 1969 für 20 Monate ins Gefängnis. Bereits 1970 auf Bewährung entlassen, kann er sich weder mit seinem Job in einem Keramikbetrieb noch mit der Tätigkeit als Bauleiter und Innenarchitekt beim Rat der Stadt Erfurt anfreunden. 1974 erneut zu einer dreijährigen Freiheitsstrafe verurteilt, gelangt er danach wieder in den Westen. Dort sinnt Bernd Wuchold auf Rache gegen die DDR. Als Kunsthandwerker war er oft in Potsdam tätig, und im Schloss Sanssouci kennt er sich aus. So baldowert er den Plan des Gemälderaubs aus.

In der Hauptverhandlung in Frankfurt am Main fallen die Schatten des Kalten Krieges auf den ansonsten recht simplen Kriminalfall. Es wird darum gestritten, ob die DDR überhaupt legitimiert sei, Schadensersatzansprüche zu stellen, und Bernd Wuchold gibt ein sehr politisches Motiv für seine Tat an: »Unseren Brüdern in der Zone wollte ich helfen. Wir erkämpfen ihnen durch Erpressung die Freiheit. Das war der Plan, der in der Justizvollzugseinrichtung Cottbus gemeinschaftlich gefasst wurde. Wir holen uns aus den Museen des Zonenstaates Bilder und Porzellan und geben sie der Ostzone erst wieder, wenn sie dafür die von uns verlangten Ausreisegenehmigungen erteilt.«

Diese Rechnung geht auch im Westen nicht auf. Er wird zu zwei Jahren Haft auf Bewährung verurteilt, und die gestohlenen Bilder kehren nach Potsdam zurück.

27. Juni 1977: Urlaubsreise in den Tod

Wer im Juni in der DDR in einem Urlauberzug an die Ostsee sitzen durfte, hatte es geschafft: Entweder konnte im Betrieb einer der raren FDGB-Ferienschecks für die Saison ergattert werden oder man hatte sogar private Beziehungen zu jemandem, der an der Küste über irgendein Dach über dem Kopf verfügte.

Der D 1918 ist solch ein Urlauberzug. Er fährt von Zittau über Cottbus und Frankfurt/Oder nach Stralsund. In der Oberlausitz gibt es zwar bis zu 300 Meter hohe Berge, aber nicht viele Bademöglichkeiten. Der Urlaub auf dem Darß oder auf Rügen ist für die Leute aus dieser Gegend ein Traum.

Am Morgen des 27. Juni 1977 denkt der Weichenwärter auf dem Stellwerk W1 in Boosen auf der Strecke Frankfurt/Oder – Angermünde an alles andere, nur nicht an Urlaub. Er fühlt sich nicht wohl, musste Medikamente einnehmen. Dass sie ihn schläfrig machen, ahnt er nicht, sonst wäre er nicht zur Frühschicht erschienen. In seinem Tran stellt der Mann eine Weiche falsch.

Weder Lokführer Heinz Goletzke noch sein Heizer Klaus Mickelun merken, dass sie von der Hauptstrecke nach Angermünde auf die Nebenstrecke von Boosen nach Kietz abbiegen. Ihre Lok 03 0078 stampft zuverlässig vor sich hin. Die beiden Männer aus Stralsund haben noch eine halbe Schicht vor sich, dann ist Feierabend. Sie erleben ihn nicht mehr.

Bei dem Örtchen Lebus kommt dem D 1918 der Durchgangsgüterzug (Dg) 50101 aus Kietz entgegen. Bremsen hilft nicht mehr, ein Frontalzusammenstoß ist unvermeidlich. Es kracht, Dampf zischt, Metall reißt, die Wagen schieben sich ineinander. Glück im Unglück: Ein für den ersten Wagen des D 1918 gebuchter Transport von Ferienkindern war kurz zuvor abgesagt worden.

Dennoch herrscht unbeschreibliches Chaos. Die Rettungskräfte trauen sich nicht an die fauchende Dampflok heran, denn sie befürchten eine Explosion. Das kostet das Lokpersonal das Leben. Auch Triebfahrzeugbeimann Weber aus Wriezen von der verunglückten Güterzug-Lok 132 200 überlebt den Zusammenstoß nicht. Für 28 Reisende aus dem Raum Zittau endet die Urlaubsreise mit dem Tod.

Am 18. Juni 1977 steht in Frankfurt/Oder der Weichenwärter vor Gericht. Er wird zu fünf Jahren Freiheitsentzug und vollem Schadensersatz verurteilt und nimmt den Richterspruch sofort an. Der Schaden ist erheblich. Die Lok 03 0078 wird am 21. Juli 1977 ausgemustert und dient noch als Ersatzteilspender für die 03 0089. Die Lok 132 200 wie auch die zerstörten Wagen gehen ebenfalls auf den Schrott.

28. Juni 1977: Aufstand gegen »Erichs Krönung«

Am 28. Juni 1977 schlägt Politbüro-Mitglied Albert Norden Alarm. Es geht um ernsthafte Lücken bei der Versorgung mit Bohnenkaffee. Sie sollen mit einem Gemisch aus Bohnen und Muckefuck gefüllt werden. Das Gesöff heißt Kaffee-Mix, das Volk nennt es abfällig »Erichs Krönung« und verweigert standhaft die Annahme. Auch Albert Norden scheint es nicht zu schmecken.

Deshalb schreibt er seinem Vorgesetzten Honecker eine Hausmitteilung: »Hier geht es ja nicht um irgendeine Versorgungsposition, sondern um ein Volksgenussmittel im besten Sinne des Wortes. Es ist für mich einfach unvorstellbar, dass wir den Ausschank von Bohnenkaffee in den Gaststätten völlig einstellen wollen, nur noch etwa 20 Prozent der jetzigen Menge an Bohnenkaffee in den Geschäften verkaufen und der Rest als Mischkaffee angeboten werden soll … Natürlich sind wir gezwungen, aus der außenwirtschaftlichen Lage Schlussfolgerungen zu ziehen … Welche Positionen gestrichen oder eingeschränkt werden, ist meines Erachtens ein Politikum ersten Ranges …«

Da hat Albert Norden wohl tatsächlich mal das Ohr an der Masse, denn im Murren der Bevölkerung wegen knappen Kaffees klingen schon konterrevolutionäre Misstöne an. Immerhin geben die DDR-Bürger jährlich 3,3 Milliarden Ostmark für den ohnehin schon völlig überteuerten Türkentrank aus.

Die DDR-Führung steht unter Druck. Bisher zahlte sie pro Jahr rund 150 Millionen harte »Valutamark« für Kaffee. 1976 explodierten dann die Preise auf dem Weltmarkt. Nun soll die gleiche Menge fast 700 Millionen Mark kosten. Das kann die DDR nicht zahlen. Deshalb sollen die Brüder und Schwestern im Westen helfen – ohne dass sie es merken. Klammheimlich werden dazu am 21. September 1977 die Einfuhrbestimmungen für Genussmittel geändert. Künftig darf ein Kilo Kaffee – ein Jahr später fällt die Mengenbegrenzung dann völlig – per Päckchen oder Besucher eingeführt werden.

Diese Ameisen-Transporte von West nach Ost entlasten die angespannte DDR-Bilanz in erheblichem Umfang. Überdies wird, wenn möglich, in Entwicklungsländern Rohkaffee eingekauft, der mit Leistungen statt mit Geld zu bezahlen ist.

Dabei denken die DDR-Außenhandelsstrategen durchaus langfristig. In jahrelanger Kleinarbeit bringen zum Beispiel in Laos DDR-Spezialisten die rings um Pakse von der französischen Kolonialmacht angelegten Kaffee-Plantagen in Ordnung. Die Aufforstung ist mühselig, und es dauert etwa vier Jahre bis zur ersten Ernte. Heute ist Kaffee ein wichtiges Exportprodukt des südostasiatischen Landes.

20. September 1977: Schatzraub in Dresden

Es geschah am helllichten Tag. Am 20. September 1977 mischen sich bis heute unerkannte Diebe unter die Besucher des Dresdner Kunstgewerbemuseums an der Wilsdruffer Straße. In einem unbeobachteten Moment entschärfen sie die Alarmanlage, knacken eine Vitrine und scheffeln 56 wertvolle Schmückstücke aus dem 16. bis 18. Jahrhundert in eine Tasche. Dann verschwinden sie still und heimlich.

Der Schatz war im Oktober 1964 bei Bauarbeiten für die HO-Gaststätte Am Zwinger entdeckt worden. Dort stand früher die Sophienkirche. Sie brannte während des Bombenangriffes 1945 aus und wurde 1963 gesprengt. Vor dem Neubau des Restaurantwürfels dachte niemand daran, dass die Kirche zwei Jahrhunderte lang Begräbnisstätte des Adels und des reichen Bürgertums gewesen war, demzufolge dort noch wertvolle Grabbeigaben liegen könnten.

Der Museumsraub wird erst Stunden später entdeckt. Am 22. September 1977 meldet »Neues Deutschland«: »Der gestohlene Schmuck besitzt einen Wert von mehreren Millionen Mark. Zur Aufklärung der Straftat wurden unverzüglich alle notwendigen Maßnahmen eingeleitet … Vor dem Ankauf dieser Kunstgegenstände wird gewarnt.«

Dann wird es still um die Sache. Eine Sonderkommission von 150 Kriminalisten und Spezialisten der Staatssicherheit fahnden zweieinhalb Jahre lang im In- und Ausland. Keine Spur führt zum Erfolg. 1980 werden die Akten geschlossen.

Fast zehn Jahre nach dem Kunstraub taucht bei einer Auktion in Hamburg ein Anhänger der Königskette auf, die »Goldene Klippe Magdalene Sybilla«. Durch diskrete Verhandlungen gelangt sie zurück nach Dresden.

Dann ist bis Juli 1999 nichts mehr von dem Schatz zu hören. Doch plötzlich bekommt LKA-Kunstfahnder Lutz Schneider einen Tipp von einem bayerischen Münzhändler: In Oslo würden 38 Stücke aus dem Dresdner Kunstraub zum Kauf angeboten. Die norwegische Polizei beschlagnahmt die Pretiosen im Wert von einer Million Mark, um sie in die Elbestadt zurückzugeben. Von den Tätern fehlt bis heute jede Spur, 18 Schmuckstücke sind weiterhin verschollen.

Nebenbei: Gerüchte behaupten, der Raub sei damals von der DDR insgeheim eingefädelt worden, um den Schmuck über die Firma Kunst und Antiquitäten aus dem Devisen-imperium Alexander Schalck-Golodkowskis im Westen zu Geld zu machen. Claus Bogner von der Staatsanwaltschaft Dresden teilt dazu im Januar 2000 auf Anfrage mit: »Wir haben Stasi-Unterlagen geprüft und keine Hinweise darauf gefunden.«

27. Oktober 1977: Schlagseite auf einem Holzfrachter

Im August 1967 wird das Motorschiff Karlshorst in Dienst gestellt. Der Holzfrachter vom Typ 401, Funkrufzeichen DEVU, befindet sich im Oktober 1977 auf der Heimreise von Archangelsk in der Sowjetunion nach Rostock. Das Schiff ist voller Holz geladen, auch auf Deck ist Fracht ver-zurrt.

Am 24. Oktober passiert die Karlshorst das Nordkap, Europas nördlichste Spitze, und schwenkt dann auf Südkurs ein. Der Südwestwind frischt bis auf sieben bis acht Stärken auf, so dass der Kapitän die Geschwindigkeit auf neun Knoten reduzieren muss. Trotzdem lassen die hohen Wellen den Frachter bis zu 55 Grad nach Backbord krängen. Bei solch extremer Schräglage drückt die gesamte Fracht an Deck auf die Backbordstützen. Sie brechen, und die Karls-horst bleibt mit einer Schlagseite von vierzig Grad liegen.

Norwegische Hubschrauber und Marinefahrzeuge bringen das Schiff in das ruhigere Gewässer des Nappstraumen-Fjord. Sicherheitshalber gehen 13 Mann der Besatzung von Bord. Am Liegeplatz vergrößert sich jedoch die Schlagsei-te. Weder das Werfen der Deckladung noch ein Abschlep-pen in seichtere Gewässer ist möglich.

Gegen 1.30 Uhr am 27. Oktober 1977 sinkt die Karlshorst. Kapitän und Besatzung haben ihre seemännischen Pflich-ten erfüllt. Sie tragen keine Schuld am Untergang des Schif-fes – es ist einfach höhere Gewalt.

27. November 1977: Der Lokzerknall von Bitterfeld

Ohne Feuer und Wasser fährt keine Dampflok. Fehlt eines von beiden, sind die Folgen höchst unterschiedlich. Ohne

Feuer bleibt die Lok stehen, ohne Wasser kann sie in die Luft fliegen.

Genau das passiert am 27. November 1977 auf dem Bahnhof Bitterfeld. Der D 567 von Berlin-Schöneweide über Leipzig nach Reichenbach/Vogtland ist mit der Hochleistungsdampflok 01 1516 bespannt. Die Maschine kam zwei Tage zuvor aus dem Reichsbahnausbesserungswerk (RAW) Meiningen. Lokführer und Heizer wurde bei der Übergabe deshalb aufgetragen, die Vorräte zu überprüfen. Sie nehmen Kohle, aber kein Wasser – der Zug hat schon erhebliche Verspätung und soll endlich auf die Strecke. Trotzdem wird der Lokleitung mitgeteilt, auch Wasser sei genug vorhanden.

Schon nach ein paar Kilometern merkt der Lokführer, dass das nicht der Fall ist. Er will in Wittenberg Wasser tanken, doch das wird abgelehnt. So fährt er bis Bitterfeld durch. Dort befindet sich bereits so wenig Wasser im Kessel, dass der Rest beim Übergang von der geneigten auf die ebene Fläche und dem gleichzeitigen Bremsen nach vorn schwappt. Die Strahlungsheizfläche ist bereits stark überhitzt. Das Wasser verursacht nun ein Reißen der Feuerbuchsdecke mit folgender Zerstörung des Führerhauses.

Noch wird der Kessel vom Zylinderblock gehalten. Der Druck ist jedoch so gewaltig, dass er sich um 180 Grad dreht – dabei wird Glut auf einen auf dem Nachbargleis einfahrenden Reisezug geschleudert – und dann wie eine Rakete abhebt. Der Kessel landet 40 Meter voraus auf den Schienen und soll sich dort sogar mit dem Stahl verschweißt haben.

Rund 250 Menschen stehen auf dem Bahnsteig und warten auf den Zug. Fünf von ihnen, die sich auf Höhe des Führerstandes befanden, sind sofort tot. Auch Heizer und Lokführer überleben nicht, und zwei der über 40 Verletzten sterben später im Krankenhaus. Der Bahnsteig wird zerstört, die Fahrleitung beschädigt.

Experten meinen, dass das Lokpersonal die Maschinen trockengefahren hat und darauf nicht angemessen reagierte. Wenn eine Dampfmaschine im laufenden Betrieb zu wenig Wasser hat, hilft nur, umgehend das Feuer zu löschen. Dieses Kaltmachen gilt jedoch bei der Bahn als unehrenhaft – möglicherweise haben Heizer und Lokführer auf der 01 1516 deshalb darauf verzichtet. Die Prüfung der stählernen Feuerbüchse ergab, dass das Material bis auf 740 Grad erhitzte. Um eine solche Temperatur zu erreichen, muss die Decke der Feuerbüchse mindestens vier Minuten ohne Wasser gewesen sein. Als dann das Restwasser auf die glühendheiße Fläche schwappte, knallte es, denn durch die Überhitzung hatte sich die Festigkeit des Teils von 52 auf etwa neun Kilopond pro Quadratmillimeter verringert.

Nebenbei: Kessel sind bei der Bahn häufig geplatzt.

– Bei Haldensleben explodierte die Lok 50 582 vor dem Güterzug 1101 am 18. November 1946.

– Am 4. Mai 1952 erwischte es die Lok 50 582 im RAW Meiningen.

– Am 24. Mai 1952 explodierte die 52 1515 bei Döbeln.

– Bei Wünsdorf knallte es am 10. Oktober 1958. Es explodierte die Lok 03 1046 vor dem D 78 von Dresden nach Berlin.

Die Annalen der Reichsbahn verzeichnen bis 1945 insgesamt zwölf Fälle von Kessel-Explosionen. In der Westzone und bei der Bundesbahn sind weitere acht Fälle aktenkundig. Hinzu kommen zahlreiche Beinahe-Unfälle.

01. Dezember 1977: West-TV in Farbe kostet 600 Mark mehr

Den Kampf gegen den Klassenfeind im Wohnzimmer hat die DDR längst verloren. Wo Fernsehen aus dem Westen empfangen werden kann – und das ist außer in der Gegend östlich von Ribnitz-Damgarten und im Tal der Ahnungslosen rings um Dresden fast überall in der DDR der Fall –, wird das auch getan.

Also machte Erich Honecker schon 1973 gute Miene zum bösen Spiel und ließ einfach den Nebensatz fallen, dass die Nutzung aller empfangbaren TV-Sender normal sei ...

Obwohl per Befehl bei der NVA und der Stasi weiter verboten und unter SED-Funktionären nicht gern gesehen, gelten ARD und ZDF seither also als toleriert. Ab Dezember 1977 flimmern die Westsender sogar in Farbe über die DDR-Bildschirme.

Erstmals gibt es Fernsehgeräte aus eigener Produktion für DDR-Mark zu kaufen, die neben dem im Osten eingeführten Secam-System auch PAL-Sendungen empfangen können. Sie heißen Chromat und kosten 4100 Mark. Das sind 600 Mark mehr als die bisher erhältlichen Apparate, die nur die DDR-Sender in Farbe brachten.

Im Laufe der nächsten Jahre klettern die Preise für Farbfernsehgeräte mit PAL- und Secam-Empfang auf über 6000 Mark. Da die Nachfrage in der Regel das Angebot weit übersteigt, sind entweder Wartezeiten zu akzeptieren oder Beziehungen zu pflegen. Die nur auf Secam ausgelegten Color 20 und die sowjetischen Raduga werden kaum noch verlangt. Wer bis 1977 Westfernsehen in Farbe sehen wollte, musste sich einen Apparat aus dem Intershop schenken lassen. Dort wurde in Westmark gezahlt und die Marktwirtschaft praktiziert: Obwohl die Intershop-Preise in der Regel unter den Westpreisen lagen, waren bei PAL-TV-Geräten rund 600 DM mehr als im Westen zu zahlen. Die Einführung des Westfernsehens in Farbe für DDR-Geld soll den langsam stärker werdenden Frust in der Bevölkerung abbauen. Sie ärgert sich zunehmend, dass verschiedene Dinge im Osten nur noch gegen Westmark erhältlich sind.

02. Januar 1978: Ein Manifest erschüttert die DDR

Der erste »Spiegel« des Jahres 1978 erscheint mit einer Titelgeschichte, die in der DDR wie eine Bombe einschlägt: »Manifest einer SED-internen Opposition« heißt sie.

Obwohl das Hamburger Nachrichtenmagazin nur den wenigsten DDR-Bürgern zugänglich ist, kursieren bald Abschriften. Unter politisch interessierten Intellektuellen wird heftig spekuliert, wer hinter dem »Manifest« stecken könnte, das durchaus Insider-Kenntnisse verrät.

Es ist Hermann von Berg, Jahrgang 1933, Anfang der 70er Jahre für Willi Stoph als geheimer deutsch-deutscher Unterhändler unterwegs und inzwischen Ökonomieprofessor an der Berliner Humboldt-Universität. Er hatte im Herbst 1977 bei Ulrich Schwarz, Chef des »Spiegel«-Büros in der DDR, angefragt, ob man so etwas drucken würde, und auch gleich gewarnt: »Falls ihr das veröffentlicht, ist das euer Ende in der DDR. Sie werden euer Büro dichtmachen und die ganze Sache westlichen Geheimdiensten in die Schuhe schieben.« Das Risiko geht »Der Spiegel« ein. Hermann von Berg diktiert die insgesamt etwa 30 Seiten in seinem Wohnzimmer dem Korrespondenten in den Block. Die DDR-Oberen spucken Gift und Galle. Schwarz-Nachfolger Karlheinz Vater wird am 2. Januar 1978 die Einreise in die DDR verweigert.

Die Lage spitzt sich zu, als am 9. Januar der zweite Teil des »Manifests« erscheint. Er prangert besonders den feudalen Lebensstil der führenden Genossen an. Am 10. Januar 1978 geht daraufhin ein Fernschreiben des DDR-Außenministeriums in der Hamburger Chefredaktion des »Spiegel« ein: »Ihr Blatt hat ... vorsätzlich den Versuch unternommen, durch erfundene Nachrichten und Berichte die Beziehungen ... zu vergiften. Eine besondere Rolle ist dabei offensichtlich dem von Ihnen gemeinsam mit dem Bundesnachrichtendienst der BRD fabrizierten üblen Machwerk ›Bruch in der SED‹ zugedacht ... Das Ministerium für Auswärtige Angelegenheiten ... sieht sich daher veranlasst, ... das Büro mit sofortiger Wirkung zu schließen.« »Der Spiegel« bleibt für die nächsten sieben Jahre aus der DDR ausgeschlossen. Nebenbei: Hermann von Berg wurde nach der Veröffentlichung des »Manifests« verhaftet, nach drei Monaten jedoch wieder entlassen. Er verlor seine Professur und siedelte 1986 in den Westen über. Nach dem Ende der DDR wurde bekannt, dass Hermann von Berg bei der Stasi als IM Günter registriert war.

Dies bestärkte Zweifel an der Echtheit des Papiers, die erstmals 1978 geäußert wurden. Schon damals gab es Vermutungen, dass das »Manifest« eine im Stasi-Auftrag lancierte Fälschung war. Die tatsächlichen Zusammenhänge um das »Manifest«, einschließlich der Frage, ob es überhaupt einen größeren Kreis Oppositioneller innerhalb der SED gab, sind bis heute umstritten.

15. Januar 1978: »Ein Herr Kohl ist unerwünscht ...«

Der 15. Januar 1978 ist ein feuchter Wintertag. In der Schlange der die Einreise nach Ostberlin Begehrenden am

Bahnhof Friedrichstraße steht ein großer, dicker Mann. Er hat die Abfertigungsnummer 997 und wartet geduldig.

Es ist Helmut Kohl, Bundesvorsitzender der CDU im Westen, damals 47 Jahre alt. Am Vorabend hatte er mit Ehefrau Hannelore auf dem Berliner Presseball getanzt, jetzt will er mit der S-Bahn in den Ostteil der Stadt, um sich dort ein wenig umzusehen. Ein Privatbesuch, nichts weiter.

Der Mann wartet und wartet, die Schlange rückt langsam vor, aber er kommt nicht dran. Hinter den Kulissen laufen die Telefone heiß. Der Westpolitiker ist nicht angemeldet, er hat einige Begleiter dabei, darunter seinen Mitarbeiter, das Bundestagsmitglied Philipp Jenninger. Was steckt hinter der Reise in den Osten, eine Provokation, ein insgeheim geplantes Treffen mit jemandem?

Dann die Entscheidung von höchster Stelle: Einreise abgelehnt. Ein Offizier der Grenztruppe macht Männchen vor dem stattlichen Mann und teilt militärisch knapp mit: »Ein Herr Kohl ist in der Hauptstadt der DDR unerwünscht!«

23. Januar 1978: Golfstrom für die DDR

Im Osten kursiert es bereits als Gerücht, die Westbürger finden im »Spiegel« vom 28. Januar 1978 sogar ein Foto: Ein Autozug passiert die Grenze Richtung DDR, beladen mit Volkswagen, Typ Golf.

Im Dezember war das Geschäft in aller Stille abgeschlossen worden. Für rund 90 Millionen Mark schickt VW 10 000 Golf gen Osten. Im Gegenzug kommen von dort Gemischtwaren, von schwerem Heizöl über Werkzeugmaschinen bis hin zu Auto-Rücklichtern. Ein Tauschgeschäft.

Im Westen sind die Osthändler sauer, denn der Tauschhandel mit dem mehrheitlich vom Staat kontrollierten VW-Konzern ist ein Präzedenzfall. Er hilft der devisenschwachen DDR beim Einkauf im Westen, und das halten viele für politisch schädlich.

Doch auch im Osten machen die Autos nicht nur Freude. Sie wecken Wünsche, die die Parteiführung nicht erfüllen kann. Hunderttausende hätten nun gern solch einen Westwagen. Die 10 000 importierten VW Golf werden über die Betriebe verteilt, etliche landen bei Leuten, die einfach nur über »Vitamin B« verfügen. Andere versuchen mit viel Geld an solch ein Traumauto heranzukommen. Angebote von über 100 000 Ostmark in bar sind verbürgt.

Es gibt auch noch politischen Ärger. Die offizielle SED-Politik jener Zeit ist auf Abgrenzung vom Westen gerichtet. Der »Golfstrom« schafft jedoch ein gesamtdeutsches Identifikationsobjekt. Hätte die DDR Fiat oder Renault gekauft, wäre es gutgegangen. Doch diese Autos hätten bezahlt werden müssen und nicht getauscht werden können. Gut für VW: Von den damals geweckten Wünschen profitierte der Konzern noch nach der Einheit.

Nebenbei: Der Golf wurde in der DDR zunächst zu Preisen um die 30 000 Mark verkauft. Das galt wenig später als politischer Fehler, denn die Westautos sollten ja eigentlich nichts Besonderes sein. Deshalb wurde der Preis nachträglich an den vom Wartburg angepasst. Wer bereits zuviel gezahlt hatte, bekam die Differenz zurück.

31. März 1978: Über den Achtersteven gesunken

MS Seeadler – das klingt eigentlich nach Ausflugsschiff, herumtuckern zwischen den Nordseeinseln oder einem Tagestrip nach Hiddensee.

Die Seeadler der Deutschen Seereederei ist nichts von alledem. Am 31. März 1978 schleppt das kleine Arbeitspferd der Framo-Klasse im Rigaer Meerbusen 1075 Tonnen Papier Richtung Heimat, Kurs Stralsund liegt an. Die Seeadler läuft an der Eisgrenze entlang, die Sicht nimmt ständig ab. Angestrengt beobachten die Männer auf der Brücke das Radar. Trotzdem taucht plötzlich ein riesiges Schiff aus dem Dunst auf. Es ist der viel größere sowjetische Roll-on-roll-off-Frachter Inzhener Nechiporenko.

Ein sofortiger Kurswechsel kann einen Zusammenstoß nicht mehr verhindern. Der Ro-Ro-Frachter unter der Flagge mit Hammer und Sichel ist viel zu schnell für die schlechten Sichtverhältnisse. Er kracht der Seeadler in Höhe des Maschinenraumes in die Seite. Glücklicherweise kann die Besatzung noch in die Rettungsboote gehen, dann sinkt das DDR-Schiff über den Achtersteven. Die Schuld an dem Unfall wird beiden Kapitänen zugesprochen.

16. Juni 1978: Feuergefecht Unter den Linden

Am 16. Juni 1978 peitschen an der Ecke Friedrichstraße/ Unter den Linden Schüsse. Passanten müssen sich in Deckung bringen, einer Frau durchschlägt eine Kugel die Handtasche. High Noon mitten in Ostberlin.

Die Schießerei gilt einem Deserteur der Gruppe der sowjetischen Streitkräfte in Deutschland. Soldat Abubakirow ist fahnenflüchtig geworden und will sich nun ins nahe Westberlin durchschlagen. Von den Grenzbefestigungen am Brandenburger Tor ahnt er nichts. Der Mann vertraut seiner Kalaschnikow, die er auf die Flucht mitgenommen hat.

Seine Truppe liegt im Norden Berlins. Im Kreis Gransee überfiel Abubakirow bereits eine Gruppe Waldarbeiter und erbeutete deren Barkas. Mit dem Kleintransporter fuhr er dann nach Berlin, die eigenen Leute und die Volkspolizei dicht auf den Fersen. Es gelingt nicht, ihn zu stoppen. Erst als der Soldat mitten in der Stadt seine Flucht zu Fuß fortsetzt, wollen die Verfolger zugreifen.

Der verzweifelte Deserteur rechnet mit dem Schlimmsten, wenn er gefasst würde. Als er merkt, dass seine Flucht gescheitert ist, setzt er sich die MPi an die Brust und versucht sich selbst zu töten. Mit schweren Verletzungen wird er in das VP-Krankenhaus Berlin-Mitte gebracht.

Die Schießerei wird nur deshalb bekannt, weil zufällig ein Wagen der Ständigen Vertretung der Bundesrepublik den Tatort passiert. Sonst wäre sie sicher verschwiegen worden, denn besondere Vorkommnisse bei der sowjetischen Führungsmacht gelten in der DDR als tabu.

Vor dem Krankenzimmer des Soldaten Abubakirow hält Tag und Nacht ein DDR-Kriminalist Wache. Er soll nicht etwa eine neuerliche Flucht des Soldaten verhindern, sondern dafür sorgen, dass der Mann nicht von den sowjetischen Streitkräften entführt wird.

Wegen der Schießerei hat die DDR-Militärstaatsanwaltschaft derweil ein Ermittlungsverfahren gegen Abubakirow eingeleitet – zum ersten Mal nach 21 Jahren seit dem Inkrafttreten des Rechtshilfeabkommens DDR – Sowjetunion. Das Eingreifen der DDR-Behörden dürfte dem Soldaten der Sowjetarmee das Leben gerettet haben. Wegen seiner Fahnenflucht wird er nach seiner Genesung von einem sowjetischen Militärtribunal »nur« zu zehn Jahren Freiheitsentzug verurteilt.

21. August 1978: Unplanmäßiger Schrott

Die Loks der Züge, die unter verschiedenen Zugnummern zwischen Berlin und Stralsund fahren, müssen in Berlin gedreht werden. Das geschieht in der Einsatzstelle Lichtenberg des Bahnbetriebswerkes Berlin-Ostbahnhof. Die Eisenbahner nennen die Sache Drehfahrt. Oft muss sie schnell gehen, denn die Fahrpläne sind eng.

Das wurde am 21. August 1978 der Lok 03 0010 aus Stralsund und der 03 2067 aus Wittenberg zum Verhängnis. Als die Wittenberger Maschine auf der Drehscheibe vor dem Lokschuppen gedreht werden soll, ragt der Tender der Stralsunder Lokomotive in das Drehscheibenprofil. Niemand bemerkt dies rechtzeitig und so kracht es. Beide Loks werden stark beschädigt. Die 03 2067 wird ausgemustert, der Tender der 03 0010 im Reichsbahnausbesserungswerk Meiningen wieder zusammengeflickt. Auch die Drehscheibe ist in Mitleidenschaft gezogen. Sie muss ausgebaut und repariert werden. Personen kommen nicht zu Schaden.

Unplanmäßiger Schrott entsteht auch am 8. April 1986 am Abzweig Lehnitz bei Berlin. Wieder ist eine Wittenberger Lok beteiligt, diesmal die 250 070. Sie kollidiert an der Ausfahrt aus Oranienburg in Richtung Berlin mit der Lok 118 556 vom Bahnbetriebswerk Neubrandenburg. Beide Triebfahrzeuge tragen erhebliche Schäden davon. Nur die 250 070 wird wieder aufgebaut.

Für die DDR-Eisenbahner sind solche Unfälle besonders unangenehm, weil sie sofort sämtliche Dienstpläne durcheinanderbringen. Das rollende Material ist überaltert, die Schienen sind oft verschlissen, Schwellen lösen sich sukzessive auf und die Bahnhöfe müssten saniert werden. Kommen nun noch solche Blechschäden hinzu, gerät schnell der ganze Betrieb ins Wanken.

Auch die Kapazitäten in den Reichsbahnausbesserungswerken sind begrenzt, überall fehlen Arbeitskräfte. Ersatzteile werden oft selbst gefertigt oder aus anderen alten Loks recycelt. Das macht Reparaturen teuer und unökonomisch.

30. August 1978: LOT im Transit Tempelhof

Nach der planmäßigen Zwischenlandung in Danzig hob die LOT am 30. August 1978 noch pünktlich um 6.50 Uhr Richtung Berlin-Schönefeld ab. Doch dort kommt die TU-134 nicht an.

Irgendwo im Luftraum über Fürstenberg zog der Ostberliner Kellner Detlev Tiede eine Spielzeugpistole, die er auf einem polnischen Trödelmarkt erstanden hatte. Seine Bekannte Ingrid Ruske und deren 12-jährige Tochter sitzen auch in der Maschine. Die polnischen Piloten lassen sich täuschen. MiG-Jäger steigen auf, trotzdem landet die LOT in Tempelhof, Westberlin. Auf dem amerikanischen Militärflughafen erwarten US-Scharfschützen den 30-jährigen Entführer. Er wird verhaftet.

In der polnischen Linienmaschine reisten 62 Passagiere, darunter 50 DDR-Bürger. 18 Fluggäste entschließen sich spontan, im Westen zu bleiben. Die anderen 32 werden am Abend mit einem Bus an den Grenzübergang nach Ostberlin gebracht.

Für Detlev Tiede und Ingrid Ruske ist die Flugzeugentführung eine Verzweiflungstat. Eigentlich wollten sie per Schiff über Danzig fliehen. Dort warteten sie vergeblich auf Horst Fischer, Ingrids Geliebten, der auch ihr Fluchthelfer aus dem Westen war. Er wollte im Absatz seines Schuhs die Weststempel nach Polen schmuggeln und wurde erwischt.

Die Amerikaner sind in einer Zwickmühle. Einerseits verstehen sie den Wunsch Tiedes nach Freiheit, andererseits darf das Highjacking nicht zur Nachahmung anregen.

Bereits am 19. Oktober 1968 zwangen die Ostberliner Peter Klemt (24) und Ulrich von Hof (19) eine LOT-Maschine zur Landung in Tegel, das im französischen Sektor liegt. Sie bekommen von einem französischen Gericht eine zweijährige Haftstrafe und sind nach sechs Monaten, Anfang 1970, wieder frei – ein Preis, den auch manch andere Fluchtwillige zahlen würden.

Nun fliegt extra ein US-Gericht ein. Richter Stern urteilt milde. Detlev Tiedes Strafe gilt mit der neunmonatigen Untersuchungshaft als verbüßt, Ingrid Ruske und ihre Tochter befanden sich bereits nach zwei Monaten wieder auf freiem Fuß.

Die Regierung in Bonn entgeht damit einer peinlichen Situation, denn kurz zuvor hatte sie das Haager Übereinkommen zur Bekämpfung der widerrechtlichen Inbesitznahme von Luftfahrzeugen ratifiziert. Das sieht die Auslieferung von Flugzeugentführern vor. Mit einer alliierten Anordnung vom 16. August 1973 hatten die USA jedoch die Übernahme des Gesetzes für Berlin untersagt und betont, dass dort bei Luftpiraterie auch weiterhin das Gesetz Nr. 7 der Militärregierung vom 17. März 1950 gelte.

Einen Tag nach Detlev Tiede und Ingrid Ruske wird der Westberliner Horst Fischer in Ostberlin wegen bandenmäßig organisierter Verbrechen zu acht Jahren Haft verurteilt. Nebenbei: Der Westberliner Flugplatz Tempelhof bleibt für polnische Flüchtlinge eine Einflugschneise in den Westen. Bis 1987 registrieren die Behörden 16 Flugzeugentführungen aus Polen nach Westberlin. Der Volksmund Ost spottet bereits: LOT, das heißt »Landet och in Tempelhof«.

13. Oktober 1978: Der Wartburg-Chef wird gefeuert

Am 13. Oktober 1978 wird Wilhelm Hellbach, seit 1966 Betriebsdirektor der Wartburg-Werke in Eisenach fristlos entlassen. Er bekommt Hausverbot für sämtliche Betriebsteile. Wenig später folgt ein Parteiverfahren, das mit einer strengen Rüge endet.

Dabei hatte Wilhelm Hellbach keineswegs Autos verschoben oder schwarz mit den begehrten Ersatzteilen gehandelt, obwohl das alles in der DDR durchaus üblich war. Sein Vergehen bestand im Bemühen, der DDR den Export weiterer Wartburgs zu sichern.

Ende der 70er Jahre waren die technisch veralteten Zweitakter im Westen nicht mehr absetzbar. Deshalb verhandelte Wilhelm Hellbach mit Renault, um wenigstens die Exportwagen mit einem Viertakter ausstatten zu können. Die Franzosen waren bereit, sofort 1000 Maschinen und 1979 noch einmal 10 000 zu liefern.

Am 16. Mai 1978 bestätigt der Ministerrat das Projekt. Auf der Herbstmesse in Leipzig sollen die Wartburgs mit den

Renault-Motoren ausgestellt werden. Die Prospekte sind schon gedruckt. Doch dann stocken die Verhandlungen mit den Franzosen. Das gibt den Zweitaktbefürwortern in der DDR-Führung Wasser auf die Mühlen. Sie betreiben das Aus für dieses Projekt, das tatsächlich kurz vor der Messe kommt. Wilhelm Hellmann hatte vorher noch einen letzten Versuch gestartet, den Motor-Einkauf zu retten. Das bringt ihm nun den Rausschmiss ein. Grund: Unerlaubte Kontakte mit einer westlichen Firma.

Zoff gab es für den Wartburg-Chef und seinen Vorgänger Martin Zimmermann, der von 1947 bis 1966 im Amt war, schon mit dem Modell 311. Mitte der 50er Jahre lief in Eisenach der F9 vom Band, und darauf sollte sich der Betrieb konzentrieren. Trotzdem entwickelte Martin Zimmermann in aller Heimlichkeit den Wartburg 311, ein Auto, das damals grenzübergreifend dem Standard und Geschmack der Zeit entsprach. 1955 stand der Wagen fertig im Labor.

War es bis dahin gelungen, die Sache geheim zu halten, stand nun die Erprobung auf der Straße an. Die Nachricht drang schnell nach Berlin, und der Wartburg-Chef wurde mit zwei Prototypen zum Ministerrat vorgeladen. Wegen verbotener Entwicklungsarbeiten gab es dort eine Strafe von 5000 Mark Bußgeld.

Doch eigentlich gefielen die im Hof des Ministerrates parkenden Autos den vorbeieilenden Genossen recht gut. Das hörten die Eisenacher und trauten sich nun, den Wartburg 311 auf der Leipziger Frühjahrsmesse 1956 auszustellen. Dort war das erste in der DDR entwickelte Auto der Knaller. Mit seinem innovativen Frontantrieb fuhr es auch der internationalen Konkurrenz davon. Die Übernahme in die Produktion ließ sich nun, zum Ärger einiger Parteibürokraten, nicht mehr aufhalten.

Martin Zimmermann bekam seine 5000 Mark zurück. Natürlich nicht als unrechtmäßig eingezogenes Bußgeld, sondern als Prämie für die Neuentwicklung. Der Wartburg-Chef glaubte, nun gewonnen zu haben und steckte seine ganze Energie in die Projektierung eines neuen Pkw-Werkes in Thüringen. Eine Kapazität von 300 000 Autos im Jahr wurde ins Auge gefasst, fünfmal soviel, wie in den engen Eisenacher Werkstätten als Obergrenze möglich gewesen wären.

Doch plötzlich lösten sich alle Zukunftsvisionen in nichts auf, da sich die Parteiführung anders entschied. Erklärungen gab es dafür nicht. Verbittert und herzkrank zog sich Martin Zimmermann 1966 zurück.

Sein Nachfolger Wilhelm Hellbach erlebte das Dilemma mit und wusste schon bei Dienstantritt, wie schnell Innovationsbemühungen im DDR-Autobau in die Hose gehen können. Die Entwicklungsarbeit lässt sich der Mann mit dem Benzin im Blut jedoch nicht einmal von oberster Stelle verbieten. In einem alten Chemiebetrieb in Buchenau bei Eisenach richtet er ein Geheimlabor ein. Das ist clever gewählt, denn damit liegt es im Sperrgebiet an der Grenze und ist nur mit Sondergenehmigung zu betreten. In Buchenau entstehen bis 1969 fünf Prototypen eines Wartburg-Coupé mit Kunststoffkarosse, Fließheck und Viertakter. Die Typbezeichnung lautet Wartburg 355.

Davon erfährt Minister Günther Kleiber. Der damals 38-jährige gelernte Elektriker ist an sowjetische Staatslimousinen vom Typ Tschaika (Die Möwe) gewöhnt, die US-Straßenkreuzern aus den 30er Jahren nachempfunden sind. Den flotten Flitzer aus der DDR beurteilt er abfällig als ein »Auto für Playboys«.

Die Arbeiten müssen sofort abgebrochen werden. Jegliche Weiterführung der Entwicklung wird unter Strafe gestellt. Ganz verloren gegangen scheinen Wilhelm Hellbachs Ideen aber doch nicht zu sein. 1973 bringt VW in Wolfsburg unter dem Namen Passat einen Pkw auf den Markt, der dem Wartburg 355 äußerlich aufs Haar gleicht. Wie das geschehen konnte, ist auch für Wilhelm Hellbach bis heute ein großes Geheimnis.

27. November 1978: Levi's am Alex

Die Zeiten, als in der DDR Nieten in Nietenhosen unerwünscht waren, sind Ende der 70er Jahre längst vorbei. Ganz im Gegenteil: FDJ-Hemd und Jeans gelten als akzeptiertes Outfit, kompliziert nur für jene, die mangels West-

Kontakt auf die echten 501 oder Wrangler verzichten müssen.

Abhilfe schafft Alexander Schalck-Golodkowski. Seine Leute kaufen im Westen ein Million Levi's für 25 Mark das Stück ein. Verkauft werden sie zum immer wieder von DDR-Propaganda beklagten Schwindelkurs von einer West- zu fünf Ostmark.

Als am 27. November 1978 im Ostberliner Centrum-Warenhaus am Alexanderplatz die Schlacht um die Levi's beginnt, kosten sie dort 149 Mark. Dennoch sind die Schlangen riesig, Kaufwillige aus allen Teilen der der Republik reisen an. Innerhalb der ersten vier Tage gehen 120 000 Jeans über die Ladentische.

Das Geschäft mit blauen Baumwollhosen lässt deren Erfinder in den USA aufmerken. Die Leute von Levi Strauss & Co. wollen gern wissen, weshalb ihre Jeans in East-Germany so gut laufen. Dabei stoßen sie auf die DDR-Konkurrenz der Marke Wisent. Das hat Folgen. Anfang 1980 trifft im Außenhandelsministerium der DDR ein Brief von Levi-Vizechef MacNeill ein:

Sehr geehrte Herren,

es ist uns zur Kenntnis gebracht worden, dass in Ostberlin Jeans auf den Markt gebracht worden sind, die das angenähte Wisent-Etikett und die bogenförmige Naht an der hinteren rechten Tasche tragen. Der Entwurf dieser Tasche mit Naht und Etikett stammt ursprünglich von Levi Strauss & CO. USA und ist ein gewisses Unterscheidungsmerkmal für Levi's Jeans. Im Interesse der Erhaltung guter Beziehungen und eines ordnungsgemäßen Marktes müssen wir darauf bestehen, dass Sie auf die Verwendung des angenähten Etiketts und der bogenförmigen Naht auf Ihren Jeans verzichten.

Mit freundlichen Grüßen

Der Brief landet beim Hersteller der Wisent-Jeans, dem VEB Bekleidungswerke Templin. Betriebsdirektor Gärtner denkt gar nicht daran, auch noch auf Etikett und Bogennaht zu verzichten, denn sein Produkt erfreut sich wegen der schlechten Stoffqualität ohnehin nur geringer Beliebtheit. Also schreibt er dem Hosenhersteller in den USA einen Brief zurück:

Sehr geehrte Herren,

die von Ihnen aufgeführte Taschengestaltung wird von unserem Betrieb bereits seit mehreren Jahren in größerem Umfang angewandt und ist dadurch für unsere Erzeugnisse in der DDR bei breiten Käuferschichten bereits bekannt ... wir beabsichtigen, die Produktion für den DDR-Markt in gleicher Weise fortzuführen ...

Das wollen sich die Levi-Leute nicht bieten lassen. Zwei Jahre lang wird zäh verhandelt. Das Unternehmen droht mit Klage. Ein Prozess um Markenpiraterie könnte dem DDR-Außenhandel nachhaltig schaden. Deshalb müssen die Templiner zurückstecken: Die umstrittene Wisent-Naht wird geändert.

09. Januar 1979: Verseuchtes Blut

Das Staatliche Kontrollinstitut für Seren und Impfstoffe der DDR (SKISI) in Berlin zieht am 9. Januar 1979 die Notbremse: Ab sofort darf eine Charge Immunglobuline zur Anti-D-Prophylaxe nicht mehr gespritzt werden. Warum?

Aus begründeter Vorsorge wird bei Schwangeren in der DDR das Immunsystem durch eine gesetzlich vorgeschriebene Impfung gestärkt. Dabei wurden zwischen August 1978 und März 1979 etwa 6800 Frauen mit Serum behandelt, das mit dem Hepatitis-C-Virus infiziert war. Die Herstellung des Serums erfolgte in der Verantwortung des Bezirksinstitutes für Blutspende- und Transfusionswesen in Halle. Im Frühjahr 1978 wurden dort 3000 Milliliter Plasma von drei Blutspendern verarbeitet, die an Hepatitis erkrankt waren.

Obwohl die zuständigen Chefs diesen Sachverhalt kannten, ließen sie die Verwendung des verseuchten Serums zu – die Planzahlen drückten. Wegen dieses Verstoßes gegen das Arzneimittelgesetz der DDR werden sie später verurteilt, die Öffentlichkeit erfährt jedoch nichts von dem Impfskandal. Er weitet sich auch nach dem Verbot des verseuchten Serums noch aus. Durch die Weiterverwendung der Waschflüssigkeit für das Blutplasma verunreinigen die Viren noch mehr Chargen des Impfstoffs. Sie werden erst am 14. März 1979 aus dem Verkehr gezogen.

Die Hepatitis-C-Infektion führt bei zahlreichen Betroffenen zu einer chronischen Leberentzündung. Gravierende Spätfolgen der damaligen Schädigung, wie Leberzirrhose oder Leberkarzinom, treten erst in jüngster Zeit zutage. Außerdem weiß bisher niemand genau, wie viele Kinder, Ehegatten und Lebenspartner eventuell angesteckt wurden.

Durch eine seit dem 9. Juni 2000 geltende Rentenregelung für die Opfer des größten Impfskandals der DDR erhalten die Betroffenen Renten zwischen 271 und 1082 Euro im Monat (Stand 2004). Dazu kamen Einmalzahlungen. Knapp 2500 Anträge wurden anerkannt.

Nebenbei: Nach den Contergan-Schädigungen in der Bundesrepublik handelt es sich bei der Verwendung des verseuchten Blutes in der DDR um den zweitgrößten Arzneimittelskandal in der deutschen Nachkriegsgeschichte.

19. Januar 1979: Eine Hausgemeinschaft wird aufgelöst

Unter der Adresse Sterndamm 34 findet sich ein schmuckloser Ostberliner Wohnblock. Trotzdem hat er eine Besonderheit, denn mindestens ein Mitglied der dort wohnenden Familien arbeitet bei der Stasi. Man sieht es gern, die komplette Hausgemeinschaft dort im Auge zu haben. Das fördert zwar nicht gerade die Konspiration, aber es erleichtert die Überwachung.

Die scheint der Stasi-Führung dringend geboten, nachdem Oberleutnant Werner Stiller am 19. Januar 1979 nicht in seine Wohnung am Sterndamm 34 zurückgekehrt ist. Stattdessen ist der 31-Jährige mit der S-Bahn über den Bahnhof Friedrichstraße in den Westen geflohen. Seine Ehefrau Erszebet, 28, erfährt davon, als zwei Männer an der Tür klingeln. Sie teilen die Republikflucht mit und verbieten der Frau, Telefongespräche anzunehmen oder bei Klingeln die Tür zu öffnen.

Dann muss sie mit ihren beiden Kindern Edina und Andreas die Wohnung verlassen. Die Familie wird bei einem Ehepaar in Wandlitz einquartiert. Jegliche Kontakte zu ihren Eltern in Ungarn sind der jungen Frau untersagt.

Nach einigen Wochen darf sich Frau Stiller auf Geheiß der ehemaligen Kollegen ihres Mannes einen neuen Wohnort in der DDR suchen. Überall, nur nicht Berlin. Auch Leipzig und Halle sind tabu, weil dort Verwandte leben. Sie wählt

Cottbus, denn dort wohnt wenigstens eine Freundin und sie wäre nicht ganz allein.

Als Erszebet Stiller schließlich in der Lausitz-Stadt eintrifft, ist die Freundin jedoch unbekannt verzogen. Die »Frau des Verräters« hört nie wieder von ihr. Am Sterndamm 34 rollen derweil die Möbelwagen an. Sämtliche Stasi-Mitarbeiter müssen umziehen. Die Stasi löst die komplette Hausgemeinschaft auf und verwischt deren Spuren.

26. März 1979: Tödlicher Solidaritätsflug

Angola im März: Tropische Hitze und eine hohe Luftfeuchtigkeit lasten auf der Hauptstadt Luanda. Durchschnittstemperaturen um 27 Grad treiben Schweiß auf die Haut und lassen körperliche Arbeit zur Tortur werden. Wer kann, döst etwas im Schatten, eine Flasche Wasser in Griffnähe.

Der 26. März 1979 ist ein besonders heißer Tag. Eine Frachtmaschine der Interflug wird beladen. Die viermotorige IL-18D mit der Kennung DM-STL hat Solidaritätsgüter aus der DDR nach Afrika geflogen, die Rückreise wird genutzt, um ein paar Tonnen Kaffee mitzunehmen.

Rund 35 Tonnen wiegt die Maschine, maximal 64 Tonnen, verteilt auf Sprit und Fracht oder Passagiere, bringen die vier Ivtschenko-Turbinen AI 20M mit ihrer Leistung von je 3125 kW in die Luft. Doch nach dem Start in Luanda stottert ein Triebwerk. Die Il-18D ist überladen. Draußen knallt die Hitze auf Rumpf und Motoren. Siebeneinhalb Meter pro Sekunde Steigleistung sollen die Propeller schaffen, doch die DM-STL kommt nicht in die Höhe.

Dann fällt die Leistung an einem Triebwerk rapide ab. Normalerweise fliegt die IL-18 auch mit drei Motoren noch sicher, aber diese ist einfach zu schwer. Kurz nach dem Start zerschellt die Interflug-Maschine in einer Senke hinter der Startbahn. Es kracht, Explosionen zerreißen den feuchtheißen Luftschleier. Das Flugzeug gerät in Brand. Alle zehn Insassen kommen ums Leben.

10. April 1979: Tod eines Botschafters

Nach sieben Jahren blutiger Diktatur, unter der rund 300 000 Oppositionelle ermordet werden, greift Ugandas Staatschef

Idi Amin (1928–2003) im Jahr 1978 seinen südlichen Nachbarn Tansania an. Den Gegenangriff im April 1979 nutzen ugandische Rebellenverbände, um den verhassten Herrscher zu stürzen. In der Hauptstadt Kampala herrscht das blanke Chaos.

Tansanische Truppen bekämpfen die letzten Getreuen des Diktators, die verschiedenen Gruppen der Befreiungskräfte heizen den Bürgerkrieg an. Überall wird geplündert und gebrandschatzt, überall fließt reichlich Alkohol.

Die DDR ist in Kampala mit einer kleinen Botschaft vertreten. Im April 1979 sind nur noch Botschafter Dr. Gottfried Lessing und sein Mitarbeiter Lothar Henschel und deren Ehefrauen vor Ort. Der sowjetische Botschafter hatte bereits am 8. April einen Autokonvoi für die Diplomaten der sozialistischen Länder auf einer noch sicheren Straße in Richtung Kenia organisiert, doch die beiden DDR-Vertreter waren nicht am Treffpunkt erschienen. Weshalb, ist bis heute ungeklärt.

Gottfried Lessing gehört zu den profiliertesten Afrika-Kennern der DDR. Der 1914 in St. Petersburg geborene Jurist geht Ende der 30er Jahre nach Großbritannien in die Emigration. Er ist Jude. Lessing landet 1939 in der britischen Kolonie Süd-Rhodesien (heute Simbabwe), wo er 1942 bis 1949 Mitbegründer und Vorsitzender der illegalen Kommunistischen Partei wird. Vor der Ausweisung schützt ihn 1944 die Heirat mit May Wisdom, heute als britische Literaturnobelpreisträgerin Doris Lessing bekannt.

Ebenso wie seine zwei Jahre ältere Schwester Irene, zur Nazizeit in Frankreich in der Emigration und später mit DDR-Kulturminister Klaus Gysi verheiratet, macht Gottfried Lessing nach der Scheidung von Frau Doris 1949 in der DDR Karriere. Er wird Präsident der Kammer für Außenhandel, arbeitet als Handelsrat in Indonesien und als Generalkonsul der DDR in Tansania.

Obwohl Gottfried Lessing und Lothar Henschel wissen müssten, dass exterritoriales Botschaftsgelände bei kriegerischen Auseinandersetzungen im Gastland immer noch den sichersten Aufenthaltsort bietet, versuchen sie gemeinsam mit ihren Ehefrauen am Abend des 10. April 1979 Kampala in zwei Autos zu verlassen. Beide Pkws werden kurz darauf in der Nähe des Sportplatzes von Granaten getroffen, die von Angehörigen einer der Rebellengruppen abgefeuert werden. Die Autos explodieren. Die beiden DDR-Diplomaten und ihre Frauen werden aus den Wagen geschleudert und sind sofort tot.

Mit vielen anderen Toten liegen sie tagelang in der heißen Sonne auf der Straße. Erst als sich die Lage in Kampala wieder einigermaßen beruhigt hat, kommt ein Transporter vorbei und sammelt die Opfer der blutigen Kämpfe ein. Sie werden in einem Massengrab beerdigt.

In der DDR ist derweil bekannt, dass Gottfried Lessing, Lothar Henschel und die beiden Frauen vermisst werden. Eine Untersuchung der zerschossenen Autowracks in der ugandischen Hauptstadt bringt die Gewissheit, dass sie der DDR-Botschaft gehörten. Daraufhin werden die Toten aus dem Massengrab exhumiert. Mitarbeiter der DDR-Botschaft in Daressalam, darunter der dritte Sekretär Frank N., im Nebenjob Hauptmann in der Hauptverwaltung Aufklärung des Ministeriums für Staatssicherheit der DDR, identifizieren die Leichen.

Die genauen Umstände des Todes von Gottfried Lessing und der drei anderen DDR-Bürger sind bis heute ungeklärt. Anfang der 80er Jahre kursieren Gerüchte, dass der südafrikanische Geheimdienst seine Finger im Spiel gehabt haben könnte, denn dort galt Gottfried Lessing wegen seiner politischen Tätigkeit in Süd-Rhodesien als Agent des KGB.

14. April 1979: Erst das Geld und dann die Ware

Für den Einkauf von Westwaren im Intershop dreht die DDR am 14. April 1979 die goldene Kaufmannsregel »Erst die Ware, dann das Geld« einfach um. Wer über Westgeld verfügt, das ist seit 1. Februar 1974 DDR-Bürgern erlaubt, muss dieses innerhalb von 24 Stunden nach Erhalt bei der Staatsbank der DDR in Forumschecks umtauschen. Damit ist dann der Einkauf im Intershop möglich.

Die Schecks werden von der Forum Außenhandelsgesellschaft mbH ausgestellt. Das ist der Außenhandelsbetrieb im Devisenbereich des Ministeriums für Außenhandel, der die

Waren im Westen einkauft. Er gehört zum Bereich Kommerzielle Koordinierung und wird von Staatssekretär Alexander Schalck-Golodkowski geleitet.

Die Forumschecks gibt es in der Stückelung von 0,50, 1, 5, 10, 50, 100 und 500 Mark. Der Umtausch bei der Staatsbank ist gebührenfrei und anonym. Einen Rücktausch in DM oder eine andere frei konvertierbare Währung und ein Verfallsdatum der Schecks gibt es nicht. Unmittelbar vor der Wirtschafts-, Währungs- und Sozialunion zwischen der DDR und der Bundesrepublik Deutschland am 1. Juli 1990 war jedoch für einen begrenzten Zeitraum der Umtausch in DM möglich.

Bei Zahlungen von weniger als 50 Pfennigen im Intershop wurde statt Wechselgeld in Naturalien herausgegeben. Das geschah meist mit kleinen Milka-Schokoladentäfelchen oder Kaugummi.

In der DDR gerieten die Forumschecks bald zu einer zweiten Währung. Sie wurde vor allem dann gehandelt, wenn es um rare Handwerkerdienstleistungen ging. Der Volksmund spottete: Frage an den Handwerker: Hätten Sie vielleicht mal Zeit für mich …? Antwort: Forum geht es denn …?

Die Einführung der Forumschecks hatte einen politischen Hintergrund. Erich Honecker wollte damit die sowjetische Führung beruhigen, die befürchtete, die Geldgeschenke aus dem Westen würden die Bande zwischen den beiden deutschen Staaten stärken, und die die Intershops für DDR-Bürger gern abschaffen wollte.

Das DDR-Finanzministerium war allerdings auf diese Art der Devisenbeschaffung von harter Westmark angewiesen. Eine Schließung der Intershops konnte sich die devisenschwache DDR also nicht leisten. Betrug der Umsatz im Jahr 1971 noch 92 Millionen DM im Jahr, kletterte er bis 1988 auf jährlich mehr als das Zehnfache – 1,1 Milliarden Mark!

05. August 1979: Kaperversuch bei der Volksmarine

Das DDR-Küstenschutzschiff Graal Müritz dümpelt am 5. August 1979 in der Kühlungsborner Bucht. Obermaat Bodo Strehlow hat alles genau überlegt: Acht Seemeilen bis zur Seegrenze der Bundesrepublik, dann könne ihm nichts mehr passieren, meint der 22-Jährige. Eine Sache von Minuten.

Bodo Strehlow ist zum Äußersten entschlossen. Er will das Schiff entführen und so mit Gewalt in den Westen fliehen. Mit vorgehaltener Pistole treibt er die wegen Urlaubs schon etwas ausgedünnte Mannschaft unter Deck und schließt sie dort ein. Dann wirft er den Hebel im Fahrerstand auf Vollgas und legt Kurs West an. Der Leuchtturm Dahmeshöved in der Lübecker Bucht ist sein Ziel.

Bodo Strehlow hofft, dass niemand seinen Kurs kreuzt, denn manövrieren kann er das Schiff der Kondor-Klasse nicht. Alles scheint glatt zu laufen – bis plötzlich eine Explosion über die Ostsee peitscht.

Kapitän Jürgen Herrmann hatte mit einer Handgranate den Aufgang zum Deck freigesprengt. Die Matrosen nehmen den Flüchtling unter Feuer. Eine zweite Handgranate explodiert nur zwei Meter neben ihm. Bodo Strehlow bricht blutüberströmt zusammen: Sein linkes Auge ist zerstört, beide Trommelfelle sind geplatzt, er hat Verletzungen an Armen und Beinen.

Das Schiff rast in DDR-Gewässer zurück. Schwer verletzt liegt Bodo Strehlow auf dem Deck, die meisten halten ihn für tot. Doch der Flüchtling hat überlebt. Es folgen Verhöre durch die Stasi. Strehlows Freundes- und Bekanntenkreis wird schikaniert. In einem Geheimprozess verurteilt ihn das Militärobergericht 1980 wegen elffachen Mordversuchs, Fahnenflucht, Spionage und Terrors zu lebenslanger Haft. Mehr als zehn Jahre sitzt er in Bautzen II.

Über einen Mithäftling gelingt es Bodo Strehlow, einen Kassiber an den bayerischen Ministerpräsidenten Franz Josef Strauß zu senden. Er schreibt: »Ich versichere Ihnen, dass ich kein Terrorist bin und niemals versucht hätte, gewaltsam zu flüchten, wenn ich nicht im Laufe meiner Dienstzeit bei der Marine Augenzeuge geworden wäre, wie Flüchtlinge auf hoher See unter Drohung mit Schusswaffen an der Flucht gehindert und verhaftet wurden.«

Dennoch scheitern alle Bemühungen, den Schwerbeschädigten freizukaufen. Erst sechs Wochen nach dem Fall der

Mauer, nach genau 3791 Tagen Isolationshaft, kommt Bodo Strehlow frei. Im Westen studiert er Physik, heiratet und baut sich ein Computergeschäft in Heidelberg auf.

06. Oktober 1979: Ein S-Bahn-Unfall in Berlin

Es gibt Unfälle, bei denen scheint der Zeitpunkt wichtiger als das Ereignis zu sein. Dazu gehört der schwere Auffahrunfall bei der Berliner S-Bahn am 6. Oktober 1979 zwischen den S-Bahnhöfen Jannowitzbrücke und Alexanderplatz.

Es ist der Vorabend des 30. Jahrestages der DDR am 7. Oktober. Für dieses Jubiläum sind Delegationen aus allen Teilen der Welt angereist, die NVA wird paradieren und Ostberlin hat sich besonders festlich herausgeputzt.

Als es gegen 16 Uhr kracht, muss alles sehr schnell gehen. Auswirkungen auf das große Fest – zum Beispiel durch die Störung der Anreise jubelnder Werktätiger ins Stadtzentrum – müssen auf jeden Fall verhindert werden. Sofort wird auf dem Fernbahngleis zwischen Ostbahnhof und Alexanderplatz mit Zügen des Nahverkehrs ein Ersatzverkehr eingerichtet. Nach nur vier Stunden, um 20 Uhr, rollt der S-Bahn-Verkehr wieder.

Die zehn Leichtverletzten wurden inzwischen ambulant versorgt. Drei Viertelzüge der Baureihen 275 und 277 sind schwer beschäftigt. An der Dircksenstraße drohte ein entgleister S-Bahn-Wagen vom Bahndamm auf die Straße abzustürzen, aber ein größerer Schaden konnte verhindert werden.

Die Feierlichkeiten zum DDR-Feiertag verlaufen ohne weitere Störungen. Auch bei der S-Bahn kann die Stasi keinerlei Sabotage als Unfallursache entdecken – der Triebwagenfahrer hatte einfach einen Moment einmal nicht aufgepasst.

18. Dezember 1979: Ossis aus Namibia

So wie manch alter Ovambo in Namibia weißen Touristen sein von den Truppen Kaiser Wilhelms gelerntes »rechtsum, zack-zack« entgegenschmetterte, lassen manche jungen Leute nichts auf die untergegangene DDR kommen. »Wir sind die Ossis aus Namibia«, sagt Patrick Hashingola, 36, aus Windhoek in fließendem Deutsch.

Am 18. Dezember 1979 war er mit 79 anderen Kindern im damals verschneiten Ostberlin angekommen. Seine Geschichte ist typisch für die afrikanischen DDR-Kinder. Patrick ist gerade vier Jahre alt, als er 1976 aus seiner Heimat nach Angola fliehen muss. Es herrscht Bürgerkrieg in Namibia, die südwestafrikanische Volksorganisation SWAPO kämpft gegen die Armee Südafrikas. Er landet im Flüchtlingslager Kwanza Sul. Doch bald sind auch die Lager in Angola nicht mehr sicher. 1978 massakrieren die Südafrikaner 600 Namibier in Kassinga, im Süden Angolas.

SWAPO-Chef Sam Nujoma bittet weltweit um Hilfe. Die DDR bietet an, Flüchtlingskinder aufzunehmen. Bis 1988 kommen insgesamt 430 Kinder aus Namibia in die DDR. Dann, am 21. März 1990, wird das afrikanische Land unabhängig. Gleichzeitig zeichnet sich das Ende der DDR ab. Deshalb verhandeln beide Regierungen vom 28. bis 31. Mai 1990 über die Rückführung der DDR-Kinder. Namibias Minister für Erziehung, Kultur und Sport, Nahas Angula, erfährt, dass 291 Kinder in die Schule der Freundschaft in Staßfurt gehen und 134 Kinder im Vorschulalter im Kinderheim Bellin bei Güstrow leben. Außerdem gibt es noch acht Kleinkinder und 29 Erzieherinnen und Erzieher.

Vom 26. bis 31. August 1990 kehren alle zurück nach Afrika. Sie werden von den Volkskammer-Abgeordneten Anne-Katrin Glase (CDU) und Jürgen Leskien (PDS) begleitet. Auf viele der schwarzen Ossis wirkt die Rückkehr wie ein Kulturschock. Es gibt Probleme bei der Reintegration in die Familien. Andererseits haben die DDR-Kinder durch ihre gute Ausbildung und die perfekten deutschen Sprachkenntnisse im immer noch deutsch geprägten Namibia auch gute berufliche Chancen.

Patrick Hashingola zum Beispiel wird PR-Manager, eine Karriere, die ihm ohne die elf Jahre in der DDR wahrscheinlich verschlossen geblieben wäre. »Auch wenn wir uns inzwischen lieber Omulaule nennen, das heißt schwarzer Mann in der Ovambo-Sprache, werden wir unsere zweite Heimat nicht vergessen«, sagt der Mann. »Die DDR hat damals vielen von uns das Leben gerettet.«

31. Dezember 1979: Piraten vor Westafrika

In seiner Bilanz des Jahres 1979 hat der VEB Deutfracht Seereederei Rostock Verschlusssachen zu vermerken, von denen man glaubt, es gebe sie gar nicht mehr: Piratenüberfälle.

Natürlich sind es längst nicht mehr die Freibeuter mit Augenklappe, Holzbein und krächzendem Papagei auf der Schulter, die die Weltmeere unsicher machen. Die modernen Piraten kommen bei Nacht und Nebel mit Schnellbooten längsseits, entern die großen Frachter und rauben die Mannschaft aus. Das geht meist blitzschnell, manche Seegebiete, wie die Straße von Malakka, aber auch die küstennahen Reeden überall dort, wo an Land bitterste Armut herrscht, sind berüchtigt.

Das MS Werner Seelenbinder und das MS Wittenberge erwischte es vor Westafrika. Die DDR unterhält dorthin einen Liniendienst mit Stückgutfrachtern mittlerer Tonnage, so um die 6000 Bruttoregistertonnen. Er wird gemeinsam mit der Polish Ocean Line aus Polen und der Estonian Shipping Company aus der Sowjetunion betrieben.

Die Piraten vor Westafrika suchen keine Konfrontation, wie es anderswo üblich ist, wo schnell geschossen wird. Sie schleichen sich am liebsten unauffällig an Bord und stehlen alles, was nicht niet- und nagelfest ist. Die Seereederei macht sich Gedanken, um erhöhte Sicherheitsmaßnahmen auf ihren Schiffen. Manchmal genügt es schon, wenn sie mit heller Beleuchtung auf der Reede liegen. In besonders gefährdeten Gebieten werden auch Feuerlöschschläuche unter Druck gehalten und extra Wachen aufgestellt. Andere Schiffe sichern ihre Reling mit Stacheldraht und setzen auf ein paar handfeste Kerle in ihrer Mannschaft, die ihre Knüppel selbst in der Koje griffbereit haben.

Für die DDR ist der Einsatz von Gewalt ein schwieriges Problem, denn sie fühlt sich mit den armen afrikanischen Ländern solidarisch verbunden. Andererseits ist natürlich die Sicherheit des Schiffs zu garantieren. Und so gehören die DSR-Kapitäne zwar zu den Waffenträgern, aber die Pistole muss – auch auf See herrscht Bürokratie – im Safe verschlossen sein. Natürlich von der Munition getrennt.

DIE ACHTZIGER JAHRE UND
DAS ENDE DER DDR

25. Februar 1980: Bluesmessen ärgern den Bürgermeister

Am 25. Februar 1980 bestellt der Stellvertreter des Stadt-bezirksbürgermeisters für Inneres des Stadtbezirkes Friedrichshain in Ostberlin den Bürger Rainer Eppelmann, 37, ein. Sein Ansinnen an den gelernten Maurer, Wehrdienstverweigerer und Pfarrer: Er möge sofort die Bluesmessen in der Samariterkirche einstellen.

Diese Veranstaltungen sind zu jener Zeit der Geheimtipp unter aufmüpfigen Jugendlichen. Die Idee ist genial: Blueskonzerte finden als Gottesdienst mit Gebeten, Diskussionsrunden und Predigten statt. Das haben sich der 29-jährige Musiker Günter Holwas (Hollys Bluesband) und der Pfarrer Rainer Eppelmann ausgedacht. So wird die Kirche zum Sammelpunkt von Leuten, die zwar nicht unbedingt an Gott glauben, aber aus dem engen ideologischen Korsett von FDJ und SED ausbrechen wollen.

Die erste Bluesmesse in der Samariterkirche findet 1979 während des Pfingsttreffens der FDJ statt. Die Teilnehmerzahlen explodieren von ein paar Hundert auf mehrere Tausend. Manche Veranstaltungen müssen mehrfach wiederholt werden und bevölkern bald auch die Erlöserkirche, die Zionskirche und die Gethsemanekirche. Ein neues Gefühl von Gemeinschaft entsteht. In der Kirche fühlen sich die Menschen sicher. Tabuthemen von Übergriffen sowjetischer Soldaten bis zum Umweltschutz werden diskutiert. Ein Forum der DDR-Opposition entsteht. Dagegen kämpft die Stasi mit aller Macht. Die Bluesmessen sind von Spitzeln durchsetzt, die stattlichen Behörden machen Druck.

Aber auch der evangelischen Kirche passen die Veranstaltungen nicht ins Konzept. Sie setzt auf »Kirche im Sozialismus« und will bei der SED nicht anecken. Die Kirchenleitung distanziert sich von den Veranstaltern, und Pfarrer Rainer Eppelmann ist auf sich allein gestellt. Deshalb werden 1983 die Bluesmessen auf Druck der DDR-Organe und wegen der Entsolidarisierung innerhalb der Kirche wieder abgeschafft.

09. März 1980: Der Panzersprenger von Karl-Marx-Stadt

Im Fernsehen läuft »Polizeiruf 110«. Schnee- und Nieselregen lassen diesen Sonntag, es ist der 9. März 1980, besonders dunkel erscheinen.

Kurz nach 21 Uhr lädt Josef Kneifel an seinem Häuschen in Niederlichtenau bei Karl-Marx-Stadt (heute Chemnitz) eine selbst gebastelte Elf-Kilogramm-Bombe in seinen aschgrauen Trabant Kombi. Das Nummernschild hat er überklebt. Das Ziel des 38-Jährigen ist der Panzer mit der Nummer 195, eines der DDR-typischen Panzermonumente der Sowjets. Dieser T-34 steht am Zusammenlauf der Dresdner und der Frankenberger Straße in Karl-Marx-Stadt.

Josef Kneifel will den Koloss vom Sockel werfen. Doch das schafft seine Bombe in der Gasflasche nicht. Der dumpfe Knall schleudert ein 250 Kilo schweres Laufrad des Panzers 50 Meter weit. In der Umgebung zerbersten die Fensterscheiben. Wie durch ein Wunder wird niemand verletzt.

»Der reale Sozialismus hatte es geschafft, einen Bücherwurm zum Terroristen zu machen«, sagt Josef Kneifel 25 Jahre später.

Wegen staatsfeindlicher Hetze verurteilte ein Gericht den gelernten Dreher und Werkzeugmacher schon einmal, am 28. August 1975, zu einer zehnmonatigen Haftstrafe. »Die zehn Monate haben mir die Seele verätzt«, erinnert er sich. Mit seiner Bombe wollte er nun gegen den Einmarsch der sowjetischen Truppen in Afghanistan protestieren. Die Stasi sucht zeitweise mit bis zu 6000 Leuten nach dem »Terroristen«. Das Abhören eines Pfarramtes in der Lauschaktion Theo I führt die Ermittler schließlich auf Josef Kneifels Spur. Am 9. März 1981 beginnt vor dem Bezirksgericht Karl-Marx-Stadt der Prozess, der mit dem Urteil lebenslänglich endet. Sein Freund Horst K. der beim Bau der Bombe half, wird zu zwölf Jahren Haft verurteilt, Kneifels Frau Irmgard bekommt als Mitwisserin zwei Jahre und auch sein Sohn erhält eine Bewährungsstrafe.

In der Haft leistet Josef Kneifel fanatischen, hasserfüllten

Widerstand. Hungerstreik mit 14-monatiger Zwangsernährung, Schläge und Isolationshaft ruinieren seine Gesundheit. Unmittelbar vor dem Besuch Erich Honeckers 1987 in der Bundesrepublik wird er freigekauft und in den Westen entlassen.

Josef Kneifel bekommt zwar eine Entschädigung als politischer Gefangener, die Rehabilitierung wird ihm nach dem Ende der DDR jedoch verwehrt, weil er mit seinem Anschlag Menschen in Gefahr gebracht hatte.

08. Mai 1980: Ein Kindergrab in Schönow

Im märkischen Schönow bei Bernau besuchen Loki Schmidt, 61 Jahre und Gattin des deutschen Bundeskanzlers, und Helga Vogel, zweite Ehefrau des in deutsch-deutschen Geschäften tätigen Rechtsanwalts Wolfgang Vogel, 1981 ein unscheinbares Kindergrab. Das hat seine Vorgeschichte, die über ein Jahr zurückreicht.

8. Mai 1980. In der Residenz des westdeutschen Botschafters in Belgrad treffen sich Erich Honecker und Helmut Schmidt. Jugoslawiens Staatsoberhaupt Josip Broz Tito war am 4. Mai drei Tage vor seinem 92. Geburtstag gestorben, und es ist durchaus üblich, dass Spitzenpolitiker Trauerfeierlichkeiten für bilaterale Kontakte nutzen.

Als Erich Honecker mit preußischer Pünktlichkeit erscheint, empfängt ihn Helmut Schmidt noch auf Strümpfen. Locker meint der Gast: »Das macht doch nichts, das ist bequemer«, und so beginnt das Gespräch recht ungezwungen. Die Männer kennen sich, haben sich 1975 bei der Konferenz für Sicherheit und Zusammenarbeit in Europa (KSZE) in Helsinki zum ersten Mal gesehen. Damals gab sich Honecker steif und verklemmt und Schmidt herablassend und arrogant.

Das ist nun vergessen. Beide Staatschefs ringen um ein gutes Klima, denn amerikanische und sowjetische Mittelstreckenraketen bedrohen besonders die beiden deutschen Staaten. So versuchen sie neben kühler Diplomatie auch Emotionen in die Gespräche einzubringen.

Dazu dient der DDR-Seite das Kindergrab in Schönow. Dort ist der erste Sohn von Helmut und Loki Schmidt begraben. Erich Honecker bietet dem Kanzler an, in aller Stille das Grab ihres Kindes zu besuchen. Zuerst kommt seine Frau, später auch Schmidt selbst.

Es ist für die beiden eine Reise in die Vergangenheit.

Als Flak-Oberleutnant war Helmut Schmidt während des Krieges in Bernau stationiert. Seine Frau Hannelore, genannt Loki, diente als Flakhelferin. Am 26. Juni 1944 wurde Sohn Helmut Walter Schmidt geboren. Das Kind ist behindert und erkrankt nach wenigen Monaten schwer. Im Februar 1945 stirbt es, wahrscheinlich an Meningitis. Es wird in Schönow begraben.

Der dort tätige Pfarrer Norbert Lautenschläger und seine Gemeinde haben die Grabstätte über Jahre gepflegt und erhalten. Im November 1982 setzen sie sogar einen Findling zur Erinnerung an Helmut Walter. Dafür ist der SPD-Politiker dankbar. Über diskrete diplomatische Kanäle lädt er die Pfarrersfamilie zum Kanzlerfest nach Bonn ein. Rechtsanwalt Wolfgang Vogel bringt die Lautenschlägers mit seinem Mercedes zum Flughafen Tegel.

Pfarrer Lautenschläger erinnert sich daran, dass es auch danach oft Besuche am Grab des verstorbenen Sohnes gab. Einmal habe seine Frau Angelika die Gäste aus dem Westen sogar mit einem großen Topf Kartoffelsuppe bewirtet – deutsch-deutsche Beziehungen über die auf beiden Seiten des Eisernen Vorhangs nicht viel geredet wurde.

14. Juni 1980: Tödliche Verkehrsunfälle

Auf der Autobahn bei Karl-Marx-Stadt (heute Chemnitz) kommt jede Hilfe zu spät. Am 14. Juni 1980 fährt ein Pkw auf einen unbeleuchtet abgestellten Lastwagen der sowjetischen Armee auf. Die Polizei muss drei Tote bergen.

Unfälle wie dieser sind typisch für das Verhalten der Sowjets im Straßenverkehr. Nichtbeachten der Vorschriften, technische Defekte, mangelhafte Ausbildung, Übermüdung der Fahrer und Alkohol führen immer wieder zu schweren Zwischenfällen.

Am 7. Februar 1980 verunglückt ein Mopedfahrer bei Benkendorf im Kreis Saalfeld tödlich, als er auf einen ungesicherten Brückenlegepanzer auffährt. Dessen Batterie war leer, die Lichtmaschine kaputt. Ein anderer Zweiradfahrer stirbt, als ihn am 20. Mai 1980 bei Wintersdorf im Kreis Altenburg ein URAL 375 mit defekten Bremsen auf seiner Fahrspur überrollt. Drei Menschen in einem Trabant sterben am 12. Januar 1981 im Kreis Röbel durch einen unsachgemäß abgeschleppten und dadurch unlenkbaren Schützenpanzer.

Obwohl Verkehrsunfälle während der gesamten Besatzungszeit vorkommen, bezeugen zum Beispiel die Zahlen aus den Jahren 1980 und 1981 die Brisanz des Problems. Allein in diesen beiden Jahren gibt es 2987 Verkehrsunfälle mit sowjetischer Beteiligung. Bei 2551 Unfällen liegt die Schuld bei Angehörigen der GSSD. Es werden 94 DDR-Bürger und 53 sowjetische Bürger getötet. Dazu kommen 207 deutsche Schwer- und 731 Mittel- und Leichtverletzte. Der Sachschaden (ohne Folgeschäden wie Renten, Ausgleichszahlungen) beträgt 7 504 450 Mark. An den Unfällen sind 55 Panzer, 89 Schützenpanzer, 1996 Lkws, 286 Pkws, 28 Kräder und 97 Busse beteiligt.

Die Militärstaatsanwaltschaft der DDR stellt fest, dass die sowjetischen Behörden oft trotz eindeutiger Beweislage die Schuld leugnen. In Einzelfällen konstatiert sie Versuche, Zeugen zu beeinflussen, manchmal auch durch Bestechung und Drohungen.

Wenn solche Vorkommnisse zu erheblichen negativen Diskussionen unter der Bevölkerung führen, reagieren die Sowjets auch mit harten Strafen. So wird zum Beispiel ein Fähnrich, der am 17. September 1987 auf der F 96 Richtung Berlin betrunken und ohne Fahrerlaubnis mit seinem Lkw die vier Insassen eines Trabant tötet, zu einer Freiheitsstrafe von neun Jahren verurteilt. Zeitzeugen berichten in diesem Zusammenhang auch davon, dass sowjetische Soldaten nach von ihnen verursachten Verkehrsunfällen von Vorgesetzten geschlagen und brutal abtransportiert wurden. Das prominenteste Opfer eines Verkehrsunfalls mit sowjetischer Beteiligung war Armeegeneral Heinz Keßler, Chef der politischen Hauptverwaltung der NVA. Am 4. Januar 1971 fuhr der Dienstwagen des 51-Jährigen etwa 40 Kilometer vor Königs Wusterhausen auf der Autobahn auf einen links abgestellten, unbeleuchteten Lkw auf. Trotz eines neunmonatigen Krankenhausaufenthaltes blieb Heinz Keßler zeitlebens gehbehindert.

02. Februar 1981: Der berüchtigte Schallausfall

Nur Brecht hatte es vorausgesehen. In dem bis 1988 in der DDR unveröffentlichten Text »In den neunziger Jahren des zwanzigsten Jahrhunderts« hatte er nicht nur das Ende der Reisefreiheit prophezeit, »da der Sehfunk jetzt alles zeigte, was für Delegationen in Frage kam«, sondern auch »den berüchtigten Schallausfall des Jahres 87: Agenten hatten es vermocht, die permanenten musikalischen Rundfunksendungen für über zwanzig Minuten zu unterbrechen, glücklicherweise in der Nacht, wo die Komponisten des neunten Jahrhunderts gespielt wurden, Musik des revolutionären Feudalismus …«

Am 2. Februar 1981 tritt der Schallausfall wirklich ein. Mitten in der Hauptsendezeit, um 16.25 Uhr, schweigen plötzlich alle Programme des Rundfunks der DDR für nahezu 20 Minuten, bevor ein verjaultes Musikprogramm einsetzt, bereitgehalten für einen Notfall, an den niemand geglaubt hatte. Eine Spannungsschwankung, ein so genannter Netzwischer, hat die Netzersatzanlage automatisch zum Anlauf und nach sieben Sekunden zur Übernahme der Stromversorgung im technischen Netz des Funkhauses gebracht. Da der Generator jedoch eine viel zu hohe Spannung liefert, schaltet sich die Anlage ab. Alle Versuche scheitern, die Automatik zu überlisten und auf das Stadtnetz zurückzuschalten oder das zweite Dieselaggregat in Betrieb zu nehmen, einen U-Boot-Generator, Baujahr 1941. Obwohl das Licht im Funkhaus nach einem kurzen Flackern überall brennt – nur in den technischen Räumen nicht, gelingt es erst nach einer Stunde, den Fehler zu beheben.

In der Öffentlichkeit erregt der Schallausfall keinerlei Aufsehen. Nicht einmal die Westmedien – und auf deren Reaktion kommt es den ZK-Zuständigen jederzeit mehr an als auf die Hörer in der DDR – melden das Vorkommnis.

Drei Jahre zuvor, am 18. Mai 1978, war es am Langwellensender Zehlendorf bei Oranienburg beinahe zu einer Katastrophe gekommen, als eine sowjetische MiG 21 eine Abspannung des 351 Meter hohen Stahlmastes zerriss. Der Mast des stärksten Senders in der DDR fiel in sich zusammen, ohne das Sendergebäude zu beschädigen. Sowjetische Spezialisten bauten einen neuen Mast von 359,7 Metern Höhe auf, der noch heute in Betrieb ist.

12. April 1981: Tod im Stasi-Knast

Mit dem eigenen Hemd an der Heizung erhängt. Die Protokollnotiz der Stasi über den Tod von Matthias Domaschk am 12. April 1981 im MfS-Gefängnis Gera zweifeln die Freunde des damals 23-Jährigen bis heute an.

Am Freitag, dem 10. April ist Matthias Domaschk auf dem Weg von Jena nach Berlin. Er will zu einer Geburtstagsfeier. Gegen 21 Uhr holt ihn in Jüterbog die Transportpolizei aus dem Zug. Der junge Mann, der kein Abi machen durfte, in der Jungen Gemeinde aktiv ist und sich für einen sozialen Friedensdienst in der DDR statt Wehrpflicht engagiert, wird mit einer Knebelkette abgeführt.

Es dauert noch rund 24 Stunden, bis er dann im Untersuchungsgefängnis Gera eintrifft. Vom Abend des 11. bis zum Mittag des 12. April verhört ihn die Stasi ununterbrochen. Wenig später ist er tot.

Selbstmord als Verzweiflungstat, Unfall oder vielleicht sogar Mord – die Frage ist bis heute ungeklärt. Es gibt keinen Obduktionsbericht. Auch mehrere Gerichtsverhandlungen nach dem Ende der DDR konnten sie nicht zweifelsfrei klären. Anklagen gegen insgesamt neun ehemalige Stasi-Offiziere können nur wegen Freiheitsberaubung erhoben werden und enden mit sehr geringen Geldbußen.

Der Tod von Matthias Domaschk 1981 ist innerhalb der schwachen DDR-Opposition ein Fanal. In seiner Folge kommt es zu öffentlichen Protestaktionen, die der schweigenden Mehrheit in der DDR Mut machen. Spektakulär ist die Aufstellung einer Sandsteinskulptur von Michael Blumhagen am 9. April 1982 auf dem Jenaer Johannisfriedhof. Vier Tage später transportiert die Stasi den 200-Kilo-Stein, der an Mathias Domaschk erinnern sollte, per Lada mit Anhänger ab. Bürgerrechtler Roland Jahn, damals 27, fotografiert heimlich die Aktion und schmuggelt die Bilder in den Westen. Sie werden im »Spiegel« veröffentlicht.

11. Juni 1981: Die Rache der schlechten Reichsbahn-Gleise

Den Bahnhof Erfurt-Bischleben passiert der D 1453 von Düsseldorf bis Karl-Marx-Stadt planmäßig mit einer zugelassenen Höchstgeschwindigkeit von 120 km/h. Als er am 11. Juni 1981 gegen 16.55 Uhr auf diese Geschwindigkeit Uhr beschleunigt hat, bemerkt der Triebfahrzeugführer eine Gleisverwerfung. Die Schienen auf Höhe des Empfangsgebäudes liegen nicht parallel. Sofort leitet er mit seiner Lok 132 009 vom Bahnbetriebswerk Eisenach eine Schnellbremsung ein.

Trotzdem werden Wagen vier und fünf aus dem Gleis geschleudert. Sie stürzen eine Böschung hinunter. Alle nachfolgenden Wagen entgleisen. Bei dem Unfall finden 14 Reisende den Tod, 93 erleiden Verletzungen.

Noch am Abend trifft DDR-Verkehrsminister Otto Arndt (1920–1997) in Erfurt ein. Er kennt den Zustand der Reichsbahn-Gleise, und der ist seit Jahren erbärmlich. Die nachfolgenden Untersuchungen ergeben dann auch Verdachtsmomente auf bislang ignorierte Mängel am Oberbau und Schienenspannungen. Allerdings kann das alles nicht endgültig geklärt werden, weil die Zerstörungen durch den Unfall Spuren vernichtet haben. Ein diesbezügliches Ermittlungsverfahren der Staatsanwaltschaft Erfurt wird aus diesem Grunde eingestellt.

In der DDR entstand im Zusammenhang mit dem Unfall das Gerücht, die Schienenverwerfungen sei durch schwere Militärfahrzeuge verursacht worden, die unerlaubt die Bahnanlagen überquerten. Beweise dafür liegen nicht vor.

Nebenbei: Als Rentner erinnert sich Otto Arndt 1995 noch mit Schaudern an seine erste Tätigkeit am Morgen eines jeden Arbeitstages: »Das war die Kontrolle, ob in der Nacht irgendwo Züge entgleist waren, denn die überalterten Gleise waren unser größter Schwachpunkt.«

26. Juni 1981: Nahschuss ins Hinterhaupt

Am 26. Juni 1981 um 10.10 Uhr richtet VP-Hauptmann und Henker Hermann Lorenz in der Hinrichtungsstätte des Leipziger Gefängnisses mit einer schallgedämpften Pistole Walther P38 Werner Teske durch einen Nahschuss ins Hinterhaupt hin.

Der Stasi-Hauptmann war wegen Spionage im schweren Fall verurteilt worden. Er hatte seine Flucht in den Westen vorbereitet und MfS-Gelder unterschlagen. Die Tat, für die er sterben musste, führte er jedoch nicht aus. Damit ist diese letzte offizielle Hinrichtung in der DDR noch einmal typisch für den Umgang mit der Todesstrafe seit 1949. Das Strafgesetzbuch der DDR sieht sie als Höchststrafe für NS-Verbrechen, Staatsverbrechen gegen die DDR und schweren Mord vor.

Die Todesstrafe ist in den ersten Jahren immer auch eine Abschreckungsstrafe, die oftmals aus politischen Gründen ausgesprochen wird. Später, besonders seit die UNO ab 1975 über Todesurteile ihrer Mitgliedsstaaten informiert werden will, wird die Vollstreckung geheim gehalten. Mit gefälschten Totenscheinen – bei Teske ist als Todesursache Herzversagen und als Todesort Stendal vermerkt – werden die sterblichen Überreste der Delinquenten als anonyme Anatomieleichen verbrannt.

Bis 1967 wird die Todesstrafe in der DDR mit der Guillo-tine, in der DDR Fallschwertmaschine genannt, vollstreckt. Hinrichtungsorte waren Dresden, Frankfurt/Oder und Leipzig. Da die Guillotine mehrfach im Körper der Delinquenten stecken blieb und so einen langsamen, qualvollen Tod verursachte, legte eine neue Vollstreckungsordnung ab 1968 den unerwarteten Nahschuss als humanere Tötungsart fest. Hat der Verurteilte laut Dienstanweisung des Chefs der VP von 1954 noch das Recht »auf eine besondere Speise«, die allerdings »den Wert von DM 10 je Verurteilten nicht übersteigt«, hieß es 1968 nur noch: »Dem Verurteilten kann ein letzter Wunsch gewährt werden.« Danach hat der Staatsanwalt zwei Sätze zu sprechen: »Ihr Gnadengesuch ist abgelehnt. Ihre Hinrichtung steht unmittelbar bevor.« Dann waltet der Henker seines Amtes.

Bereits im Vorfeld der Gerichtsverhandlungen müssen sich

die Staatsanwälte einen beabsichtigten Antrag auf Todesstrafe vom Politbüro der SED genehmigen lassen. Es ist belegt, dass Walter Ulbricht mehrfach persönlich geplante Zuchthausstrafen in Todesstrafen umwandelte und Erich Honecker hingegen vorgeschlagene Todesstrafen in einigen Fällen nicht genehmigte.

Abgeschafft wurde die Todesstrafe am 17. Juli 1987 im Zuge der Vorbereitung der Reise Erich Honeckers in die Bundesrepublik. Dies geschah offenbar in Eile, denn eigentlich hätte dieser Schritt qua Verfassung von der Volkskammer vollzogen werden müssen. Tatsächlich entschied der Staatsrat der DDR auf Empfehlung des Politbüros der SED. Die Abgeordneten der Volkskammer durften ihre Zustimmung erst ein halbes Jahr später geben. Die Zahl der in der DDR Hingerichteten ist bis heute strittig. Neueste Forschungen gehen von 227 zum Tode Verurteilte und 166 Hinrichtungen aus.

Nebenbei: Bis zur offiziellen Beendigung der »Viermächte-Verantwortung in Berlin und Deutschland als Ganzes« durch den 2+4-Vertrag vom 12. September 1990 zwischen den beiden deutschen Staaten, der Sowjetunion, Großbritannien und Frankreich, der am 15. März 1991 in Kraft trat, galt in Berlin auf der Grundlage der Alliierten-Verordnung 511 für Waffenbesitz die Todesstrafe. Obwohl sie seit der unmittelbaren Nachkriegszeit nicht mehr angewendet wurde, musste sie auch durchführbar sein. Deshalb lagerte im Keller der U-Haftanstalt Moabit bis zur Wiedervereinigung eine gut eingefettete Guillotine. Danach erhielt sie das Deutsche Historische Museum. Heute ist die Fallschwertmaschine Dauerleihgabe im Kriminalmuseum Ludwigsburg.

27. August 1981: Schatzsuche im Stolpsee

Am 27. August 1981 meldet sich der »Stern«-Reporter Gerd Heidemann bei seinen Stasi-Kontaktpartnern in Ostberlin. Er gilt als verlässliche Spürnase mit exzellenten braunen Kontakten. Die Stasi hat ihn als Gerhard registriert – der Flop mit den gefälschten Hitler-Tagebüchern, die Heidemann im April 1983 im Auftrag der Zeitschrift erwarb, ist zu jener Zeit noch nicht zu ahnen.

Deshalb stößt Gerd Heidemanns sensationelles Angebot auf offene Ohren: Er verfüge über Pläne, mit denen die Bergung von 450 Kilogramm Nazi-Gold und -Platin möglich sei. 47 Kisten mit Gemälden flämischer Meister und Akten aus dem Reichsluftfahrtministerium gebe es auch. Wert der ganzen Sache: 20 bis 30 Millionen Mark. Alles liege im 50-Kilometer-Umkreis vom Stolpsee bei Fürstenwalde. Der Finderlohn betrage 50 Prozent vom Edelmetall für Heidemann und den Tippgeber, die Gemälde gebe es für die DDR umsonst.

Dieser Tippgeber, der auch mit der Hand gezeichnete Schatzkarten lieferte, hieß Medard Klapper. Er betrieb einen Waffenladen in Karlsruhe und unterhielt Beziehungen zu alten Nazis in Venezuela. Außerdem hatten MfS-Schatzgräber nach einem Hinweis von Klapper bereits einmal in Vietmannsdorf eine Kiste wertvolles Porzellan gefunden. Die Stasi steigt auf Befehl Erich Mielkes auch diesmal in die Schatzsuche ein.

Alles scheint einfach: In einem Baumstumpf am Stolpsee soll ein auffälliger Nagel stecken. Von dort wird das Kreuz an einem Gebäude am anderen Seeufer angepeilt und ein Winkel von 85 Grad gebildet. Doch die Schatzjäger finden weder Nagel noch Kreuz. Tauchgänge im See bleiben ohne Erfolg, und technische Hilfsmittel schlagen nicht an, weil der Grund des Sees mit Trümmerschutt bedeckt wurde. Nach etwa einem Jahr stellt die Stasi die Suche ein. Sie hat bis dahin rund 100 000 Mark gekostet.

Passionierte Schatzsucher glauben bis heute, dass im Stolpsee immer noch das Gold zu holen sei. Davon ist auch Hobbyhistoriker Heinz Renkel aus Reinheim bei Darmstadt überzeugt. Er meint, die Stasi habe damals nur das falsche Kreuz angepeilt, in Wirklichkeit sei das Kloster Himmelpfort gemeint gewesen. Am 12. November 2007 bekam Heinz Renkel die Genehmigung des brandenburgischen Landesamtes für Denkmalschutz, nach dem Schatz zu suchen. Allerdings: »Bergungen sind nicht erlaubt.«

Seit Anfang 2008 beobachten Anwohner wieder illegale Taucher am Stolpsee. Getarnt als »Kampfmittelräumdienst« suchen sie jetzt nach den neu ermittelten Koordinaten.

13. Dezember 1981: Geisterstadt Güstrow

In Polen brennt im Dezember 1981 die Luft, Zentrum ist die Werft in Danzig. Auch in Rostock gibt es eine Werft – ein Besuch von Bundeskanzler Helmut Schmidt darf dort schon allein deshalb nicht stattfinden.

Also geht es am 13. Dezember 1981 mit Erich Honeckers Citroen CX von Schloss Hubertusstock für drei Stunden nach Güstrow. Helmut Schmidt liebt den Bildhauer Ernst Barlach (1870–1938), also soll er sich dessen »Schwebenden Engel« im Dom ansehen.

Getreu den Brecht'schen Versen, das Volk aufzulösen und ein anderes zu wählen, reisen am 12. und 13. Dezember die Güstrow-Statisten mit Sonderzügen aus Karl-Marx-Stadt (heute Chemnitz), Dresden und Leipzig an. Am sächsischen Dialekt dürfte die 4833 Schein-Mecklenburger niemand erkennen, denn alles ist genau befohlen: Es ist festgelegt, wer wann etwas sagt, am Bahnhof soll geklatscht, aber nicht »auf Wiedersehen« gerufen werden.

Auch die richtigen Einheimischen hat die Stasi fest im Blick. 644 verdächtige Personen hat die Kreisdienststelle gemeldet. 520 davon standen im Verdacht, Sympathien für den Westbesucher zu äußern. Acht waren Besucher der Ständigen Vertretung, 40 Eingabenschreiber und 21 Ausreisewillige. Dieser suspekte Personenkreis war von unterschiedlichsten Maßnahmen betroffen, von Ausweisung aus der Stadt bis zu Verhaftung und Hausarrest.

Doch das war längst nicht alles. Im »Sicherungsbereich« musste zu »allen Anwohnern« eine »lückenlose Auskunft erarbeitet« werden. Bei den »positiven Personen« genügte ein Satz, bei den »negativen« wurde es umfangreicher. »Aufgeklärt« wurde »bis 100 Meter Tiefe, evtl. tiefer, gemessen von der Bordsteinkante«. Im »nichtbewohnten Raum« waren es 500 Meter.

Einziger Zwischenfall am 13. Dezember: »Gegen 9.30 Uhr rief die Person D. aus dem Fenster seiner Wohnung laut die Worte: ›Ihr habt wohl Angst.‹ ... Durch Sicherungskräfte wurde die Haustür Mühlenstr. 20 blockiert. D. wird unter Kontrolle gehalten.«

Gegen 14 Uhr trifft Helmut Schmidt ein. Nach einem

Besuch in Barlachs Atelier am Heidberg geht es über den Weihnachtsmarkt. Die Verkaufsstände sind frisch aufgefüllt und Stasi-Statisten spielen Volk. Es ruft »Erich, Erich«, und damit die Operette auch echt wirkt, ist auch ein »Helmut«-Rufer dabei. Zum Lachen ist inzwischen niemandem mehr zumute. Und das nicht nur wegen des nordatlantischen Tiefs mit seinem Schneeregen und Temperaturen um den Gefrierpunkt.

Im Dom kontrolliert IM Norbert noch schnell die als Geschenk überreichten Bücher: »Ich konnte nicht feststellen, dass in eines der Bücher besondere Zettel oder Informationen hineingelegt worden sind.« Jetzt fehlt nur noch der »kritische DDR-Bürger«. Mitten auf dem Markt mault er in die Westkamera, dass er mal gerne in den Westen fahren würde. So etwas müsse doch möglich sein. Die »Güstrower« geben ihm postwendend Bescheid, natürlich auch via TV-Kamera: »Das können Sie doch auch.«

Der Historiker Detlev Brunner ist von dieser einstudierten Show noch im November 2006 beeindruckt und schreibt in der »Zeit«: »Ein Güstrower schaffte es doch noch, sich zu beschweren.« Das ist wohl ein Irrtum.

Der dreistündige Güstrow-Besuch von Bundeskanzler Helmut Schmidt hat eine beeindruckende Anzahl von Menschen betroffen, wie aus dem internen Bericht des Zentralen Operativstabes zur Aktion Dialog vom 22. Januar 1982 hervorgeht.

– Die Stadt hat etwa 38 000 Einwohner.
– Während des Staatsbesuches standen 11 000 Personen drei Tage lang unter Kontrolle.
– Es wurden 6000 »Vorbeugungsgespräche« geführt.
– In 4500 Haushalten wurden Wohnungsdurchsuchungen vorgenommen.
– 4500 Menschen wurden an Reisen in die »aktionsbezogenen Territorien« gehindert.
– Es gab 81 Haftbefehle.
– Gegen 2135 »kriminell gefährdete Bürger« wurden »vorbeugende Maßnahmen« ergriffen.
– Mehr als 35 000 Einsatzkräfte waren aktiv, davon etwa 14 000 von der Stasi, der Rest von der Volkspolizei.

15. Januar 1982: Einschaltquoten

Die »Aktuelle Kamera« gehört zu den langweiligsten Sendungen im DDR-Fernsehen. Meist wollen nur weniger als zehn Prozent live erfahren, was der Generalsekretär des Zentralkomitees der Sozialistischen Einheitspartei Deutschlands und Vorsitzende des Staatsrates der Deutschen Demokratischen Republik den ganzen Tag über getrieben hat.

Die schlechte Resonanz stellt das Institut für Meinungsforschung fest. Und wie bei absolutistischen Herrschern üblich, rollt der Kopf des Boten, wenn die Nachricht übel ist. 1979 lässt Erich Honecker die Institution der Verkünder solcher Kassandrarufe auflösen.

Nun hat Medienlenker Joachim Herrmann (1928–1992) persönlich das Ohr an der Masse. Im Januar 1982 kann er seinem Chef Erich Honecker für den Vormonat Sensationelles vermelden: Am Freitag, dem 11. Dezember 1981 schauten 36,1 Prozent der Zuschauer die »Aktuelle Kamera«, am Samstag bestätigte sich dieser Rekord und am Sonntag, den 13. Dezember 1981 saßen überwältigende 50,4 Prozent der Fernsehgucker vor den Bildschirmen.

Der auf diesen Erfolg folgende Satz fiel dann kaum noch ins Gewicht: »An normalen Sendetagen liegt die Sehbeteiligung der AK-Hauptausgabe seit geraumer Zeit zwischen etwa 7 und 18 Prozent.« Vom 11. bis 13. Dezember 1989 besuchte Bundeskanzler Helmut Schmidt die DDR.

30. März 1982: Der letzte große Seuchenzug

Geht es um die Bekämpfung der hochinfektiösen Maul- und Klauenseuche, erweist sich die restriktive Wirtschaftsorganisation der DDR als Vorteil. Als der letzte große Seuchenzug 1982 die Regionen Wolgast, Stralsund, Greifswald, Anklam, Grimmen, Rügen und die Halbinsel Darß/Zingst erfasst, bleiben die Verluste überschaubar.

Dazu trägt nicht nur die in der DDR weltweit zuerst eingeführte Impfung bei (inzwischen ist sie durch die EU verboten), sondern auch das strikte, fast militärische Regime bei der Eindämmung des Seuchenzuges. So ist zum Beispiel die Halbinsel Zingst 1982 monatelang gesperrt. Kein Reisender erreicht sie, ohne eine desinfizierende Seuchenmatte zu Fuß passiert zu haben.

Wie es nach dem Ausbruch der Maul- und Klauenseuche zugeht, ist in der Chronik des mecklenburgischen Dörfchens Nisdorf nachzulesen. Vom 30. März bis zum 20. April 1982 ist es komplett von der Außenwelt abgeschnitten: »Am Ortseingang wurde ein Schlagbaum errichtet und keiner durfte den Ort verlassen. Lebensmittel und sonstige Versorgungsgüter sowie Futter für die Tiere wurden über diese Schleuse eingeführt ... Alle Einwohner waren strengen seuchenhygienischen Maßnahmen unterworfen ... Die Seuchenkommission der Gemeinde gab Anweisungen und Befehle, die strikt zu befolgen waren. Widerspruch wurde nicht geduldet und bestraft ... Am 5. April 82 konnte eine Lehrerin eingeschleust werden, um die schulpflichtigen Kinder zu unterrichten. Die Versorgung der Bevölkerung erfolgte über die Konsumverkaufsstelle, die reichlich mit Waren versorgt wurde. Nisdorf hatte einen eigenen Geldumlauf, das Geld welches der Konsum einnahm wurde im gebildeten Büro eingezahlt, der Lohn der Beschäftigten berechnet und das Geld ausgezahlt und der Kreislauf begann von neuem ...«

Von der Bevölkerung werden die strengen Maßnahmen meist akzeptiert, denn die von den konzentriert gehaltenen, riesigen Tierbeständen ausgehenden Gefahren sind allgemein bekannt.

04. Januar 1983: Schläger in Uniform

Besonderes Kennzeichen: Menjou-Bärtchen. Wenn die Militärstaatsanwaltschaft der DDR Schlägereien mit sowjetischen Armeeangehörigen registriert, sind meist die derart frisierten Fähnriche die Täter. Im Gegensatz zu Mannschaften dürfen sie ohne Begleitung und in Zivil die Kasernen verlassen.

Am 4. Januar 1983 schreibt Generalleutnant Alfred Leibner, 1966 bis 1987 Chef der Militäroberstaatsanwaltschaft der DDR, zum Komplex »Rowdyhaftes Verhalten in der Öffentlichkeit«: »Es häufen sich die Fälle, dass sowjetische Armeeangehörige zum Teil in Uniform und in Zivil auf Dörfern und in Städten DDR-Bürger (Frauen und Männer) grundlos anfallen, persönliches Eigentum wie Geld, Uhren und auch Bekleidungsstücke entwenden und sie niederschlagen.«

Delikte dieser Art, die für die DDR-Staatsanwälte wegen mangelnder Informationen durch die sowjetische Seite schwer von vorsätzlichen Körperverletzungen im Zusammenhang mit Eigentumsdelikten zu unterscheiden sind, eskalieren in der Endzeit der DDR. Massenschlägereien wie am 30. Juli 1989 vor einem Jugendclub in Karl-Marx-Stadt (heute Chemnitz) oder eine Rauferei von vier sowjetischen und zwei deutschen Bürgern am 12. April 1989 in Fürstenberg, bei der ein Deutscher zu Tode kam, gelten als Beispiele dafür.

28. Februar 1983: Friedenspfeife mit Winnetou

Jahrzehntelang ist Karl May in der DDR tabu. Dann raucht Erich Honecker die Friedenspfeife mit Winnetou. Am 28. Februar 1983 entscheidet er persönlich, dass das Karl-May-Museum in Radebeul bei Dresden neu gestaltet wird. Der »Deutschtümler«, »Rassist« und »Exzentriker« Karl May (1842–1912) hatte sich zum »Kämpfer gegen die US-amerikanische Raub- und Ausrottungspolitik« gewandelt. Die Bücher des »Proletariersohns« wurden bereits 1982 und 1983 neu aufgelegt, Karl-May-Filme ergänzten die Defa-Indianerstreifen im Fernsehen. Die Bücher bekamen alle ein immer gleiches Vorwort verpasst, um auch ja keine ideologischen Unklarheiten aufkommen zu lassen. Es stammte vom Sekretär des Schriftstellerverbandes Gerhard Henninger, gleichzeitig Offizier im besonderen Einsatz der Stasi.

Trotz Riesenauflagen von 250 000 Exemplaren galten die Werke des sächsischen Fantasten stets als vergriffen. Ein paar Jahre zuvor sah es noch ganz anders aus. Gleich nach dem Krieg wurde die Karl-May-Straße in Radebeul zur Hölderlinstraße und in die Villa Shatterhand zog ein Kinderhort ein. Nur in der Villa Bärenfett, einem Blockhaus im Garten, existierte ein kleines Museum.

Das ändert sich nun gründlich. Am 14. Januar 1985 meldet

der Stellvertretende Staatsratsvorsitzende Egon Krenz seinem Chef: »Nach deiner Anweisung wurde in Dresden das Karl-May-Museum entsprechend den Traditionen gestaltet.« Auch die sozialistischen Späher hatten bis zur Wende ihren Wigwam in der Villa Shatterhand: In der Bibliothek unterhielt die Stasi eine konspirative Wohnung.

10. April 1983: Der Tod eines Transit-Reisenden

Am 10. April 1983 stirbt der Transitreisende Rudolf Burkert im Alter von 43 Jahren bei einer Vernehmung durch einen Mitarbeiter der Stasi an der Grenzübergangsstelle Drewitz/Dreilinden an einem Herzinfarkt. Er fällt vom Stuhl und verletzt sich am Kopf.

Im Westen wird die Darstellung der Todesursache durch die DDR-Organe angezweifelt. Auch als der Osten einen Hamburger Gerichtsmediziner hinzuzieht, der keine Fremdeinwirkung feststellen kann, bleibt die Vermutung, dem Mann sei Gewalt angetan worden. Das passt der DDR überhaupt nicht, denn kurz zuvor hatte sie die Fühler zum bayerischen Ministerpräsidenten Franz Josef Strauß ausgestreckt, um die Chancen auf einen größeren Kredit auszuloten.

Der empfängt nun einen Brief von Siegrid Burkert mit einem Bild des Toten. Sie ist ebenso wie dessen Bruder Hans J. Burkert davon überzeugt, dass es sich nicht um einen natürlichen Todesfall handele. Franz Josef Strauß poltert los, spricht öffentlich von Mord.

Etwa zwei Wochen später bekommt er über einen Mittelsmann eine Anfrage, ob ihn ein Abgesandter Erich Honeckers sprechen könnte. Strauß sagt zu, und Alexander Schalck-Golodkowski erscheint in Bayern.

Was den Fall Burkert betrifft, verkehren die Herren geschäftsmäßig. Schalck-Golodkowski fragt: »Was verlangen Sie von uns?«, und Strauß antwortet: »Das ist ganz einfach: Sie sollen unsere Bürger so behandeln, wie die Polizei in Frankreich, Italien, Dänemark oder Schweden deutsche Bürger behandelt, wenn sie einreisen, genau so. Wir wollen einen normalen, freundlichen Umgangston, eine korrekte Abfertigung ... Die Unfreundlichkeit, das Geschrei, der Kasernenhofton müssen aufhören!«

Nach vierzehn Tagen kommen die ersten Meldungen des Bundesgrenzschutzes über Veränderungen in der Behandlung der Reisenden. Nach weiteren zwei Wochen setzen Franz Josef Strauß und Alexander Schalck-Golodkowski ihre geheimen Gespräche fort.

24. Juli 1983: Besuch aus Bayern

Kriegstreiber, Atomminister, Bonner Ultra – in der DDR ist für Franz Josef Strauß jahrelang keine Beschimpfung hart genug.

Im Sommer 1983 ist von alledem keine Rede mehr. Der bayerische Ministerpräsident fädelt nämlich gerade mit »Devisenbeschaffer« Alexander Schalck-Golodkowski einen Milliardenkredit für die DDR ein. Am 24. Juli will er in dieser Sache Erich Honecker im Schloss Hubertusstock treffen. Aus taktischen Gründen wird der Besuch nicht als Staatsbesuch deklariert. Franz Josef Strauß: »Ich hatte eine private Autoreise durch die Tschechoslowakei und Polen geplant und disponierte so, dass ich an diesem Tag am Werbellinsee sein konnte.«

Am Grenzübergang Pomellen empfängt Alexander Schalck den Gast aus dem Westen. Es gibt ein Frühstück im Grenzabfertigungsgebäude. Für den Bayern ist es ein ganz besonderes Erlebnis, dass dabei uniformierte Grenzoffiziere als Kellner fungieren.

Dann steigen Strauß und Schalck in den Staats-Volvo, die Damen Strauß und Schalck fahren mit dem privaten Mercedes 300 TD von Strauß' 24-jährigem Sohn Max hinterher. Es geht mit 180 km/h über die Autobahn, und der Offizier im Volvo wundert sich, dass sie den Diesel nicht abhängen können. Strauß grinst und erklärt knapp: »Westliche Technik.« Der guten Stimmung tut es keinen Abbruch.

Auch der Empfang in Hubertusstock ist locker. Die Männer erinnern sich an ihr erstes Zusammentreffen 1946 auf Burg Hoheneck bei Neustadt an der Aich. Erich Honecker war damals als FDJ-Chef dort, Franz Josef Strauß als Vertreter des bayerischen Kultusministers. Die beiden Politiker verstehen sich, auch wenn sie unterschiedliche Auffassungen haben. Strauß: »Schon nach den ersten Sätzen war ich überrascht, nicht auf jene hölzerne Funktionärsmentalität zu treffen, die der Generalsekretär und Staatsratsvorsitzende bei seinen Fernsehauftritten vermittelt.«

Auch Marianne Strauß, die beim Essen neben Erich Honecker sitzt, unterhält sich gut: »Meine Frau, Schmeicheleien keineswegs zugänglich, war beeindruckt von seiner Wendigkeit, seiner Frische, seiner geistigen Reaktionsfähigkeit. Schade, dass er ein Kommunist ist, meinte sie hinterher.« So wird der Grundstein für ein fast freundschaftliches Verhältnis gelegt. Bei späteren Besuchen darf Franz Josef Strauß sogar mit seinem eigenen Flugzeug, selbst am Steuerknüppel, einreisen.

Nach der Reise des Bayern wird besorgten SED-Mitgliedern unter der Hand eröffnet, man müsse das alles dialektisch sehen. Der Milliardenkredit für die DDR sei, so betrachtet, natürlich ein Ausdruck der Schwäche des Imperialismus. Weil der ohne Profit nicht existieren kann, muss er einfach sein Geld verpumpen.

01. September 1983: Polizeikette gegen Menschenkette

Am 1. September 1983, dem Weltfriedenstag, versuchen rund 100 Menschen eine Kette zwischen der amerikanischen und der sowjetischen Botschaft in Ostberlin zu bilden. Die Polizei löst die »nicht genehmigte Demonstration« unverzüglich auf.

Auch wenn sich diesmal die Polizeikette noch stärker als die Menschenkette erwies, ist die Aktion für die Öffentlichkeit ein deutlicher Hinweis auf eine neue Friedensbewegung, die sich seit Anfang der 80er Jahre unter dem Dach der Kirche gebildet hat.

Bereits vor dem 1. September, ab 6. August 1983, hatten Mitglieder der Gruppe »Frauen für den Frieden« und anderer Friedensgruppen in der Berliner Erlöserkirche eine Woche lang für den Frieden gefastet.

Am 12. Dezember verhaftet die Stasi die Hauptinitiatorinnen der »Frauen für den Frieden«, Bärbel Bohley (38), Ulrike Poppe (30), Irena Kukutz (33) und Jutta Seidel (33). Die meisten DDR-Bürger erfahren davon aus dem West-

Fernsehen. Das staatliche Monopol über den »Friedens-kampf« hat die DDR in diesen Tagen verloren, auch wenn sie die Demonstration letztlich verhindert und in die Kirchen zurückdrängen konnte.

10. Januar 1984: Reise ohne Wiederkehr

Die TU-134 A der Balkan Bulgarian Airlines, die am 10. Januar 1984 den Flughafen Berlin-Schönefeld in Richtung Sofia verlässt, ist nicht einmal zur Hälfte ausgebucht. Ein paar Geschäftsleute und Dienstreisende, die Touristen zieht es eher im Sommer an das Schwarze Meer.

In der bulgarischen Hauptstadt tobt ein mächtiger Schnee-sturm. Es ist später Abend und stockdunkel. Die Piloten versuchen, die Landebahn zu finden. Dabei sinken sie so tief, dass die kritische Höhe über der noch durchgestartet werden kann, bereits unterschritten ist. So bleibt den Män-nern im Cockpit wenige Kilometer neben der sicheren Piste nur noch eine Notlandung auf einem Acker.

Obwohl der Flugzeugrumpf dabei intakt bleibt, sterben alle 50 Insassen der Maschine. In der Kabine war Feuer ausge-brochen, niemand kam heraus. Die Menschen verbrannten oder erstickten im Rauch.

05. Februar 1984: Ein Hightech-Schmuggler bittet um Asyl

Als Richard Müller am 5. Februar 1984 am Grenzübergang Friedrichstraße erscheint, wird er schon erwartet. Der mili-tärische Nachrichtendienst der NVA ist »Moneten-Müller« zu Dank verpflichtet. In den 70er Jahren hat er für die Ge-nossen eine Menge Elektronik im Westen besorgt, deren Ausfuhr eigentlich verboten war.

Jetzt ist Richard Müller auf der Flucht. Der Westzoll hat eine seiner illegalen Lieferungen konfisziert und den dubiosen Händler zur Fahndung ausgeschrieben. Aus Moskau kommt ein Tipp vom KGB. Müller sei wichtig für das Wohl-ergehen der mächtigen Sowjetunion, die NVA-Genossen mögen ihm nach Kräften helfen. Dieser Wunsch wird im Geheimdiensthauptquartier der Volksarmee in der Ostber-liner Oberspreestraße 61 bis 63 als Befehl verstanden. Zuerst bekommt »Moneten-Müller« ein Büro im Palasthotel, dann einen falschen britischen Pass auf den Namen John Edgar Brent. Für seine künftigen Geschäfte entsteht ein Firmengelände in Berlin-Pankow. Dafür importiert die DDR für 1,5 Millionen Schweizer Franken sogar eine Lagerhalle aus Fertigteilen.

Erst im Frühjahr 1989 kehrt Richard Müller in die Bundesrepublik zurück und stellt sich den Behörden. Am 26. Juni 1989 verurteilt ihn das Landgericht Lübeck zu zwei Jahren Haft auf Bewährung. Die Zusammenarbeit mit den östlichen Geheimdiensten kann ihm nicht nachgewiesen werden. Sein Glück: Als wenige Monate später dank der offenen Grenzen die Beweise auf dem Tisch liegen, hat er nichts mehr zu befürchten. Jedes Delikt darf nämlich nur einmal bestraft werden!

22. März 1984: Ein Kreuz für Sergeant Mariotti

Die amerikanischen, britischen und französischen Militärs, die in Uniform überall in der DDR umherfahren und die sowjetische Armee ebenso wie die NVA beobachten, sind der Stasi ein Dorn im Auge. Aber die DDR-Behörden dürfen an die Angehörigen der westlichen Militärverbindungsmissionen mit Sitz in Potsdam nicht heran. Natürlich beobachtet die Stasi die Fahrten der Missionsautos und versucht immer wieder, Einblicke bei der NVA zu verhindern. Dabei schreckt sie vor Gewalt nicht zurück.

So auch am 22. März 1984. Ein Wagen der französischen Militärmission ist unterwegs in Richtung Halle. Das Ziel von Tour-Chef Staub, dem Beobachter Unteroffizier Blancheton und dem Fahrer Sergeant Phillippe Mariotti ist die Kaserne Otto Brosowski. Dort in der Nähe hat die Stasi eine Falle vorbereitet. Sechs NVA-Laster stehen bereit, darunter drei Lkws mit Hänger, die den französischen Pkw blockieren sollen. Dann wollte man die sowjetischen Armeeangehörigen holen, um die unerwünschten Beobachter zu vertreiben.

Einer der schweren Lkws schwenkt hinter dem Franzosen ein, um den Rückweg zu versperren. Phillippe Mariotti erkennt den Plan und versucht nach vorn zu entkommen. In dem Moment fährt ein Ural 375 direkt auf ihn zu. Der Pkw rutscht unter den Lastwagen und ist trotz leichter Panzerung seitlich zertrümmert.

Phillippe Mariotti ist sofort tot, die beiden anderen Franzosen sind verletzt. Am 20. April 1984 stellen seine Kameraden für ihn ein Kreuz an der Unfallstelle auf. Die Polizei manipuliert die Aufnahme des Unfalls so, dass es scheint, der französische Pkw habe Schuld. Von der geplanten Blockierung ist im Unfallprotokoll nicht die Rede.

Die inzwischen zugänglichen Stasiakten belegen jedoch, dass die NVA-Fahrzeuge den Zusammenprall provozierten, wobei die mögliche Tötung eines oder mehrerer Franzosen von vornherein billigend in Kauf genommen wurde.

Besonders perfide an diesem Vorfall ist, dass die Stasi einen Wehrpflichtigen in ihren Anschlag einbezog. Er fuhr den Ural und musste auf Befehl des neben ihm sitzenden Stasioffiziers in NVA-Uniform den französischen Pkw rammen. Der Stasi-Mann bekam für die Aktion eine Prämie von 1000 Mark.

27. April 1984: Kein Treff mit O. F.

Der Conferencier O. F. Weidling (1924–1985) war so etwas wie der Hofnarr des SED-Regimes: Er konnte sich manch kesse Lippe leisten, blieb aber stets von der Huld der Mächtigen abhängig.

Das bekam der beliebte Unterhaltungskünstler nach dem 27. April 1984 zu spüren. Er hatte bei der Eröffnung des neuen Friedrichstadtpalastes seine Witze über den Milliardenkredit aus dem Westen gemacht und dabei auch einen Pfeil auf den im Publikum sitzenden Günter Mittag, Mitglied des Politbüros (1926–1994), geschossen. Erich Honecker, ebenfalls im Publikum, klatscht und lacht.

Das macht Weidling sicher, doch bei der Wiederholung der Sendung im Fernsehen ist die Szene geschnitten. Wenig später setzt das Fernsehen eine Wiederholung der beliebten Sendung »Treff mit O. F.« ab. Der nächste »Treff« wird zwei Tage vor Drehbeginn abgesagt, angeblich sei der Ü-Wagen kaputt.

Der kaltgestellte Hofnarr fühlt seine Felle davonschwimmen. Deshalb schreibt er einen Brief an seinen Gönner Erich Honecker. »Gekränkt und verbittert« sei er, weil man ihm, »dem gelernten DDR-Bürger«, jene Anteilnahme verweigere, derer sich »die, die sich vorsätzlich und endgültig auf dem Weg zum Sozialismus verlaufen«, noch erfreuen.

Das gefällt dem Landesvater. Nach drei Monaten, im Oktober 1984, kommt die Antwort, nach Dresden. Mit einem herzlichen »Lieber Herr O. F. Weidling« eingeleitet, erläutert Erich Honecker, wie es überhaupt zu der fatalen Panne im Friedrichstadtpalast kam: »Ich selbst habe die ganze Sache mit Humor aufgenommen. Leider gab es nicht wenige Menschen, die dies nicht teilten.«

O. F. Weidling soll eine zweite Chance von Honecker bekommen: »Deshalb habe ich vor einiger Zeit, in Übereinstimmung mit Genossen Kurt Hager, den zuständigen Stellen empfohlen, Ihnen die Möglichkeit für Ihr weiteres Auftreten unbedingt zu sichern ...«

Dazu kommt es nicht mehr. Otto Franz Weidling stirbt am 6. Januar 1985 in Dresden.

15. Juni 1984: Todesstrafe durch Erschießen

49 Jahre Freiheitsentzug, nach Artikel 102 des sowjetischen Strafgesetzbuches zur Todesstrafe durch Erschießen zusammengefasst, lautet das Urteil des Militärtribunals der GSSD-Einheit 75092 gegen den Soldaten Fandusa Gabulfajawitsch Achkijamow. Sein Mittäter Michael Nurislamowitsch Scharfijew bekommt zehn Jahre Arbeitsbesserungskolonie unter erschwertem Regime ohne Verbannung.

Am 15. Juni 1984 sind die beiden bei Strausberg desertiert. Sie wollen ein Auto kapern, um ihre Flucht fortzusetzen. Der erste vorbeifahrende Wagen kann im Kugelhagel entkommen. Dann tuckert ein Moped heran. Die Flüchtigen durchsieben den jugendlichen Fahrer mit mehr als 100 Schüssen.

DDR-Bürger wissen, dass sowjetische Fahnenflüchtige eine tödliche Gefahr sind. Meist schwer bewaffnet, schießen sie sich erbarmungslos den Weg frei, denn für die Deserteure geht es um Leben und Tod.

Am 18. September 1986 erschlägt der fahnenflüchtige Soldat Moros in Neustrelitz eine Frau mit einem Hammer, die ihn beim Stehlen von Kleidung erwischte. Am 23. Oktober 1986 erschießt der Flüchtling Sarbassow in Naumburg zwei DDR-Bürger, um an ihr Auto zu kommen. Am 21. April 1987 tötet ein Posten seinen eigenen Genossen, weil er fliehen will. Am 30. Dezember 1987 erschießt ein Volkspolizist in Notwehr den mit einer MPi bewaffneten Deserteur Wituschanin aus der Garnison Stendal.

Die DDR-Behörden verzeichnen in den 80er Jahren pro Jahr 400 bis 450 Fahndungsersuche nach flüchtigen Sowjetsoldaten. Die meisten von ihnen machen sich auf den Weg Richtung Osten. So wurden zum Beispiel 1986 bei 408 Fahnenflüchtigen nur »zwei von ihnen in das kapitalistische Ausland flüchtig«. Sie wollen einfach nur nach Hause, was sie im Falle des Scheiterns mit dem Tod oder einer meist über 10-jährigen Freiheitsstrafe teuer bezahlen.

29. Juli 1984: »Stasi-Airline« auf Rundflug

Das Interflug-Tagesprotokoll vom 29. Juli 1984 verzeichnet Flüge von zwei TU 134 A mit den Kennungen DDR-SDH und DDR-SDI. Angaben über Passagiere, Fracht oder Post sind nicht zu finden.

Das ist eine sich seit Jahren wiederholende Verschlusssache, denn die beiden Tupolew-Maschinen tragen zwar die Farben der Interflug, unterstehen jedoch der Flugbereitschaft des Ministeriums für Staatssicherheit der DDR. Auch eine AN 24 mit der Kennung DDR-SBH gehört dazu.

Neben der Interflug und der NVA, deren in Neuhardenberg (damals Marxwalde) stationiertes Transportgeschwader 44 über Passagiermaschinen verfügt, ist das MfS die dritte Institution der DDR mit eigenen Flugzeugen.

Die DDR-SDH und die DDR-SDI fliegen immer dann, wenn DDR-Bürger wegen eines Fluchtversuchs in den Bruderstaaten nach Berlin zurückgeholt werden. Damit reisen aber auch DDR-Spione im Westen zum Rapport in den Osten. Meist wechseln sie in Wien ihre Identität. Aus dem bundesdeutschen Verfassungsschützer Klaus Kuron, Jahrgang 1937, der unter dem Decknamen Stern für die DDR spionierte, wurde dort zum Beispiel der DDR-Diplomat Gerhard Häusler. Der fuhr dann mit dem Auto nach Bratislava, wo bereits die Stasi-Airline nach Dresden wartete.

Eine dritte Verwendung erfolgt für Flüge leitender Stasi-Mitarbeiter in jene Teile der Welt, in denen der DDR-Geheimdienst Aufbauhilfe leistet. Das ist unter anderem in Tansania in Afrika der Fall, wo Berater die heimischen Sicherheitskräfte schulen, aber auch in Laos in Südostasien, wo in MfS-Regie Ende der 70er Jahre Funkstützpunkte im Norden des Landes entstehen. Bei diesen Flügen ist das gesamte Catering an Bord, vom Apfel bis zum Joghurt, aus dem Westen. Die Reisen beginnen und enden oft auf dem Flugplatz Neuhardenberg, obwohl die DDR-SDH und die DDR-SDI in Berlin-Schönefeld stationiert sind. Die kleinere Propellermaschine Antonow 24 wird vorwiegend für Abhörflüge längs der innerdeutschen Grenze benutzt. Sie ist für Insider an einer zusätzlichen Langdrahtantenne vom Seitenleitwerk bis zum Bug und zwei Falschkielen unter dem Höhenleitwerk erkennbar.

Da all diese Flüge streng geheim sind, tritt nach außen die Interflug als Halter der Maschinen auf. Im Gegensatz zum TG 44, das als Regierungsstaffel die Reisen der DDR-Staats- und Parteiführung durchführt und seine Maschinen selbst wartet, besorgt das für die MfS-Maschine (mit Ausnahme der Kennungsgeräte) die offizielle DDR-Fluggesellschaft. Alle vorgeschriebenen Dokumentationen werden bei der Interflug geführt.

Wenn die Zahl der vorgeschriebenen Flugstunden mit den geheimen Sonderflügen nicht zusammenkommt, fliegen die Stasi-Piloten (ebenso wie die Männer vom TG 44) auch für die Interflug, um so stets in Übung zu bleiben. Auch ein gelegentlicher Einsatz der Maschinen im zivilen Bereich ist zu vermuten, denn bei der DDR-Fluglinie ging es immer recht knapp mit fliegendem Gerät zu.

30. Juli 1984: Anschlag auf die Arendsee

Fahrten in Kriegs- und Krisengebieten sind bei Seeleuten nicht gerade beliebt. Ohne viel dagegen tun zu können, schwappen manchmal die Auseinandersetzungen vor Ort auf die Besatzungen über. Als die Amerikaner Anfang der 70er Jahre den Norden Vietnams bombardierten, schlugen auch Raketen auf der MS Halberstadt ein.

Als in Angola der Bürgerkrieg zwischen MPLA und UNITA tobte, war die MS Arendsee aus der DDR sogar Ziel eines Angriffs. Der Frachter hatte 2782 Tonnen Stückgüter geladen und lag am 30. Juli 1984 auf der Innenreede von Luanda vor Anker.

Plötzlich erschütterte auf Steuerbord in Höhe des Maschinenraumes eine heftige Explosion das Schiff, die sofort die Feuerschutzautomatik auslöst. Dann bricht die gesamte Energieversorgung des Frachters zusammen.

Noch während der Maschinenraum von einer Sturzflut überschwemmt wird und voll läuft, reißt eine zweite Detonation ein weiteres Loch in die Steuerbordseite, diesmal in Höhe des Luks II. Die Besatzung verlässt das Schiff, nur der Kapitän und vier Offiziere bleiben an Bord.

Derweil ist der sowjetische Schlepper Neotrazimuy zur Stelle, der die Arendsee ins flache Wasser drückt. Dort kann eine dritte Haftmine entschärft und anschließend entfernt werden. Alle 33 Besatzungsmitglieder (darunter eine mitreisende Ehefrau) kommen mit dem Schrecken davon.

Als Experten die Schäden an dem Mehrzweckfrachter vom Typ Poseidon untersuchen, stellt sich schnell heraus, dass eine Reparatur des großen Lecks nicht mehr lohnt. Die MS Blankensee übernimmt die Ladung. Am 27. August 1984 ist das Leck provisorisch abgedichtet, und am 5. September 1984 wird das Wrack der Arendsee auf die hohe See geschleppt und in einer Tiefe von 530 Metern versenkt.

19. September 1984: Ein Untergang wie die Titanic

Am 19. September um 5.58 Uhr sinkt auf der Position 38 Grad, 57,1 Minuten Nord und 10 Grad, 32,2 Minuten West das Motorschiff Hennigsdorf mit brennender Beleuchtung vor der Küste Portugals.

Eine Bordkapelle spielt nicht auf dem Massengutfrachter, dennoch hat die Szene etwas vom Untergang der Titanic. Die Hennigsdorf ist mit 32 000 Tonnen Eisenerz aus Brasilien auf der Heimfahrt. Bevor der Frachter seinen Dienst für die Deutsche Seereederei versah, kreuzte er als Pontos über die Weltmeere.

Etwa 140 Seemeilen vor der portugiesischen Küste meldet der Chief einen Motorschaden. Es herrscht zwar nur Windstärke sechs, aber es dringt Wasser in den Laderaum ein. Die Lenzpumpen können ihn wegen der Panne nicht mehr leer pumpen. Alle Bemühungen der Mannschaft, ihr Schiff zu retten, bleiben ohne Erfolg.

In den späten Abendstunden des 18. September entschließt sich der Kapitän, seinen schwersten Gang anzutreten: Er versammelt die Besatzung und ein paar an Bord befindliche Passagiere in der Messe und informiert sie über die Lage. Das Schiff ist nicht mehr zu retten.

Um 0.34 Uhr wird ein portugiesisches Hilfsschiff angefordert, um 4.13 Uhr die Hauptmaschine der Hennigsdorf gestoppt. Die Seeleute und Passagiere gehen von Bord. Sie tragen gerade neu eingeführte Rettungsanzüge. Das Übersteigen auf den Portugiesen erfolgt ohne Zwischenfälle.

Als ihr Schiff über den Vordersteven in den Fluten des Atlantiks versinkt, fließen Tränen, doch es gab keine Chance. Das bestätigt auch die Seekammer. Sie stellt fest, dass Kapitän und Besatzung ihre Pflichten trotz des Totalverlustes vorbildlich erfüllten.

24. März 1985: Der Tod des Majors Nicholson

Wenn zum Jolkafest Ded Moros und Snegurotschka erwartet werden, interessieren sich auch russische Soldaten mehr für traditionelle Kascha mit Hammelfleisch als für den Feind.

Für Major Arthur D. Nicholson, damals 37, der in der amerikanischen Militärverbindungsmission in Potsdam stationiert ist, sind Väterchen Frost samt Schneeflöckchen am Sylvestertag 1984 deshalb auch die besten Verbündeten. Unbemerkt von den feiernden Russen schleicht der Offizier in die Panzerwerkstatt der sowjetischen Armee in Techentin bei Ludwigslust. Er macht Videos und fotografiert sogar einen Panzer T 80 von innen mit Infrarot. Mit den brandheißen Informationen über neue Technik für den Ladeschützen geht es wenig später zurück über die Glienicker Brücke nach Westberlin.

Am 24. März 1985 ist Arthur D. Nicholson wieder in Techentin. Staff Sergeant Jessie G. Schatz chauffiert ihn, es ist ein Sonntag. Kurz vor 16 Uhr peitschen drei Schüsse, abgegeben vom sowjetischen Posten, dem Obergefreiten Aleksandr Ryabtsev. Der Amerikaner wird in den Oberbauch getroffen und ist wenig später tot.

Über den genauen Ablauf und auch darüber, ob der US-Major illegal ein gekennzeichnetes Sperrgebiet betreten hat, streiten Amerikaner und Sowjets. Die Amerikaner sagen, der Posten habe ohne Warnung gezielt, erst auf Schatz, dann auf den Offizier geschossen. Er habe auch verhindert, dass dem Verwundeten erste Hilfe geleistet wurde, so dass Arthur D. Nicholson verblutete.

Die Sowjets sprechen von Warnrufen auf Russisch und Deutsch und einem Warnschuss. Daraufhin sei der Eindringling zu seinem Wagen gerannt. Deshalb wurde scharf geschossen. Die Kugel tötete den Amerikaner sofort, so dass keine Hilfe mehr geleistet werden konnte.

Am 6. April 1985 wird der gefallene Major, posthum zum Oberstleutnant befördert, auf dem Heldenfriedhof Arlington bei Washington D. C. mit militärischen Ehren beigesetzt. Politisch wird der Vorfall für die Amerikaner ein Test, inwieweit die Sowjetunion ihre neue Politik unter dem 54-jährigen Michail Gorbatschow wirklich ernst meint. Nach vielem diplomatischen Hin und Her gibt es schließlich von der sowjetischen Führung eine halbherzige Entschuldigung für den Vorfall.

18. August 1985: Der Fall Herbert Häber

»Man hätte damals auch einen Autounfall mit mir inszenieren können«, sagt Prof. Herbert Häber müde. In den 80er Jahren stehen Mittelstreckenraketen der USA im Westen und die der Sowjetunion im Osten Deutschlands. Ein Tanz auf dem Vulkan.

Erich Honeckers wichtigster Deutschlandpolitiker Herbert Häber, Jahrgang 1930, soll dafür sorgen, dass der ihm von seinem Chef in den Mund gelegte Begriff einer »Koalition der Vernunft« politische Wirklichkeit wird. Er knüpft intensive Kontakte zur SPD und kommt auch mit der CDU ins Gespräch. Eine Reise Erich Honeckers nach Bonn rückt in greifbare Nähe – es wäre der Höhepunkt im politischen Wirken des Staatschefs der DDR.

In Moskau sehen die Genossen das alles mit Misstrauen. Als Erich Honecker dort am 17. August 1984 seinen Reiseplan vorstellt, wird ihm der Trip in den Westen kurzerhand verboten. Er fördere die Spionage, heißt es. Der SED-Chef ist brüskiert. Er weiß, dass er für Moskau ein Zeichen setzen muss – und opfert Herbert Häber. Das Politbüro mobbt den Senkrechtstarter aus der sächsischen Provinz. Stasi-Chef Erich Mielke legt eine Akte an.

Herbert Häber ist seit 1947 Funktionär. Er besuchte die Parteihochschule in Moskau, war Staatssekretär für Gesamtdeutsche Fragen und Direktor des Institutes für Internationale Politik und Wirtschaft. Als Leiter der Westabteilung steigt er 1976 ins Zentralkomitee der SED auf, ab 1978 als Vollmitglied, und wird 1984 Mitglied des Politbüros.

Nun verstößt ihn die oberste Führungsriege. Der Geächtete erkrankt. Am 18. August 1985 zieht Herbert Häber als Patient ins Regierungskrankenhaus Berlin-Buch ein. Am 16. September bekommt er dort Besuch: Erich Honecker. Unmissverständlich macht ihm sein einstiger Förderer klar, dass er »aus gesundheitlichen Gründen« zurückzutreten habe. Herbert Häber erinnert sich: »Honecker war eiskalt und herzlos. Ich blieb mit meiner Angst allein, was nun werden würde.«

Für die Genossen ist klar, dass Herbert Häber verschwinden muss. Am 6. Januar 1986 bringt ihn ein Krankenwagen mit Blaulicht in die Psychiatrie nach Bernburg. Der Patient ist mit Medikamenten vollgepumpt. Völlig apathisch absolviert er den Weg vom Politbüro ins Irrenhaus. Häber: »Ich lebte dort mitten unter den Geisteskranken. Manche benahmen sich so aggressiv, dass ich um mein Leben fürchtete.«

In der DDR-Öffentlichkeit gerät der abservierte West-Experte der SED schnell in Vergessenheit. Er selbst verhält sich so unauffällig, dass er nach ein paar Wochen die Psychiatrie wieder verlassen darf. Herbert Häber wird Mitarbeiter der Akademie für Gesellschaftswissenschaften. Er bekommt dafür Geld, aber erhält keine Arbeitsaufträge. Erich Honecker hat er nie wieder persönlich getroffen.

Am 11. Mai 2004 spricht das Berliner Landgericht Herbert Häber der Anstiftung zum Mord schuldig. Die Richter meinen, er sei als ehemaliges Mitglied der DDR-Führung am Tod von drei Flüchtlingen mitschuldig. Da er aber eben diese politische Funktion wegen seiner Bemühungen, die Mauer durchlässiger zu machen, verloren habe und dabei auch noch persönliche Nachteile erlitt, sehen sie von einer Bestrafung ab.

Für Herbert Häber ist das heute alles nur schwer zu verstehen. Letztlich bleibt es für ihn die »Erinnerung an eine komplizierte Zeit, in der wir glaubten, auf dem richtigen Weg zu sein«.

17. Oktober 1985: Ein Politiker redet sich um Kopf und Kragen

Berlins SED-Chef, der 57-jährige Konrad Naumann, gilt als Saufbold und Weiberheld, aber er ist beim Volk nicht unbeliebt. Manche Genossen sehen in ihm eine Alternative zu den steifen Polit-Bürokraten um Erich Honecker.

Der Eindruck festigt sich, als Konrad Naumann am 17. Oktober 1985 vor ausgesuchten Kadern einen Vortrag an der Akademie für Gesellschaftswissenschaften in Berlin hält. Der Akademie-Rektor Otto Reinhold hatte ihn gebeten, über die künftigen Aufgaben der Partei zu referieren. Trotz Warnungen von Vertrauten will Konrad Naumann nicht wahrhaben, dass das eine Falle ist. Hinter Reinholds Angebot steckt nämlich Chef-Ideologe Kurt Hager (1912–1998) und der wurde von Erich Honecker inspiriert.

Ohne ein Blatt vor den Mund zu nehmen, entwickelt Konrad Naumann ein Neunpunkte-Programm, das von heftiger Kritik an den Herrschenden getragen ist. Ob Medienpolitik oder Kultur, die Führungstätigkeit der »Reichsregierung«, so Naumann, oder die Privilegien der SED-Führung und die miese Versorgung der Bevölkerung – der Berliner SED-Chef scheint alles besser zu wissen.

Nun ist für Erich Honecker das Maß voll. Er hatte nach dem X. Parteitag vom 11. bis 16. April 1981 noch festgelegt: »Man muss Naumann unter Kontrolle halten«, aber jetzt war ihm der Mann gefährlich geworden. Dazu trugen besonders die häufigen Vier-Augen-Gespräche Naumanns mit dem sowjetischen Botschafter Pjotr Andrejewitsch Abrassimow, damals 73, bei. In Moskau begann nämlich die Perestroika, und die gefiel den DDR-Machthabern gar nicht.

Am 5. November 1985 wird Konrad Naumann aus dem Politbüro ausgeschlossen. In schlechtester stalinistischer Tradition werfen ihm die Genossen vor, eine »parteifeindliche Plattform« gebildet zu haben. Zwei Tage später gibt er seine persönliche Waffe ab und schreibt Erich Honecker einen zerknirschten Abschiedsbrief: »Deine prinzipielle Kritik und die aller Genossen des Politbüros ist richtig und hat mich tief getroffen … Ich habe mich durch mein Verhalten selbst ausgestoßen.«

Der gestürzte Funktionär, Absolvent einer Mittelschule mit Berufserfahrungen als Knecht in der Landwirtschaft, wird wissenschaftlicher Mitarbeiter bei der staatlichen Archivverwaltung in Potsdam.

Nebenbei: In kleinen Meldungen vermerken die deutschen Zeitungen im Sommer 1992, dass Konrad Naumann am 25. Juni in Quito, Ecuador, gestorben ist. Seit 1991 soll er in Caracas in Venezuela gelebt haben – als Begleiter seiner vierten Frau Christa, die dort als Deutschlehrerin und Dolmetscherin arbeitete.

Niemand stellt die Frage, warum wohl Ostberlins ehemaliger SED-Chef als Frührentner ausgerechnet Südamerika als Alterssitz wählte. Böse Gerüchte meinen, es könnte etwas mit seiner Vergangenheit zu tun haben. Ermittelt wurde niemals dazu.

16. Februar 1986: Zu zeitig abgestiegen

Im Februar 1986 fährt das Motorschiff Mansfeld durch die Biskaya gen Süden. Der Massengutfrachter hat Ballast an Bord, eine Fracht soll erst in Spanien geladen werden. Es ist, wie meist in diesem Seegebiet, stürmisch. Der Wind frischt auf sechs bis sieben Stärken auf.

Am 16. Februar schrillt plötzlich Feueralarm durch das Schiff. Ein Kurzschluss in einer unbewohnten Kammer hat einen Brand ausgelöst. Seine Bekämpfung ist langwierig. Immer wieder werden Feuernester und Rauchentwicklungen entdeckt. Es scheint, die Besatzung bekommt das Feuer nicht in den Griff. Der Kapitän lässt Hilfe herbeirufen. Drei Schiffe eilen auf die Mansfeld zu, darunter auch das DSR-Schiff Thale.

Der Kapitän befiehlt der Besatzung, von Bord zu gehen. Nur er selbst, der Politoffizier und der Storekeeper bleiben auf dem Schiff. Dann scheint der Brand doch noch zu ersticken. Aber inzwischen treibt die Mansfeld auf die Küste zu. Die drei Männer an Bord versuchen, durch Ausbringen der Anker den Frachter zu halten. Auch Schlepper sollen helfen.

Doch sie schaffen es nicht, es fehlen Arbeitskräfte. Wegen des noch schlechter gewordenen Wetters können weder per Schiff noch mit Hubschraubern weitere Seeleute an Bord gebracht werden. Die Mansfeld strandet. Der Kapitän muss sich später den Vorwurf gefallen lassen, die Situation nicht richtig bewertet und seine Besatzung zu zeitig von Bord geschickt zu haben.

Wie tückisch Brände auf Schiffen sein können, hatte gerade ein dreiviertel Jahr vorher die Besatzung des Motorschiffs Bussard erfahren. Dort brannte es am 7. Juli 1985. Die Bussard war auf der Ostsee unterwegs und kam von Gedser in Dänemark. Auf der Höhe von Kühlungsborn musste sie aufgegeben werden. Am 20. Dezember 1985 wurde das Schiff dann in Rostock abgebrochen.

26. April 1986: Geheimsache Tschernobyl

Es ist der größte anzunehmende Unfall – abgekürzt GAU – und in der Sowjetunion herrscht seit einem Jahr Glasnost. Die Bevölkerung der DDR wird über die Katastrophe im Atomreaktor Tschernobyl am 26. April 1986 nur spärlich informiert. Was dort angeblich geschah, ist einer am 30. April 1986 in der DDR-Presse nachgedruckten Meldung der sowjetischen Nachrichtenagentur TASS zu entnehmen. Darin ist recht verschwommen vom »Entweichen einer gewissen Menge radioaktiver Stoffe« die Rede. Es wird von einer »stabilisierten Strahlungssituation« berichtet und davon, dass die Radioaktivität im KKW Tschernobyl und Umgebung ständig kontrolliert werde.

Zwei Tage später meldet »Neues Deutschland«, dass sich durch die Sofortmaßnahmen die Radioaktivität auf dem Kraftwerksgelände und in der Umgebung bereits um 30 bis 50 Prozent verringert habe. Nähere Angaben oder gar Zahlen gibt es nicht, dafür aber beruhigende Worte: Für die Bewohner der DDR bestehe keine Gefahr, da bei Messungen die zulässigen Grenzwerte nicht erreicht wurden.

Am 8. Mai 1986 teilt das staatliche Amt für Atomsicherheit und Strahlenschutz mit, dass »keinerlei gesundheitliche Gefährdungen für die Bevölkerung der DDR bestanden haben oder bestehen«. Ergebnisse von Strahlungsmessungen werden auch jetzt nicht veröffentlicht. Warnungen vor eventuell belasteten Lebensmitteln, wie etwa Pilzen, gab es nicht.

Die Schutzmaßnahmen des Westens werden als Panikmache verurteilt und als Versuch, die Sowjetunion zu diskreditieren. Die DDR-Bürger spotten: Wie heißt die Partnerstadt von Tschernobyl? Antwort: Strahl-sund …

07. Mai 1986: Der erfundene U-Bahn-Durchbruch

Eigentlich ist es keine große Sache: Gegen 11.45 Uhr bricht am 7. Mai 1986 im U-Bahn-Tunnel zwischen Klosterstraße und Alexanderplatz ein Brand aus. Kurzschluss in einem abgestellten Wagen. Schließlich brennen neun U-Bahn-Wagen aus, alte Kisten vom Vorkriegsmodell der Gattung A II. Mit dabei ist auch ein Stromwagen, der bislang zur Überführung der Kleinprofilwagen in die Werkstatt nach Friedrichsfelde diente.

Um 14.40 Uhr ist alles gelöscht. Der aus dem U-Bahn-Schacht quellende Rauch macht die Szene dramatisch, aber um 20.30 Uhr fahren die Bahnen der Linie A wieder. Dann fällt irgendjemandem ein, dass gerade dieser Tunnel auch eine Verbindung zwischen der U-Bahn Ost und der U-Bahn West ist. Nun brodeln die Gerüchte.

»Massenflucht unter dem Alex – sechs Menschen erschossen?«, titelt die Westberliner BZ am 1. Juli. »Scheiterte in Berliner U-Bahn-Schacht eine Massenflucht in den Westen?«, fragt »Die Welt« am gleichen Tag. Die Fragezeichen sind bitter nötig, denn harte Informationen fehlen.

Von einer »ungenannten Ostblock-Botschaft«, aus der angebliche Details stammen, ist die Rede und von »Ostberlinern«, die etwas wüssten – eine Geschichte also, die Raum für Spekulationen bietet.

Den nutzt »Bild« und meldet: »Ostberlin: U-Bahn-Zug ausgebrannt, Überlebende hingerichtet.« Zwölf Flüchtlinge sollen es gewesen sein, »darunter sechs Fallschirmjäger und zwei Söhne hoher Stasi-Offiziere«. Sie wollten angeblich eine »blockierte Weiche freilegen, eine 24-Zentimeter-Sperrmauer zwischen den Gleisen aufsprengen und mit ihrem Zug den rund 800 Meter entfernten Westberliner U-Bahnhof Moritzplatz erreichen«. Wer sich ein wenig mit der U-Bahn-Technik auskennt, lächelt über diese Darstellung. Wenig sachlich klingt auch das Dementi des DDR-Nachrichtendienstes ADN. Die ganze Geschichte sei »erstunken und erlogen«, heißt es am 2. Juli 1986. Die blühende Fantasie kappt das nicht. Am 6. Juli berichtet »Bild am Sonntag« exklusiv »Die Wahrheit über die U-Bahn-Flucht«.

Dann entschließt sich Ostberlin endlich zu der eigentlich ganz naheliegenden Variante: U-Bahn-Chef Diethelm Graetsch und Oberst Horst Meier von der Feuerwehr lassen den Korrespondenten der französischen Nachrichtenagentur AFP den Tunnel besichtigen. Der findet weder Spuren einer Schießerei noch solche, die auf Vertuschung hindeuten. Es war wohl wirklich nur ein Kurzschluss.

So etwas passiert. Bereits am 4. Oktober 1972 kam es unter dem Alexanderplatz zu einem Großbrand in einer Kehrgleisanlage der U-Bahn. Zwei Züge und ein etwa 200 Meter langer Tunnelabschnitt wurden zerstört. Die Ostberliner BVB ist im Druck, denn die verbrannten Wagen fehlen. Deshalb werden in Westberlin ausgemusterte U-Bahnen erworben. Eigentlich sollten sie dort verschrottet werden.

08. Juni 1986: Margot Ebert und der Bundeswehrgeneral

Am 8. Juni 1986 feiert die bekannteste Fernsehansagerin der DDR, Margot Ebert, ihren 60. Geburtstag. Längst hat sie sich auch einen Namen als Entertainerin, Schauspielerin und Tänzerin gemacht.

Im Auftrag Erich Honeckers erscheint der Kulturfunktionär Eberhard Fensch auf der Party, um die Glückwünsche des Staatsratsvorsitzenden zu überbringen. Dabei trifft er auf den Schwager Margot Eberts aus dem Westen, bis vor kurzem noch als General der Bundeswehr aktiv. Der Funktionär plaudert mit dem Pensionär, der ihm zwei Jahre zuvor, ohne es auch nur zu ahnen, viel Kopfzerbrechen gemacht hatte.

Damals waren innerhalb weniger Monate 24 Fernsehleute in den Westen verschwunden. Dort entstanden gerade die privaten TV-Sender Sat 1 und RTL, die mit fetten Gagen lockten. Über diese Verschlusssache schickte die SED-Kreisleitung Berlin-Treptow, der die SED-Grundorganisation des DDR-Fernsehens angegliedert war, einen Horror-bericht an das ZK.

Darin kreidete sie den Fernsehleuten unter anderem besonders »mangelnde Wachsamkeit« an, weil sie den privaten Briefwechsel von Margot Ebert mit deren Schwester im Westen tolerierten. Das sei kein gewöhnlicher Kontakt ins Nichtsozialistische Wirtschaftssystem, denn der Schwager war General der »die DDR bedrohende Bundeswehr«.

Der Bericht landet auf dem Schreibtisch Erich Honeckers. Der macht nur eine einzige handschriftliche Bemerkung dazu: Im Fall Margot Ebert schreibt er an den Rand: »Aber es ist doch ihre Schwester!«

Nebenbei: Der Bundeswehrgeneral erklärt Eberhard Fensch zwei Jahre später, dass auch er froh sei, außer Dienst zu sein. Andernfalls hätte er keine Ostkontakte zu seiner Schwägerin Margot pflegen dürfen. Denn für die Sicherheitsleute West lebt sie im KMB, dem »Kommunistischen Machtbereich«.

12. Dezember 1986: Absturz bei Schönefeld

Paul Verner ist tot. Titel, Verdienste, Orden – rund sechs Minuten dauert die Spitzenmeldung der »Aktuellen Kamera« an diesem düsteren Freitag im Dezember. Dann folgt die nächste Nachricht von gerade einmal 30 Sekunden: Flugzeugabsturz bei Berlin. Keine Flugnummer, keine Bilder.

In Schwerin haben viele zu diesem Zeitpunkt bereits die

ZDF-Nachrichten aus dem Westen gesehen. Die Aeroflot-Maschine sei aus Minsk gekommen, hieß es dort. Für 27 Elternpaare der Klasse 10a der Ernst-Schneller-Oberschule ist das Anlass, sich Sorgen zu machen. Ihre Kinder sollen an eben diesem Tag von einer Klassenfahrt aus der Sowjetunion zurückkehren. Aus Minsk. Sie werden mit dem D 536 um 21.06 Uhr in Schwerin erwartet.

Als der Zug in den Bahnhof rollt und niemand aussteigt, werden die vagen Sorgen zur siedendheißen Angst. Tränen fließen, Schreie, eine Frau wälzt sich auf dem Boden, doch noch immer weiß hier niemand, ob der Flug Aeroflot 892 überhaupt der Unglücksflug ist.

Im Rathaus weiß man es sehr wohl. Seit 21 Uhr tagt unter Leitung von Oberbürgermeister Helmut Oder ein Krisenstab. Verdiente Genossen werden mobilisiert, um Hiobsbotschaften zu überbringen. Derweil ist die Schulzahnärztin mit ihren Untersuchungsberichten zu den Gebissen der Schüler bereits weisungsgemäß nach Berlin unterwegs.

Die Mädchen und Jungen aus der 10 a kennen sich meist schon aus dem Sandkasten. Die Hälfte der Familien wohnt in einer Straße. Noch am Abend parken dort plötzlich Autos, die sonst nicht da stehen. Bei den wenigen Telefonbesitzern knackt es in der Leitung, wenn sie anrufen.

Immerhin hat die Sache eine politische Dimension. Die Aeroflot, das ist die Sowjetunion, und an der auch nur im Geringsten zu zweifeln, gilt in der DDR als Sakrileg. Eigentlich sollte die TU 134 mit der Flugnummer 892 bereits um 12.36 Uhr in Schönefeld landen. Doch dort herrscht dichter Nebel. Um 12.53 Uhr wird deshalb Richtung Prag abgedreht. Für die meisten an Bord ist das ein zusätzliches Erlebnis. Nach etwa zwei Stunden Aufenthalt im Transitraum startet die Tupolew wieder Richtung Berlin-Schönefeld.

Dort verschwindet sie um 17.04 Uhr vom Radarschirm. Gelandet, quittiert der Tower. Elf Kilometer vor dem Aufsetzpunkt hatte der Fluglotse auf Englisch mitgeteilt, dass es auf der geschlossenen Landebahn einen Lampentest gebe. Das versteht der Funker offenbar falsch. Er weist dem Piloten die zweite Piste zu.

Für die landende Maschine heißt das eigentlich: durchstarten und neu anfliegen. Doch die TU 134 sinkt weiter und geht in eine Rechtskurve. Dadurch entfernt sie sich um 400 Meter vom Aufsetzpunkt und so weist der Lotse noch einmal auf die geplante Bahn hin. Der Funker korrigiert sich, der Pilot fliegt noch eine Kurve und ist etwa vier Kilometer von der Piste entfernt, als im Cockpit das Warnsignal für gefährliche Bodenannäherung ertönt.

Um 17.03 Uhr kracht die Tupolew in den Wald bei Bohnsdorf. Die rechte Seite der Maschine wird aufgerissen, das Heck bricht ab, wenig später explodieren die Treibstofftanks.

Gegen 17.15 fährt der Chef der Flughafen-Rettungsstelle Schönefeld zufällig an dem Bohnsdorfer Wald vorbei und bemerkt das Feuer. Erst jetzt erfahren die Fluglotsen im Tower vom Absturz. Die Katastrophe fordert 72 Tote, darunter der Pilot Anatoli Boguljubow, seine Crew und ein an Bord anwesender Aeroflot-Instrukteur. Zehn Passagiere überleben.

Die in der DDR übliche Desinformation durch Nicht-Information lässt die Gerüchte blühen: Veraltete sowjetische Technik, betrunkene Piloten, eine angebliche zweite Mannschaft an Bord – man versucht sich selbst zu erklären, was so schwer zu verstehen ist. Die DDR fühlt sich in ihrer Sicherheit bedroht. Deshalb überwachen die »in dunklen Anzügen eingekleideten und sich sehr diszipliniert verhaltenden Angehörigen der bewaffneten Organe« auch die Trauerfeier am 18. Dezember in Schwerin, so der Bericht des Oberbürgermeisters. Alles ist organisiert: Die Familien dürfen sich außerhalb der Öffnungszeiten im Kaufhaus Magnet mit Trauerkleidung versorgen und als eine Mutter klagt, dass es nicht einmal im Intershop schwarze Strümpfe gebe, werden welche auf Staatskosten eingefärbt. Rund 2500 Trauergäste sind zugelassen, wer aus dem Westen kommt, wird vorher überprüft.

Hinter den Kulissen versucht die Sowjetunion, sich sämtliches Beweismaterial zu verschaffen. Sie will die Schuld an dem Unfall dem Bodenpersonal in Schönefeld zuschieben. Das wehrt die Regierungskommission der DDR erfolgreich ab. Ihr Fazit nach dem Unglück: Der 53-jährige Pilot hat im

Stress des Landeanflugs rechts und links verwechselt, wahrscheinlich, weil sein Englisch nicht sicher saß.

14. Januar 1987: Kondenswasser stört Stromversorgung

Flackerndes Licht, jaulende Elektromotoren oder ein Stromregler für den Fernseher – im Stromnetz der DDR schwankte es tüchtig. Die Spitzenbelastungszeiten standen in der Zeitung, doch war mal eine der zahlreichen Havarien Ursache für die Volt-Sprünge im Netz, wurde darüber kaum berichtet.

Dabei hatten oftmals kleine Ursachen eine große Wirkung. So am 14. Januar 1987 im Kraftwerk Boxberg. An dem frostigen Wintertag bildet sich in der Druckluftleitung eines Leistungsschalters Kondenswasser, das gefriert. Dadurch ließ sich der auslaufende Generator des Blocks 13 nicht mehr vom Netz trennen.

Folge: Die Welle des Turbosatzes bricht und Wasserstoff – ansonsten zur Kühlung im Generator benötigt – entzündet sich. Die folgende Explosion ist gewaltig und bringt die gesamte Maschinenhalle zum Einsturz. Dadurch wird wiederum der benachbarte Block 14 in Mitleidenschaft gezogen. So fehlen schließlich 1000 MW der insgesamt dort installierten 3520 MW Leistung. Das macht sich im Energienetz der DDR bemerkbar.

Die Stasi ermittelt und kann Sabotage ausschließen. Schuld an der Havarie ist ein gut gemeinter Neuerervorschlag. Er veranlasste die Einsparung eines Generatorleistungsschalters. Dadurch gab es nur auf der Netzseite des Blocktransformators mit 380 kV eine Trennmöglichkeit, nicht jedoch auf der Seite des Generators mit 20 kV. Glücklicherweise kommt bei der Explosion niemand zu Tode.

Zwei größere Explosionen gibt es in den 80er Jahren auch im Kombinat Schwarze Pumpe, zu dem mehrere Braunkohlentagebaue, Brikettfabriken, Kraftwerke, Kokereien und Gaserzeugungsanlagen gehörten. 1982 fliegt eine Gasreinigungsanlage in die Luft, 1984 knallt es in einer Versuchsanlage für die Kohlenstaubgewinnung.

Neue Technik dort ist dringend nötig, denn die alten Brikettfabriken melden immer wieder Kohlenstaub-Explosionen.

1970 musste eine Fabrik nach der Explosion abgerissen werden. 1983 kommen dabei vier Menschen in Lauchhammer ums Leben.

26. Januar 1987: Die toten Hühner von Nobitz

Das Wort Zappzarapp halten viele ältere DDR-Bürger für russische Umgangssprache, wenn es um den kurzen Klau zwischendurch geht. Sie haben nach dem Krieg das Einsammeln von »Uhri, Uhri« erlebt und sehen darin so etwas wie den Ausdruck russischer Volksseele.

Die Taten der Besatzungstruppen, unter der Hand und oft auch nur gerüchteweise weitererzählt, scheinen sie darin zu bestätigen. Zum Beispiel die Geschichte mit den toten Hühnern von Nobitz. Am 26. Januar 1987 sind aus einem Stall 60 Stück des Federviehs verschwunden. Aus der nahen sowjetischen Kaserne wird umgehend verlautbart, dass die Truppe damit nichts zu tun hätte. Ein paar Tage später kippt jedoch ein sowjetischer Ural-Lkw einen Karton mit Federn, Innereien und den abgeschnittenen Beinen auf den Müll in Niederleupten. Sogar die Ringe des vormaligen Hühnerbesitzers sind noch dran ...

Geklaut wird alles, was nicht niet- und nagelfest ist. Allerdings geht es oft um Dinge, die auf das Elend der Wehrpflichtigen hindeuten: Dazu gehört immer wieder Essbares, aber auch einfache Werkzeuge oder Material zum Flicken der Unterkünfte verschwinden.

So ernten die sowjetischen Freunde 1980 das Obst und Gemüse aus den privaten Gärten in Bergmoor und fallen im Herbst 1982 in die Gärtnerische Produktionsgesellschaft (GPG) Storchennest im Kreis Ludwigslust ein. Schaden an den Obstbäumen: 17 275 Mark.

Im Konsum Höddelsen gehen Marmelade und Margarine mit, die vor der Tür gleich verspeist werden. In Techentin ist es Sahne und Milch im Wert von 77 Mark, in der Gaststätte in Karstädt Alkohol, Tabakwaren und Lebensmittel für 800 Mark. Den Fischern aus Friedrichsmoor wird ein ganzes Netz voller Fische aus den Sponitzer Teichen geklaut, den Bäckern der Konsumbäckerei Grabow 23 Bleche à zwölf Baumkuchen im Wert von 1200 Mark.

Steht die Heimreise bevor, werden nützliche Dinge für zu Hause gesucht: Kunstleder, das 1978 aus dem VEB Lederwerke Neustadt-Glewe verschwindet, Bettwäsche aus dem Kindergarten Techentin, Möbel aus dem VEB Möbelwerk Zernsdorf, Betriebsteil Halbe (zum Beispiel am 2. Dezember 1989 gleich per Lkw). Vor der großen Reise steigen regelmäßig auch die Einbrüche in die Autos, Keller und Lauben der Anwohner. Radios, Werkzeug und Bekleidung sind die bevorzugte Beute.

Viele solcher Delikte werden gar nicht mehr angezeigt. »Sind doch auch bloß arme Würstchen«, meinen viele DDR-Bürger. Sie wissen, dass es ihnen inzwischen viel besser als den einstigen Siegern geht.

01. März 1987: Radio Glasnost sendet »außer Kontrolle«

Mit Radio 100 geht am 1. März 1987 der erste private Rundfunksender in Berlin in den Äther. Für ein paar Oppositionelle aus dem Osten, die vom Westen aus ein unabhängiges und unzensiertes Radio machen wollen, ist das eine neue Hoffnung.

Sie hatten es Ende 1986 schon einmal probiert. Auf dem Dachboden eines Hauses an der Mauer auf Kreuzberger Seite wurde ein Piratensender installiert. Die Ostberliner Oppositionellen Reinhard Schult, damals 35, und Stefan Krawczyk, damals 31, schrieben Beiträge, andere lieferten brandheiße Informationen.

Dreimal geht ihr »Schwarzer Kanal« ohne Lizenz auf Sendung. Sofort sind in Ost und West die Peilwagen unterwegs. Der Westen möchte keinen Ärger mit den Alliierten wegen des illegalen Senders, im Osten sucht die Stasi die kriminellen Funker.

Sie schlägt erbarmungslos zu. Als sich Andrea Franke und Dirk Teschner aus Karl-Marx-Stadt (heute Chemnitz) von Bekannten in Berlin die Sendungen auf Kassette besorgen und gemeinsam mit Freunden hören, werden sie wenig später wegen staatsfeindlicher Hetze verurteilt.

Angesichts eines solchen Risikos verstummt der Piratensender. Doch nun hat man Kenntnis darüber, wie privates Radio für den Osten funktionieren könnte. Roland Jahn,

Jahrgang 1953 und 1983 zwangsweise aus der DDR ausgebürgert, nimmt die Sache in die Hand. Er weiß, wie man Information vor Ort beschafft und der Rundfunkredakteur Dieter Rulff, damals 30, unterstützt das Projekt.

Im August startet dann die Sendereihe »Radio Glasnost – außer Kontrolle«. Sie dauert eine Stunde und hat ihren festen Sendeplatz jeweils am letzten Montag eines jeden Monats. Damit hat die DDR-Opposition eine Stimme im legalen Rundfunk im Westen.

Viele Sendungen werden im Osten auf Band aufgenommen. Journalisten, Diplomaten und Bundestagsabgeordnete der Grünen helfen, sie über die Grenze zu schmuggeln. Bis Anfang 1990 laufen 27 Sendungen. Sie sind in Ostberlin und rings um Westberlin zu empfangen.

Doch die Existenz der interessanten Beiträge spricht sich herum. Sendungen von Radio Glasnost werden mitgeschnitten und überall in der DDR unter vertrauenswürdigen Gleichgesinnten verbreitet. Die Stasi versucht, Spitzel zu lancieren und die Sendungen technisch zu stören – die Stimme der Opposition kann sie nicht mehr stoppen. Als dann gar noch das SED-Zentralorgan »Neues Deutschland« in einem Kommentar gegen Radio Glasnost wettert, gilt das als besonders überzeugende Empfehlung.

25. April 1987: DDR-Bürger unter Feuer

Der sowjetische Soldat Hikmatow will am 25. April 1987 nach einem Diebstahl seinen Verfolger abschütteln und wirft mit einer scharfen Handgranate nach ihm. Der DDR-Bürger hat Glück und kommt mit Splitterverletzungen davon. Das sowjetische Militärtribunal sieht in dem Vorfall beileibe keinen Mordversuch, sondern nur einen Fehltritt im Dienst. Hikmatow kommt mit 18 Monaten Disziplinareinheit davon.

Fälle wie dieser machen den DDR-Staatsanwälten immer wieder Sorgen, denn oft berufen sich die Sowjets bei Übergriffen ihrer Soldaten auf Leib und Leben der Deutschen auf Ausübung dienstlicher Obliegenheiten. Laut Stationierungsabkommen, Artikel 6 b, sind sie dann – im Gegensatz zu kriminellen Delikten – allein für die Strafverfolgung zuständig. Experten vermuten, dass aus diesem Grund eine erhebliche Anzahl an Tötungsdelikten durch DDR-Ermittler gar nicht erfasst werden durfte.

Es lebt sich gefährlich, auch wenn oftmals wilde Schießereien letztlich doch noch glimpflich ausgehen. So peitscht beispielsweise am 18. November 1988 um 16.25 Uhr eine Garbe Leuchtspurmunition über das Gehöft einer Familie in Berkholz, Neu Zervelin. Einen Schusswechsel in Wildwestmanier liefern sich sowjetische Soldaten zwei Monate später, am 16. Dezember, bei Boizenburg. Am 16. Januar 1989 zischt Leuchtspurmunition in der Nähe des Schießplatzes Beutel über ein Dorf.

Bedrohlich wird es auch, wenn die Offiziere wildern gehen. Am 22. September 1988 von 11.30 bis 12.30 Uhr ist im Revier Staakow zwischen Jamlitz und Pinnow gleich eine ganze Gruppe unterwegs. Am 25. September gegen 23.30 Uhr knallen die MPis im Revier Byhlen. Das bleibt den DDR-Jägern – darunter oft NVA-Angehörige – meist nicht verborgen. Greifen sie ein, richtet sich das Feuer schnell gegen sie.

06. Juni 1987: Erste Sprechchöre: »Die Mauer muss weg«

Zur 750-Jahrfeier Berlins wetteifern die eingemauerten Stadthälften um das beste Programm. Zu Pfingsten 1987 setzt der Westteil auf Konzerte mit internationalen Stars wie David Bowie, den Eurythmics und Genesis. Sie spielen vor dem Reichstag, einige Lautsprecherbatterien sind extra gen Osten ausgerichtet.

Am 6. Juni erscheinen rund 300 Fans auf der Ostseite des Brandenburger Tores Unter den Linden. Die reichlich aufmarschierte VP hält sich zurück. Trotz hoher Phonzahlen ist nicht viel zu hören. Dafür werden die Patienten der Charité beschallt. Der frühere Bonner Vertreter in Ostberlin, Günther Gaus (1929–2004), hält das für eine Unverschämtheit des Westens, die der Feindseligkeit zwischen den Stadthälften geschuldet ist.

Am nächsten Tag sieht es anders aus. Nun sind rund 3000 Ostler mit dem Ohr an der Mauer. Der Wind hat sich gedreht und die Eurhytmics kommen gut rüber. Polizei und Stasi wollen die Fans nicht zu dicht an den »antifaschistischen Schutzwall« lassen. Es kommt zu Rangeleien, die Lage spitzt sich zu. Dann erschallen Sprechchöre: »Die Mauer muss weg«, und es folgt die Bitte: »Gorbi hilf!«. Es ist das erste Mal seit dem Mauerbau, dass solche Aufmüpfigkeit öffentlich geschieht. Die harmlosen Musikfans sind plötzlich politisiert. Noch helfen dagegen die Polizeiknüppel.

Im Westen wird die Lage aufmerksam beobachtet. US-Präsident Ronald Reagan (1911–2004) nimmt die Stimmung auf, als er wenige Tage später, am 12. Juni 1987, auf der anderen Seite der Mauer für manche überraschend fordert: »Mister Gorbatschow, tear down this wall!«

10. September 1987: Erich allein zu Haus

Es ist das schmächtigste der Gebäude in der Reihe. Die Kuchenbergstraße raus aus Wiebelskirchen Richtung Neunkirchen, dann linker Hand das Haus Nr. 88, das mit der kleinen Tür und den Glasbausteinen. Hier wohnt die 70-jährige Gertrud Hoppstädter, geborene Honecker.

Am 10. September 1987 ist Bruder Erich aus der DDR auf Besuch. Der 75-Jährige kommt nicht als Rentner, wie damals Hunderttausende, sondern als Staatschef, der gerade offiziell in Bonn empfangen wird. Deshalb bleibt er auch nur gut eine Stunde.

Erich allein zu Haus. Seit 1949 zum ersten Mal wieder in der saarländischen Heimat. Mit einem »Fühle Se sich wie dehemm« hat ihn Ministerpräsident Oskar Lafontaine, damals 43, begrüßt und »de saarländische Flatschnickel Erich«, so alte Genossen, echot bewegt: »Wie dehemm.«

Er hat mit Gertrud Kaffee getrunken, das Grab der Eltern besucht und im Garten des Hauses, das der Großvater baute, einen Apfel gepflückt. Der hölzerne Honecker wird weich, lässt seinen Redetext von der »Bunsreplik Deuschland« und der »deuschkratischen Replik« beiseite und analysiert die Lage »als alter Neunkirchner«.

Alle wüssten doch, dass es zwei deutsche Staaten gebe und die auch noch in unterschiedliche Blöcke eingebunden seien. Und »dass die Grenzen nicht so sind, wie sie sein sollten, ist nur allzu verständlich«. Aber man habe ja gerade in Bonn ein Kommuniqué unterzeichnet und wenn alles im gewünschten Sinne liefe, »dann wird auch der Tag kommen, an dem die Grenzen uns nicht mehr trennen, sondern uns vereinen«.

Das ist eine sensationelle Aussage des Abgrenzungspolitikers. Als er sich wieder im Griff hat, schiebt Honecker nach, dass die Grenze dann werden könnte wie die zwischen der DDR und Polen. Die Rakete ist verpufft, aber es war eine Rakete. Die restlichen Minuten auf Heimaturlaub ist Erich Honecker wieder der sozialistische Sieger, der kurz bei den Kampfgenossen vorbeischaut. Die sind mit dem Auftritt hochzufrieden, denn alle Saarländer scheint ein kollektiver, landsmannschaftlicher Minderwertigkeitskomplex zu vereinen. Und ihr Erich hat es »denen im Reich« gerade gezeigt.

27. Oktober 1987: Handgranaten im Straßengraben

Der laxe Umgang mit Waffen und Munition bei den sowjetischen Truppen in der DDR ist legendär. Viele NVA-Soldaten haben sich von den Waffenbrüdern kleine Reserven beschafft, denn wenn bei der DDR-Truppe mal auch nur eine Patrone fehlte, gab es großen Ärger.

Das sehen die Russen alles sehr locker. In der Geheimen Verschlusssache A 426 034 vom 27. Oktober 1987 wird das Politbüro des ZK der SED über Folgendes informiert:

Auf öffentlichen Mülldeponien werden Ausrüstungsgegenstände, Waffenteile und Munition abgelagert. Auf verschiedenen Deponien der DDR wurden zum Beispiel 1985 Funde von

– 1608 Stück MPi-Munition 5,4 mm
– 2462 Stück MPi-Munition 7,62 mm
– 359 Stück Munition Kaliber 12,7, 14,5 und 28 mm
– 50 verschiedene Granaten
– 197 Minen
– 4 Handgranaten und
– 3 Raketen

gemeldet.

Zwischen dem 1. Januar 1986 und dem 30. Juni 1987 erfuhr der Militär-Oberstaatsanwalt der DDR von 189 Fällen verschwundener Munition. Dabei handelte es sich oft um große Mengen. Beispiele:

– Am 31. Januar 1987 fand ein Anwohner bei Grethen (Kreis Grimma) drei Kisten mit 10 000 Schuss für MPi und MG.

– Am 2. Februar 1987 entdeckte ein Spaziergänger in einem Straßengraben bei Stern-Buchholz eine Kiste mit 20 Handgranaten und den dazugehörigen Zündern.

– Am 19. April 1987 wurden auf einer wilden Müllkippe bei Wittenberg 1080 Patronen für die AK 74 gefunden. Außerdem gaben verschiedene Bürger acht MPis bei der Polizei ab.

– Am 20. Juli 1987 erwischte ein Bürger eine von einem sowjetischen Lkw gefallene Kiste mit zwölf Maschinenpistolen und zwei Panzerbüchsen.

Angesichts solcher Mengen ist eine ganz spezielle Sorge verständlich. Am 3. Juli 1987 äußert sie der DDR-Oberstaatsanwalt Generalmajor Harald Girke gegenüber seinem sowjetischen Kollegen, Generalmajor d. J. Perepeliza: »Er schätzte ein, dass ein derart leichtfertiger Umgang mit Waffen und Munition die Gefahr in sich berge, dass Konterrevolutionäre sich ausrüsten könnten.«

Die Waffenfunde führten immer wieder auch zu schweren Unfällen. Ende März 1989 brachten vier Jugendliche eine auf einer Müllkippe bei Königsbrück gefundene Patrone zur Explosion. Es gab zwei Tote und einen Schwerverletzten. Am 27. Mai 1989 starben zwei Kinder, die mit sowjetischer Fundmunition auf dem Truppenübungsplatz Dolmar bei Meiningen spielten.

24. November 1987: Sturm auf die Umweltbibliothek

Die Stasi nennt ihre Aktion Falle. Und der Sturm auf die Umweltbibliothek in Berlin am 24. November 1987 wird auch zur Falle – allerdings für die Jäger.

Als die Staatssicherheit im Dunkel der Nacht in den Kellerräumen der evangelischen Zionskirchgemeinde in der Griebenowstraße 16 zuschlägt, sind die Westmedien dabei. Sie machen die Gewaltaktion gegen den Treffpunkt der DDR-Oppositionellen bekannt.

Die verhafteten Mitarbeiter der Umweltbibliothek müssen schnell wieder freigelassen werden. Sie und ihre Sympathisanten fühlen sich nach der Stasi-Aktion Falle sicherer. Die Mahnwachen in der DDR und das internationale Echo auf den Übergriff haben nämlich gezeigt, dass sich die UB nicht mehr einfach beseitigen lässt.

Unter dem Dach der Zionskirche gründete sich im Oktober 1986 ein Zentrum der langsam erstarkenden Bürgerbewegung. Der harmlos klingende Name Umweltbibliothek ließ kaum ahnen, welche brisante Aufgabe es sich gestellt hatte. Hier sollte das staatliche Informationsmonopol gebrochen werden. Die UB sammelte Bücher, Informationen und Schriften, die in der DDR verboten oder einfach nicht erhältlich waren. Hier lagen sie aus. Ob SED-Dissident Rudolf Bahro oder KPD-Dissident Wolfgang Leonhard, wer sich über in der DDR unterdrücktes Wissen informieren wollte, konnte dies in der UB. Es gab Analysen von verheimlichten Umweltkatastrophen im Ostblock ebenso wie aktuelle Schilderungen der Giftschäden rings um das Chemiekombinat Bitterfeld.

Auf einfachen Geräten druckten die Aktivisten der Umweltbibliothek ihre monatlich erscheinenden »Umweltblätter« und die Untergrund-Zeitschrift »Grenzfall«. Die Umweltbibliothek verstand sich als selbst organisierte Bildungseinrichtung. Sie wollte kirchliche Strukturen für politische Themen öffnen. Diese Aufgabe hatte sich mit der Schaffung der deutschen Einheit überlebt. Die Umweltbibliothek arbeitete noch bis Ende der 90er Jahre und löste sich dann auf.

11. Dezember 1987: Butterfahrt nach Warnemünde

Als die Baltic Star am 11. Dezember in Warnemünde mit Kurs Travemünde ablegt, geht eine Verschlusssache im deutsch-deutschen Reiseverkehr zu Ende, die jahrelang als Geheimtipp galt.

Von 1983 bis 1987 gab es auf der Ostsee regelmäßig Tagesfahrten von Travemünde im Westen nach Warnemünde im Osten. Sie gehörten zu den damals üblichen Butterfahrten – Hochseetouren, bei denen außerhalb der Drei-Meilen-Zone der zollfreie Einkauf möglich war.

Jeweils 500 bis 600 Fahrgäste schipperten mehrmals pro Woche mit der Baltic Star in die DDR. Das DKP-nahe

Reisebüro Hansa Tourist GmbH erledigte für 79,50 DM sämtliche Formalitäten. Nach der Ankunft gegen zwölf Uhr in Warnemünde wurden Busausflüge in die Umgebung Rostocks oder Veranstaltungen angeboten. Die letzte Reise am 11. Dezember galt einem Besuch auf dem Rostocker Weihnachtsmarkt. Um 17.45 Uhr mussten die Passagiere zurück an Bord sein, um 18 Uhr legte die Baltic Star ab.

Im Gegensatz zu den sonst üblichen West-Besuchen, für die die Ost-Verwandtschaft eine polizeiliche Genehmigung zu beantragen hatte, war dies bei den Butterfahrten nicht nötig. Deshalb nutzten sie viele DDR-Bürger, um sich mit Freunden in Rostock zu treffen, was sonst nur in Ostberlin, Prag oder am Balaton möglich war. Allerdings unterband der DDR-Zoll solche Treffen, wenn der West-Besucher erst kurz zuvor »republikflüchtig« geworden war. Diese Reisenden durften das Schiff nicht verlassen, es sind aber auch keine Übergriffe auf sie bekannt.

Nebenbei: Die Baltic Star wurde 1963 als Helgoland von den Howaldtswerken Deutsche Werft in Hamburg gebaut. Als Lazarettschiff umgerüstet, lief sie am 10. August 1966 nach Vietnam aus, um den Krieg der USA gegen das Land zu unterstützen. Diese Aktion rief in West und Ost Proteste hervor. Bis 1972 wurden auf der Helgoland in Saigon und Da Nang 12 500 Verwundete amerikanische Soldaten und etwa 330 000 vietnamesische Zivilisten medizinisch versorgt. Erneut umgebaut, macht die Baltic Star heute als Galapagos Legend Kreuzfahrten zwischen Ecuador und den Galapagosinseln.

Ende 1987: Giftmüll im Tagebau

Bis Ende 1987 läuft in der DDR die Produktion des giftigen Insektizides Lindan. Es wird nicht nur in Bitterfeld, sondern auch in Magdeburg, Karl-Marx-Stadt (heute Chemnitz) und Berlin hergestellt.

Im Westen wird der Halogenkohlenwasserstoff »Lindan« seit 1984 nicht mehr produziert. Das Gift kann in die Nahrungskette des Menschen gelangen und überdies entsteht bei der Herstellung Giftmüll. In der DDR nennt man diese unumgänglichen Abprodukte diskret Charge A. Sie werden einfach in den Löchern ausgekohlter Tagebaue verkippt. Die genaue Zusammensetzung der Industrieabfälle und die Lagerstätten des Giftmülls unterliegen strikter Geheimhaltung. Nach der Einheit werden jedoch einige gefährliche Fundorte entdeckt:

– In den Tagebaurestlöchern Antonie und Freiheit zwischen Sandersdorf und Kreppin bei Bitterfeld konnten etwa 70 000 Tonnen Abprodukte der Lindan-Fertigung des Chemiekombinates Bitterfeld nachgewiesen werden. Besonders gefährlich: Sie standen dort mit dem Grundwasser in Kontakt.

– In der Grube Regina, Gemeinde Schiffmühlen, Kreis Bad Freienwalde, verkippte der VEB Berlin-Chemie Lindan-Rückstände. Etwa 40 000 Tonnen des gefährlichen Abfalls kamen im Laufe der Jahre zusammen.

– In die Steinbrüche Emden, früherer Kreis Haldensleben, einem Landschaftsschutzgebiet, entsorgte der VEB Fahlberg-List zirka 50 000 Tonnen Giftmüll. Ein Doktorand der Akademie der Wissenschaften der DDR konnte dort schon vor 1989 sehr große Mengen von den Lindan verwandten Schadstoffen nachweisen.

19. Januar 1988: Ein sowjetischer Panzer stoppt den D 716

Obwohl erst 17.50 Uhr, ist es bereits stockdunkel, als ein 18-jähriger sowjetischer Panzerfahrer am 19. Januar 1988 in Forst Zinna seine letzte Runde mit dem Fahrschulpanzer dreht.

Mitten durch das 500 Hektar große Militärareal verläuft die Eisenbahn-Hauptstrecke Leipzig – Berlin – Stralsund. Sie trennt die Kasernen für rund 40 000 Soldaten von dem Manövergelände und sorgt immer wieder für Tote und Verwundete – meist durch fahrlässiges Überqueren der Gleise. Beschwerden und Eingaben der Reichsbahner werden ignoriert. Die sowjetischen Truppen lassen sich von den DDR-Behörden nicht vorschreiben, wie sie sich auf ihrem Übungsplatz zu bewegen haben.

Hier rollen ständig Dutzende von Lkws und Panzerfahrzeugen. So auch an diesem Winterabend. Der Soldat jagt den T 72 den Bahndamm hoch. Der Motor jault, dann würgt er ab. In Panik springen Fahrschüler und -lehrer aus dem Panzer, der mitten auf dem Gleiskörper stehen bleibt. Die beiden laufen weg.

Derweil zischt der D 716 mit 400 Fahrgästen an Bord heran. Er hat 120 km/h drauf, und der Lokführer bemerkt erst im letzten Moment das unbeleuchtete Hindernis auf den Schienen. Trotz Schnellbremsung sterben sechs Menschen in den Trümmern des Zuges. 33 werden verletzt, viele von ihnen schwer. Die Waggons springen aus den Schienen, verkeilen sich ineinander. Das macht die Bergung der Verletzten schwer. Zerrissene Gleise und geborstene Schwellen liegen herum, Druckluft faucht, Schreie gellen durch die Nacht.

Die Schuldfrage ist eindeutig geklärt, und im dritten Jahr von Glasnost und Perestroika in der Sowjetunion sind die ostdeutschen Ermittler nicht mehr so einfach am Kasernentor abzuwimmeln. Obwohl der Fahrschulpanzer mit neuer Technik ausgerüstet sein soll, darf das Wrack untersucht werden und es gibt auch ein Gespräch mit den beiden sowjetischen Unfallverursachern.

Die DDR-Presse berichtet ausführlich. Dann teilt das sowjetische Oberkommando mit, dass die beiden Panzersoldaten vor ein Militärgericht gestellt werden. Gerüchte wollen von Todesurteilen wissen, eine Bestätigung dafür gibt es jedoch weder von der DDR-Justiz noch von sowjetischer Seite. Auch nicht nach dem Abzug der Truppen aus der ehemaligen DDR.

Nebenbei: Ein ähnliches Vorkommnis gab es bereits sechs Jahre zuvor im Westen. Am 2. August 1982 gegen ein Uhr kracht der D 15233 mit 130 km/h bei Ostercappeln auf einen britischen Schützenpanzerwagen. Zwei junge Soldaten hatten das 15-Tonnen-Gefährt in der Mercer-Kaserne am Limberg in Osnabrück entführt. Sie donnern über die A1, entwischen immer wieder der Militärpolizei und den neun sie verfolgenden Polizeiwagen. Die Amokfahrt endet auf den Gleisen der Hauptstrecke Bremen – Osnabrück.

Der D 15233 schleift den Panzerwagen 300 Meter weit mit. Beide Loks (die 112 268 läuft nur als Wagen mit) und alle fünf Wagen springen aus den Schienen, der zweite Wagen kippt um. Glücklicherweise ist ein Gegenzug gerade durch.

Die beiden britischen Soldaten sind sofort tot. Einer der beiden Lokführer auf der Lok 110 149 überlebt schwerverletzt, es gibt 23 Unfallopfer. Der Sachschaden beträgt etwa 2,5 Millionen DM, darunter 425 000 Mark für das zerschmetterte Kettenfahrzeug.

12. Februar 1988: Geheime Gefahren

Im Umweltschutz war die DDR Weltspitze – glaubt man dem Papier. Schon die Verfassung von 1968 macht den Schutz von Natur und Umwelt zur Pflicht des Staates, und als eines der ersten Länder der Welt richtet die DDR bereits 1972 ein Ministerium für Umweltschutz und Wasserwirtschaft ein. In der Praxis scheren sich die Partei und Regierung einen Dreck um die Umwelt. Die Wirtschaft ist wichtiger, produziert wird nach dem Motto: Koste es, was es wolle.

Ob durch Braunkohlegruben zerstörte Landschaften oder verseuchte Flüsse, schadstoffgesättigte Luft oder Chemie-Kloaken – das Einzige, was in Sachen Umwelt getan wird, ist, jede Information darüber abzuschneiden und Diskussionen zu unterbinden. Das lassen sich die Bürger lange bieten, doch Ende der 80er Jahre ist Schluss damit. Erste Umweltaktivisten organisieren sich unter dem Dach der Kirche.

Vom 12. bis 15. Februar 1988 tagt in Dresden die Erste Ökumenische Versammlung für Gerechtigkeit, Frieden und Bewahrung der Schöpfung in der DDR. 146 Delegierte verschiedener kirchlicher Gemeinschaften schlagen Alarm. Mit dabei ist der 24-jährige Michael Beleites. Der Mitbegründer der Umweltbewegung in der DDR hat sich mit dem Tabuthema Uranbergbau beschäftigt. Als »nur für den innerkirchlichen Dienstgebrauch« deklariert, erscheinen von ihm 1988 beim Kirchlichen Forschungsheim Wittenberg 64 hektographierte Seiten. Die Studie »Pechblende – Der Uranbergbau in der DDR und seine Folgen« beschreibt erstmals Gefahren und Folgen der streng geheimen Aktivitäten. Einige seiner Erkenntnisse, etwa über den Aufbereitungsbetrieb Crossen: »Immer wieder kommen in den Aufbereitungsbetrieben technische Havarien vor, wobei nicht nur weitaus größere Mengen radioaktive Substanzen und Schwefelsäure, sondern auch hochgiftige Lösungsmittel in die Flüsse gelangen. Im April 1985 kam es im Aufbereitungsbetrieb Crossen zu einer Havarie; eine Rohrleitung platzte, und eine trübe Flüssigkeit wurde mit hohem Druck über dem Dorf Crossen versprüht. Straßenreinigungsfahrzeuge säuberten daraufhin die Straßen im ganzen Dorf, und einige Dächer mussten mit Feuerwehrschläuchen abgespritzt werden. Im November und Dezember 1987 kam es an der Schlammabsetzanlage des Aufbereitungsbetriebes Crossen zu einem Massensterben von hier rastenden Wildenten, welches wahrscheinlich auf einen Chemikalienunfall zurückzuführen ist ...

Die radioaktiven Sickerwässer der Schlammabsetzanlagen verunreinigen das Grundwasser, zum Teil werden sie über ein Drainagesystem aufgefangen und in Flüsse geleitet ...

Einwohner von hier berichteten, dass im Jahre 1964 eine Schleuse im Damm der Schlammabsetzanlage gebrochen sei und große Mengen von radioaktivem Schlamm durch das Dorf Oberrothenbach hindurch in die Mulde geflossen seien ... Die radioaktive Belastung soll sich bis zur Elbe hin ausgewirkt haben ...

Die mit Uran angereicherte Schwefelsäure bzw. alkalische Lauge aus der Untertagelaugung und der Haldenlaugung wird mit speziellen Lkws in den Aufbereitungsbetrieb gefahren. Es kommt öfter vor, dass die Transportbehälter nicht dicht sind und ein Teil der Uranlösung unterwegs auf die Straße läuft ...

Die wasserlöslichen Verbindungen des hochradioaktiven Elements Radium spielen bei der radioaktiven Gewässerbelastung eine besondere Rolle ...«

Beleites' empirische Forschungsarbeit deckt manche Beinahe-Katastrophen auf, von denen es ansonsten kaum Spuren gibt.

15. Februar 1988: Rennsteig gegen Sputnik – Auffahrunfälle bei der Deutschen Reichsbahn

Am 15. Februar 1988 hat die Deutsche Reichsbahn einen Auffahrunfall zu vermelden. Die Lok 243 264 aus dem

Bahnbetriebswerk Erfurt vor dem Ex 150 fährt am Abzweig Eichgestell auf dem östlichen Berliner Außenring auf die haltende Lokomotive 243 297 aus dem Bahnbetriebswerk Berlin-Ostbahnhof auf, die einen Wendezug schiebt.

Die Züge haben ihre Geschichte. Der Ex 150 heißt Rennsteig und verkehrt von Meiningen nach Berlin. Der Volksmund nennt ihn Bonzenschleuder, denn im Städte-Schnellverkehr soll er besonders Dienstreisenden einen Tagesaufenthalt in der Hauptstadt ermöglichen. Auf der Rückreise nach Thüringen schleppen die Reisenden im Rennsteig all das mit, was es bevorzugt nur in Berlin gibt: H-Milch und Club-Cola, Hortex-Konserven und Eberswalder Würstchen, Salami, Rouladen, manchmal sogar Bananen.

Der an diesem Vormittag zerbeulte Wendezug ist einer der Sputniks, der stündlich von Berlin-Karlshorst nach Potsdam-Hbf (heute Pirschheide) und weiter bis Werder zum S-Bahn-Tarif verkehrt. Seit die Mauer steht, muss Westberlin umfahren werden. Dazu wurde zwischen 1951 und 1961 der 125 Kilometer lange Berliner Außenring gebaut. Alle Züge aus allen Richtungen, die Berlin berühren, müssen dort durch – entsprechend stark befahren ist er.

Unfallursache beim Zusammenstoß zwischen Rennsteig und Sputnik ist menschliches Versagen. Ein Signal wurde übersehen. Neben dem erheblichen Sachschaden an beiden Lokomotiven und mehreren Wagen stirbt ein Reisender aus dem Ex 150 an seinen Verletzungen.

So glimpflich geht es nicht immer ab. Die »Rhein-Zeitung« verzeichnet in ihrer Chronologie der schwersten Zugunglücke in Deutschland für das Gebiet der DDR:

– 31. Oktober 1982: Bei Potsdam fährt ein Güterzug auf einen vollbesetzten Personenzug. Der Lokführer des Güterzuges übersah in dichtem Nebel Signale. Acht Tote, 55 Verletzte.

– 29. Februar 1984: Im Bahnhof Hohenthurm bei Halle fährt der D-Zug Berlin – Saarbrücken auf einen Personenzug. Der Lokführer übersah bei Nebel ein Haltesignal. Elf Tote, 46 Verletzte.

– 11. Oktober 1985: Bei Magdeburg stoßen auf einem wegen Bauarbeiten nur eingleisig befahrbaren Teilstück ein

Personenzug und eine Diesellok frontal zusammen. Menschliches Versagen des Fahrdienstleiters. 13 Tote, 40 Verletzte.

– 3. Dezember 1988: Bei Görlitz stoßen ein Kohlenzug aus Polen, dessen Lokführer ein Haltesignal übersah, und ein Reichsbahnzug frontal zusammen. Sechs Tote, vier Verletzte.

– 22. März 1990: Im Bahnhof Gröbers zwischen Halle und Leipzig kollidieren ein D-Zug und ein haltender Personenzug. Fünf Fahrgäste kommen ums Leben, 50 werden verletzt. Der Fahrdienstleiter des Bahnhofs hatte eine Fahrstraße freigegeben, ohne vorher zu prüfen, ob sie auch frei ist.

28. März 1988: Gasalarm in Teutschenthal

Als sich am 28. März 1988 zwischen Teutschenthal und Bad Lauchstädt die Erde öffnet und an manchen Stellen Geysire zu sprudeln scheinen, trauen viele ihren Augen nicht.

Am Morgen dieses Tages, kurz vor sieben Uhr war es in einer Kaverne zwischen den beiden Orten nicht weit von Halle zu einem Druckabfall gekommen. Alle Versuche, in dem unterirdischen Gas-Lagerraum den Normdruck wieder herzustellen, scheitern. Nach etwa einer Stunde tritt an einigen Stellen Gas aus. Es entstehen immer mehr Lecks, so dass gegen Mittag Havariealarm ausgelöst werden muss.

Der Riss durch die Erde wächst beständig. Um 15 Uhr strömt an etwa 20 Stellen Gas aus. Die Erosion ist inzwischen fast einen Kilometer lang und zwischen einem Zentimeter und einem Meter breit. Was da zischt und brodelt ist ein Gemisch aus Ethylen, Schlamm und Wasser. An einigen Stellen schießen Fontänen davon bis zu fünf Meter in den Himmel. Ethylen wird in Leuna und Buna als Grundstoff für Plastikwerkstoffe und für chemische Zwischenprodukte benötigt. Es entsteht eine Gaswolke, die sich abends gegen 20 Uhr auf vier Kilometer ausgedehnt hat.

Ethylen ist nicht giftig, aber das Gas ist hochexplosiv. Rund 100 Einwohner aus Teutschenthal werden evakuiert, niemand weiß so richtig, was eigentlich los ist. Die Gefahr vergeht, wie sie gekommen ist. Dank der günstigen Wetterlage verflüchtigt sich die Gaswolke und bereits gegen 22 Uhr liegt ihre Konzentration unterhalb der Explosionsgrenze. Zwei vorsorglich gesperrte Fernstraßen und eine Bahnlinie werden noch in der Nacht wieder freigegeben.

Außer ein paar Bindehautreizungen sind bei den Einwohnern keine gesundheitlichen Folgen festzustellen. Aber es hätte in einer Katastrophe mit unabsehbaren Folgen enden können. Als Grund für den Beinahe-Unfall vermuten Experten eine tektonische Verschiebung oder einen Gebirgsabriss. Letzte Sicherheit gibt es jedoch nicht. Deshalb soll die Kaverne mit 9000 Tonnen Ethylen sicherheitshalber geleert werden. Da Leuna und Buna pro Stunde nur maximal zehn Tonnen Gas abnehmen können, wird erst einmal umgelagert und ein anderer Untergrundspeicher mit dem Ethylen aus Teutschenthal gefüllt.

Frühjahr 1988: Ein trauriger Opa in Pankow

In den letzten Januartagen 1988 bekommt Erich Honeckers zweijährige Enkelin Mariana plötzlich hohes Fieber. Mutter Sonja, damals 36, bringt ihr Kind ins Regierungskrankenhaus in Berlin-Buch. Mariana schluckt Medikamente. Kurze Zeit später stirbt sie.

Opa Erich und Oma Margot stehen unter Schock. Die Chefin des Regierungskrankenhauses wird innerhalb von 24 Stunden gefeuert. Es ist nicht mehr als eine hilflose Geste. Auf Wunsch der Eltern und Großeltern findet keine Obduktion statt, so dass die Todesursache ungeklärt bleibt. Früher im Regierungskrankenhaus tätige Mediziner halten es inzwischen für möglich, dass es sich um die weit verbreitete Kinderkrankheit Pseudokrupp handelte. Die auf alte Männer spezialisierten Ärzte in dem am besten und modernsten ausgestatteten Krankenhaus der DDR hätten die Virusinfektion nicht richtig erkannt.

Im kleinsten Kreis der Familie wird das Kind in der Randbegrünung eines Friedhofs in Pankow beigesetzt. Eine weiße Stele auf dem Grab trägt nur den Namen Mariana. Erich Honecker ist in den folgenden Wochen kaum ansprechbar. Er leidet und verschließt sich. Über ein halbes Jahr lang lässt er sich jede Woche zum Grab fahren, manchmal mehrmals. Dort pflegt er die Blumen, lockert die Erde. Dabei will der traurige Opa allein sein.

Schon bei einem der ersten Besuche postiert Erich Honecker eine prächtige Kristallvase auf dem Grab. Nach der ersten Nacht ist sie verschwunden. In aller Eile wird ein Duplikat der Vase beschafft und aufgestellt. Erich Honecker besteht darauf, dass sie ständig auf dem Grab Marianas bleibt. Er kann sich einfach nicht vorstellen, dass in seiner DDR gestohlen wird.

Deshalb steht künftig nun ein Stasi-Posten bereit. Wird über Funk ein spontaner Abstecher des Generalsekretärs auf den Friedhof angekündigt, stellt er das Prachtstück aufs Grab. Danach wird die Vase wieder im Büro der Friedhofsverwaltung eingeschlossen. Erich Honecker erfährt nichts von dem kleinen Schwindel.

02. April 1988: Schiffsunfall auf der Elbe

Wo der Nord-Ostsee-Kanal mit mehr als 52 000 Passagen pro Jahr bei Brunsbüttelkoog in die Unterelbe mündet, ist es für Schiffe eng wie auf einer Großstadtkreuzung. Das wird am 2. April 1988 dem DDR-Kühlschiff Heinrich Heine zum Verhängnis.

Bei leichtem Nebel läuft der indonesische Frachter Mataram der Heinrich Heine auf Steuerbord mittschiffs in die Seite. Mit 13 445 Bruttoregistertonnen ist er fast doppelt so groß wie das mit 6641 BRT vermessene Schiff der Deutschen Seereederei, dass Südfrüchte aus Kuba im Liniendienst in die DDR befördert.

Die Schäden am DDR-Frachter sind so schwer, dass er fahruntüchtig in der Elbe liegt. Die Mataram hat mit ihrem Steven die Aufbauten des ostdeutschen Schiffes bis zur Mitte eingedrückt und zerrissen. Ein riesiges dreieckiges Loch klafft dort. Doch noch schlimmer sieht es unter Wasser aus. Der weit auskragende Wulstbug des Indonesiers riss den Maschinenraum auf und kam gerade einmal einen Meter vor der Hauptmaschine zum Stehen. Es grenzt an ein Wunder, dass auf der Heinrich Heine nur zwei Verletzte zu beklagen sind.

Schlepper müssen die Kollisionsgegner auseinanderziehen.

Die Mataram hat sich nur den Bug eingedrückt und kann mit eigener Kraft nach Hamburg weiterlaufen. Das DSR-Kühlschiff muss von einem Bergungskran dorthin geschleppt werden.

Die Reparatur des 1975 in Norwegen gebauten Frachters erledigt die Mützelfeldtwerft in Cuxhafen. Sie muss innerhalb einer Frist von 84 Tagen die Steuerbordschiffswand und etwa 40 Prozent der Decksaufbauten neu errichten. 111 Tonnen Stahl werden verbaut, dazu kommen die Innenausstattung, die Elektrik, die Überholung der Hauptmaschinen und die Erneuerung von zwei Hilfsdieseln. Am 13. August 1988 wird die Heinrich Heine zurück an die Deutsche Seereederei geliefert.

27. Mai 1988: Ein Bundeskanzler ganz privat

Grenzübergang Herleshausen Wartha, 27. Mai 1988, 12.30 Uhr: Zwei dunkle Daimler nähern sich dem DDR-Schlagbaum. Die Kontrolle auf der Sonderspur dauert keine drei Minuten. Dann tauscht einer der Reisenden 1000 D-Mark eins zu eins in Ostmark um ...

Bundeskanzler Helmut Kohl, seine Frau Hannelore und Sohn Peter sind zu einem Privatbesuch in die DDR eingereist. Mit dabei sind Regierungssprecher Friedhelm Ost, der Abteilungsleiter Inland des Bundespresseamtes, Wolfgang Bergsdorf, und zwei Fahrer.

Die Reise war während des Besuchs Erich Honeckers 1987 in Bonn vereinbart worden. Beide Seiten hielten sie streng geheim. Nur für die Stasi herrscht an dem Wochenende höchste Alarmstufe. Für sie lief an der Grenze die Aktion Historiker an. Die Hauptaufgabe ist, Kontakte des Bundeskanzlers mit DDR-Bürgern zu verhindern.

Das klappt schon an der ersten Station nicht, denn keiner weiß, was der Regierungschef aus dem Westen vorhat. Die kleine Gruppe macht in Gotha Halt. Eine Schulklasse erkennt den Kanzler, er gibt Autogramme und spricht mit Passanten. Alle sind freundlich. Im offiziellen Reisebericht für Erich Honecker heißt es hingegen: »Da die Bürger von Gotha keine Notiz von Kohl nahmen, wurden vom Bundeskanzler DDR-Bürger angesprochen.«

Die Stasi ist sauer. In Erfurt will sie besser aufpassen. Gegen 14.30 Uhr stehen die beiden Daimler vor dem Dom. Beim Gang über Krämerbrücke und Fischmarkt können die Überwacher den Westbesuch heimlich fotografieren. Gegen 16.45 Uhr rollen die Limousinen vom Domplatz. Ein Mann läuft auf sie zu, Kohl lässt stoppen und die Panzerscheibe fährt herunter. Der Mann gibt ihm einen Brief – und wird verhaftet.

Zu spät, denn der Kirchenangestellte Wolfgang Henschel ist sein Anliegen los: Seit 1983 kämpft er um die Ausreise. In dem Brief bittet er Kohl um Hilfe. Ein paar Monate später darf er in den Westen.

Am nächsten Tag steht die Klassikerstadt Weimar auf dem Reiseprogramm. 200 getarnte Stasi-Leute erwarten den Kanzler. Im Ilmpark, wo Goethes Gartenhaus steht, sammeln sich 18 Ausreisewillige – sie hoffen, dass Kohl hierher kommt. Fünf Stasi-Jogger drehen ihre Runden, um die Familien sofort abzudrängen, falls Helmut Kohl tatsächlich erscheint. Der merkt von alledem nichts, trifft erst nachmittags im Interhotel Elephant ein.

Bis zum Abendessen spazieren Kohl und seine Familie durch die Stadt: Markt, Herderplatz, Schillerstraße, Theaterplatz, Goetheplatz und Weimarhallenpark. Der Besuch aus dem Westen wird freundlich gegrüßt. Um 22.30 Uhr zieht er dann noch einmal alleine los, sucht Kontakt zu Jugendlichen. Tourist Kohl will es in einer Disco versuchen – und landet in einer Bar. Sie ist völlig leer. Bis auf den Westgast und seine Stasi-Schatten.

Am 29. Mai 1988 kommt Helmut Kohls kleine Reisegruppe nach Dresden. 968 Stasi-Mitarbeiter und 173 Volkspolizisten erwarten sie. Überrascht beobachten die unauffälligen und uniformierten Aufpasser, dass Helmut Kohl nicht in die weltberühmte Gemälde-Galerie geht, sondern lieber zum Oberligaspiel Dynamo Dresden gegen den FC Carl Zeiss Jena. Er kauft Stehplatzkarten für 2,50 Mark (Ost). Fußballfans erkennen Kohl. Hans Modrow, SED-Bezirkschef von Dresden, tut so, als würde er den Mann aus dem Westen nicht sehen. Dynamo gewinnt 3:1.

Als der Kanzler abends Wagners »Tannhäuser« in der Semperoper besucht, ist sogar ein kaltes Büfett mit Krimsekt und Häppchen für ihn vorbereitet. Doch der Westbesuch mischt sich in der Pause lieber unters Publikum. Der damalige Regierungssprecher Friedhelm Ost: »Natürlich bekamen wir wieder Zettel mit Ausreisewünschen zugesteckt.« Der Aufenthalt des westdeutschen Politikers in Dresden hat sich wie ein Lauffeuer herumgesprochen. Am nächsten Morgen warten Hunderte Menschen auf Helmut Kohl, der in der Hofkirche den katholischen Gottesdienst besucht.

Danach geht es wieder Richtung Heimat. Am 30. Mai um 16.33 Uhr passieren Bundeskanzler Helmut Kohl, seine Familie und seine Begleitung den Grenzübergang Hirschberg-Rudolphstein. Die Erinnerungen an die drei privaten Tage in der DDR bleiben für ihn unbezahlbar. Später sagt er: »Es war eine meiner wichtigsten Reisen ... Wie erhofft, erfuhren wir während dieser Wochenendreise mehr vom real existierenden sozialistischen Alltag als bei einem offiziellen Besuch.«

09. August 1988: Eine Rauchwolke über Schönebeck

Großalarm für die Feuerwehr in Schönebeck am 8. August 1988 um 18.45 Uhr. An der Elbe brennt eine Lagerhalle der Hermania, eines Betriebsteils des VEB Fahlberg-List. Sie ist bis unter das Dach mit Rohstoffen für die Herstellung von Pflanzenschutzmitteln gefüllt.

Es ist ein schwülheißer Tag. Am Nachmittag zeigt das Thermometer 30 Grad an, als zwei Arbeiter der Spätschicht an einem Palettenstapel Rauch entdecken. Wenig später schlagen Flammen aus dem Gebäude. Eine riesige schwarze Rauchwolke steigt auf und zieht über das Stadtgebiet von Schönebeck.

Die herbeigerufenen Feuerwehrleute, aber auch Bürger des Ortes bekommen Atembeschwerden. Die Volkspolizei fährt mit Lautsprecherwagen herum und fordert alle Einwohner auf, die Wohnungen nicht zu verlassen und die Fenster geschlossen zu halten.

Für die Feuerwehr gestaltet sich die Brandbekämpfung schwierig, denn die Halle ist völlig überladen. Rund 812 Tonnen Pestizide lagern dort so eng, dass es keine begehbaren Zwischenräume mehr gibt. Innerhalb kürzester Zeit brennt die Halle völlig nieder. Um den Brand zu löschen muss die Feuerwehr etwa 270 Kubikmeter Wasser einsetzen. Es vermischt sich mit einem Chemikaliengemisch aus Lenacil, Proximpham und Prometryn und fließt in die Elbe ab. Obwohl es sich bei Proximphan um ein Gift handelt, das mit der Gefahrenstufe II klassifiziert ist, spielt die DDR-Regierung die Folgen der Havarie herunter. In allen offiziellen Berichten heißt es, die Schadstoffkonzentration in der Elbe liege noch unterhalb der Gefährdungsgrenze.

Natürlich werden auch in diesem Fall die Analysewerte des Wassers zur geheimen Verschlusssache erklärt, doch 1988 gibt es in der DDR schon viele Menschen, denen der leichtfertige Umgang mit der Umwelt Angst macht. Aus eigener Initiative ziehen deshalb Chemiker aus dem Analytiklabor des VEB Fahlberg-List und der zuständigen Wasserbehörde in Magdeburg von Schönebeck bis Boizenburg Proben. Das Ergebnis ist verheerend: Sie stellen einen extrem hohen Konzentrationsverlauf mehrerer Pestizide im Wasser der Elbe fest.

15. Juni 1988: Blasphemie in Friedrichsfelde

Es ist wieder einer dieser Tage, an dem der verdammte Hund verrückt spielt. Er knurrt und schnappt zu. Ohne Vorwarnung. Es kann natürlich auch der 13. oder der 17. Juni gewesen sein – es war doch immer wieder dasselbe: Das Vieh war total verzogen.

Den Angestellten in der Waldsiedlung Wandlitz bleibt dann nur eine Chance: Zur Salzsäule erstarren. Ein kurzer Fußtritt schließt sich dagegen aus. Immerhin gehört die Töle dem Staatsratsvorsitzenden Erich Honecker. Er hat den Cockerspaniel-Rüden nach dem Tod seiner Enkelin Mariana im Januar 1988 bekommen. Nun gehört Flex seine ganze Liebe. Flex wird verwöhnt, obwohl er nach und nach die ganze Familie Honecker beißt. Inzwischen ist er ein Problem für alle Genossen in der Waldsiedlung, gefürchtet wie der Hund von Baskerville. Schweren Herzens entschließt sich Erich Honecker, ihn einschläfern zu lassen. Das sollen die Fachleute im Tierpark Berlin-Friedrichsfelde besorgen.

Der Chef dort, Prof. Heinrich Dathe (1910–1991), erkennt sofort, dass in Flex ein guter Kern steckt. Er lässt das Tier trainieren. Nach ein paar Wochen will er Flex als brauchbaren Jagdhund an Erich Honecker zurückgeben.

Dessen Gesicht erstarrt angesichts dieses Ansinnens. Sein Politbüro-Kollege Günter Schabowski erinnert sich an die peinliche Situation: »Dathe hatte sich gleich zweier Blasphemien schuldig gemacht. Er hatte nicht den Auftrag erfüllt und das Tier töten lassen. Und er hatte den ersten Mann eines Fehlurteils geziehen. Der Jagdhund war brauchbar. Honecker musste etwas falsch gemacht haben.«

24. September 1988: MS Rudolf Breitscheid sinkt vor Klaipeda

Die Herbststürme in der Ostsee haben es in sich. Als die Rudolf Breitscheid am 24. September 1988 trotz Sturmwarnung aus dem Hafen Klaipeda in Litauen ausläuft, gerät sie in schwere Brandung. Ein Lotse ist nicht an Bord. Die Wellen drücken das Schiff aus dem ausgebaggerten Fahrwasser, anschließend wird es auf die Nordmole getrieben.

Es ist eine tückische Ecke. Schon 1981 verunglückte hier der britische Tanker Globe Asimi. Das 170 Meter lange Schiff zerbrach in drei Teile und sank. 16 000 Tonnen Öl verpesteten den Strand der Kurischen Nehrung.

Solche Gefahr droht glücklicherweise von der Rudolf Breitscheid nicht. Sie ist mit 10 064 Tonnen Metallteilen beladen. Nachdem sie auf Grund gelaufen ist, werden die 41 Besatzungsmitglieder von sowjetischen Hubschraubern gerettet. Zwei Wochen später bricht der Havarist an der Vorderkante der Aufbauten auseinander. Teile des Wracks und die Ladung werden geborgen, doch noch jahrelang blieben die beiden Laderäume achtern über der Wasserlinie sichtbar.

Erst im Winter 2005 hat der Rost sein Werk vollendet und das Heck der Rudolf Breitscheid bricht komplett auseinander. Das endgültige Aufräumen der Trümmer besorgt die holländische Reederei Bonn & Mees im Oktober 2006. Ihr Schwimmkran Matador III ist stark genug, um die versandeten und bis zu 1200 Tonnen schweren Trümmerteile vom Grund der Ostsee zu heben.

Die Rudolf Breitscheid war 1964 auf der Warnow Werft in Warnemünde für die Deutsche Seereederei gebaut worden. Das Typ-X-Schiff wurde später zum Metallfrachter umgerüstet. Während seiner aktiven Zeit kam es oft anderen in Seenot geratenen Schiffen zur Hilfe. So rettete es am 20. Mai 1971 die 51-köpfige Besatzung der gestrandeten MS Kota Selatan vor der Küste Mombasas.

Ein Jahr darauf, am 20. Juni 1972, sichtete die Besatzung im südchinesischen Meer die in Seenot geratene MS Tung Ming, die unter der Flagge Panamas lief. Der Kessel des Schiffs war explodiert. Die Rudolf Breitscheid schleppte den Havaristen darauf nach Singapur. Drei vietnamesische Kinder wurden am 16. Oktober 1983 in der Bucht von Nha Trang aufgefischt. Ihr Boot war im Wirbelsturm Ky gekentert.

30. September 1988: Der Schule verwiesen ...

Im System der DDR-Volksbildung sind kritische Meinungen nicht vorgesehen. Deshalb ist Rainer Forner, Direktor der Berliner Carl-von-Ossietzky-Schule, besonders stolz darauf, ab 1. September 1988 eine Wandzeitung namens »Speakers' Corner« eingerichtet zu haben. Wie im Londoner Hyde Park soll sich dort jeder frei äußern können.

Das probieren am 12. September zwei Schüler aus. Sie kritisieren die Berichte der ostdeutschen Presse über Polen: »Wir meinen, dass eine Machtbeteiligung der Solidarnosc und anderer oppositioneller Kräfte unerlässlich ist, damit diese Reformen ... nicht im Sande verlaufen.«

Wenig später hängt ein anderer Schüler ein Plakat auf, das auf den Unsinn von Militärparaden hinweist. Dann folgt eine Unterschriftensammlung gegen die geplante Parade zum Jahrestag der DDR. Der Zuspruch ist riesig.

Direktor Forner fühlt sich überrumpelt, schreibt pflichtgemäß eine Fallmeldung an den zuständigen Schulrat. Er will darüber diskutieren, plädiert für eine pädagogische Lösung. Doch hinter seinem Rücken schießt die Sache hoch. Die SED-Kreisleitung und die Stasi schalten sich ein. Aus der kleinen Aufmüpfigkeit wird nun staatsfeindliche Tätigkeit.

Zwei Tage nach der Fallmeldung liegt die Angelegenheit bei Volksbildungsministerin Margot Honecker auf dem Tisch. Was folgt, ist brutaler Druck. Ein Schüler nach dem anderen zieht seine Unterschrift zurück und distanziert sich opportunistisch von den Rädelsführern.

Am 30. September 1988 beginnt dann der Showdown gegen jene in der Aula, die nicht umgefallen sind. Unter Aufsicht der übergeordneten Schulverwaltung verkündet der Direktor die inquisitorischen Urteile: Gegen Kai Feller, Katja Ihle, Philipp Lengsfeld und Benjamin Lindner wird ein Relegierungsverfahren eingeleitet. Drei Schüler erhalten Verweise, einer wird zusätzlich umgeschult ebenso wie eine Schülerin. Rainer Forner kündigt an: »Ab sofort verläuft der Schulbetrieb störungsfrei und planmäßig in einer politisch klaren Atmosphäre angestrengten Lernens und intensiver gesellschaftlicher Arbeit.«

Die ungerechte Behandlung der Ossietzky-Schüler ruft in Ost und West Empörung hervor. Die Betroffenen werden nach dem Ende der DDR rehabilitiert. Sie können alle ihr Abitur nachholen.

19. November 1988: Ein abgestürzter »Sputnik«

Am 19. November 1988 erfährt Postminister Rudolph Schulze (1918–1993) eine interessante Neuigkeit aus der Zeitung: Er habe gerade die sowjetische Zeitschrift »Sputnik« verboten. Offiziell heißt das allerdings »von der Postzeitungsvertriebsliste gestrichen«. Der von der Ost-CDU gestellte Minister wundert sich, gefragt oder informiert hat ihn niemand.

Eigentlich sollte er froh sein, einen jahrzehntelang berüchtigten Ladenhüter losgeworden zu sein. Die rund 180 000 monatlich importierten Exemplare des Din-A5-Hochglanzheftchens der sowjetischen Nachrichtenagentur Nowosti waren bis 1985/86 kaum verkäuflich. Das änderte sich mit Glasnost und Perestroika. Nun flötete der »Sputnik« neue Töne und wurde immer beliebter. Bald gibt es ihn – wie auch »Das Magazin«, die »Wochenpost« oder den »Guten Rat« – nur noch unter dem Ladentisch.

Im Oktoberheft 1988 fielen der DDR-Zensur kritische Artikel über Stalin ins Auge. Das Heft wurde nicht ausgeliefert. Als dann im Novemberheft Neues über den Hitler-Stalin-Pakt zu lesen war, kam das Verbot. »Neues Deutschland« begründet es: »Der ›Sputnik‹ bringt keinen Beitrag, der der Festigung der deutsch-sowjetischen Freundschaft dient, statt dessen verzerrende Beiträge zur Geschichte.« Mit dem »Sputnik« verschwinden auch fünf sowjetische Filme aus den Kinos.

Das Verbot der sowjetischen Zeitschrift ärgert die DDR-Bürger. Auch in den SED-Grundorganisationen herrscht Unverständnis. Viele Genossen machen Eingaben, einige werden dafür wegen ideologischer Unklarheiten mit Parteistrafen belegt. Wer keinen Ärger will, besorgt sich den inkriminierten »Sputnik« aus dem Westen, denn auch dort wird er seit Jahren verkauft.

Nebenbei: Ab 20. November 1989 ist der »Sputnik« wieder an den ostdeutschen Zeitungskiosken zu haben. Nun geht es ihm wieder so, wie vorher auch schon: Niemand kauft das Heft. Und gegen die neuen bunten Blätter aus dem Westen hat es auch künftig keine Chance.

02. Februar 1989: Fünf Morde

Es ist ein jahrelang gehütetes Tabuthema, deshalb deklariert die Militärstaatsanwaltschaft, Unterabteilung III, eine am 2. Februar 1989 erstellte Aufstellung von durch sowjetische Armeeangehörige ermordeten DDR-Bürgern auch als Vertrauliche Verschlusssache (VVS). Sie trägt die Nummer B I/058182.

Fünf grausame Verbrechen:

– In Ludwigslust schoss am 1. Januar 1988 der Fähnrich Gerassimow dem Bürger B. mit einer Pistole in den Bauch. B. hatte die Herausgabe von Geld verweigert. Gerassimow wurde von einem sowjetischen Militärtribunal für die Tat zu sieben Jahren Haft verurteilt.

– Die Soldaten Samson und Sharikow aus Krampnitz bei Potsdam wollen Geld erbeuten. Sie klingeln am 22. September 1988 an der Tür des Rentners Bruno T. Als der Mann öffnet, stechen sie ihn nieder. Dann erschlagen die Russen den Mann mit einer Eisenstange und dringen ins

Haus ein. Dort erschlagen Samson und Sharikow auch T.s 73-jährige Ehefrau Margarete.

– Am 25. Oktober 1988 flieht der Soldat Selenzow von seiner in Wurzen stationierten Einheit. Er will sich Zivilkleidung verschaffen und braucht Lebensmittel. Deshalb bricht er in das Haus des Bürgers H. ein. Der überrascht den Soldaten. Um einer Festnahme zu entgehen, erwürgt Selenzow den Hausbesitzer.

– Der fahnenflüchtige Soldat Koschunow treibt sich bereits mehrere Tage in der Gegend um Jüterbog herum. Am 2. November 1988 dringt er in ein Wohnhaus in Maltershausen ein. Er sucht nach irgendetwas Essbarem. Dabei überrascht ihn die Wohnungseigentümerin Frau S. Mit dem Bajonett ersticht er die 74-jährige Rentnerin.

– Am 2. Dezember 1988 erschlägt Untersergeant Rushkalin in Plauen einen homosexuellen DDR-Bürger M. in seiner Wohnung und beraubt ihn. Mittäter Obersergeant Rusow versteckte das Diebesgut.

Die Auflistung der DDR-Juristen umfasst einen relativ engen Zeitraum. Über Verurteilungen durch die sowjetische Militärgerichtsbarkeit wurden sie nicht immer informiert. Es ist jedoch zu vermuten, dass aufgeklärte Kapitalverbrechen hart verurteilt wurden.

08. Februar 1989: Ein ganz gewöhnlicher Autokauf

Nach jahrelanger Wartezeit ist der Kauf eines Autos für viele Bürger der DDR eines der wichtigsten Ereignisse ihres Lebens überhaupt. Dass das nicht immer ohne Querelen abgeht, berichtet Gerhard Priess aus Nelkanitz am 14. April 1989 der Redaktion des Fernsehmagazins »Prisma«.

Für ihn ist es am 8. Februar 1989 soweit: Er darf den am 16. Oktober 1973 bestellten Wartburg 1,3 beim Autovertrieb Leipzig abholen. Nach vier Stunden Wartezeit erfolgt ein Verkaufsgespräch in Form eines Satzes: »Das ist Ihr Fahrzeug, schauen Sie sich es an, inzwischen mache ich die Papiere fertig.« Das ist alles.

Dass das 30 200 Mark teure Auto nur mit zwei Litern Sprit und einem Liter weniger Öl als nötig gefüllt ist, trübt die Freude kaum. Bei der Heimfahrt fallen beide Klappen für die

Belüftung nach innen. Herr Priess repariert sie, ohne zu murren.

Vor dem nächsten Fahrtantritt ist die Batterie leer. Die Kofferraumleuchte schaltet wegen eines schlampig eingebauten Schalters nicht ab. Bei der Klappe funktioniert nur eine Arretierung – alles kein Problem für Herrn Priess. Er ist dankbar, überhaupt versorgt worden zu sein. Er bringt auch noch die Scheibenwischer zum Wischen, aber dann wird es ernst: Das Getriebe knirscht.

Am 12. April 1989 stellt der vom Autowerk Eisenach herbeigeeilte Kollege Erbse einen Garantiefall fest. Auch die klemmenden Türen fallen unter die Garantie. Die Mängel an den Antrieben aber nicht. »Das ist ein Konstruktionsfehler«, sagt Kollege Erbse. Die fehlende Dämmmatte habe mit Garantie ebenfalls nichts zu tun.

Dafür bietet der Fachmann Gerhard Priess privat an, den Wartburg zum Kaufpreis zu übernehmen. Der stutzt: »Will dieser Mann noch Geschäfte machen?« Herr Priess weiß, dass Autos in der DDR oft weit über Neupreis den Besitzer wechseln. Deshalb werden sie meist gut gepflegt, doch auch da hat der stolze Wartburg-Besitzer Sorgen: »Was soll denn alle Pflege, wenn schon nach 6 bis 8 Wochen aus allen Pfalzen des Wartburg 1,3 der Rost austritt?«

Natürlich greift Herr Priess zum Elascon, aber glücklich ist er mit seinem neuen Wartburg nach über 15 Jahren Wartezeit nun doch nicht mehr. Frustriert schreibt er an »Prisma«: »Mit solchen Leistungen in unserer Volkswirtschaft kann man wohl wenige begeistern, was ich und meine Familie bedauern.« Eine zwei Seiten lange Aufstellung aller Mängel legt Gerhard Priess dem Brief bei.

08. März 1989: Ein Mann fällt vom Himmel

Am 8. März 1989 liegt eine Leiche in einem Vorgarten in der Limastraße in Berlin-Zehlendorf. Wenig später wird in den Bäumen an der Potsdamer Chaussee eine Ballonhülle entdeckt. Die Indizien deuten daraufhin, dass hier offenbar ein dramatischer Fluchtversuch aus der DDR gescheitert ist. Er wird nie vollständig aufgeklärt.

Der Tote heißt Winfried Freudenberg, ist 32 Jahre alt und in

Lüttgenrode bei Halberstadt geboren. Er soll bei Oranienburg mit seinem selbst gebastelten Ballon gestartet sein, um sich vom Wind in den Westen treiben zu lassen.

Über den Absturz gibt es verschiedene Theorien. Die eine sagen, Winfried Freudenberg sei über Westberliner Gebiet in eine Hochspannungsleitung geraten. Andere wollen wissen, er habe den Ballon und den Brenner an seiner Lederjacke befestigt. Diese Konstruktion riss ab und der Ballonfahrer fiel wie ein Stein zu Boden. Eine dritte Erklärung meint, Winfried Freudenberg wollte eigentlich mit Freundin Sabine abfliegen. Dabei wurde das Paar von der Polizei gestellt. Sabine gelang es nicht mehr, ins Tragegestell zu kommen. Da der Ballon aber darauf ausgelegt war, zwei Personen zu tragen, schoss er nun viel zu hoch und platzte.

Als nach dem Ende der DDR zu den Mauertoten ermittelt wird, spielt der Fall Freudenberg keine Rolle. Die Zentrale Ermittlungsgruppe für Regierungs- und Vereinigungskriminalität (ZERV) geht nur dem Schicksal jener 421 Personen nach, die »aufgrund einer strafrechtlich verfolgbaren Handlung oder Unterlassung ums Leben gekommen sind«. Winfried Freudenberg gilt hingegen als Unfallopfer.

Nebenbei: Am 6. Februar 1989 stirbt der 20-jährige Kellner Chris Gueffroy durch den Schuss eines Grenzers an der Mauer in Berlin. Viele halten ihn für das letzte Opfer der tödlichen Grenze. Chris Gueffroy ist jedoch nur der Letzte, der durch Schüsse getötet wurde. Sehr wahrscheinlich ist auch Winfried Freudenberg noch nicht das letzte Opfer. Nach neuesten Recherchen ertrank am 16. April 1989 ein unbekannter 18-jähriger im Teltowkanal.

Als letztes Opfer des DDR-Grenzregimes gilt Dietmar Pommer. Er wurde am 30. Oktober 1989 von der polnischen Polizei tot aus der Oder geborgen und soll nach Erkenntnissen der Berliner »Arbeitsgemeinschaft 13. August« versucht haben, über das Nachbarland in den Westen zu gelangen.

13. März 1989: Gebirgsschlag in Völkershausen

Am 13. März 1989 bebt die Erde im thüringischen Völkershausen. Bürgermeister Herbert Hermann bringt sich durch einen beherzten Sprung aus dem Fenster seiner Amtsstube in Sicherheit. An fast allen der 360 Häuser des Ortes mit knapp 1200 Einwohnern sind Schäden zu verzeichnen. Sie haben beträchtliche Ausmaße: Im Umkreis von zwölf Kilometern müssen 43 Häuser und 23 Nebengebäude abgerissen, 14 Häuser und 5 Nebengebäude teilweise abgebrochen und 240 Häuser und 52 andere Gebäude saniert werden. Große Zerstörungen gibt es auch im Bereich der Werra Kalibergwerke im Kreis Bad Salzungen. Sechs Menschen werden bei den zwölf Sekunden dauernden Erschütterungen verletzt. Die Erdbewegungen sind deutschlandweit registrierbar.

Das Beben von Völkershausen ist ein von Menschen herbeigeführtes Ereignis. Ein Gebirgsschlag, verursacht vom Bergbau unter dem Ort. Er erreicht mit einer Magnitude von 5,6 auf der Richter-Skala eine Energiefreisetzung, die bei natürlichen Erdbeben etwa alle 500 Jahre vorkommt. Weltweit ist der Gebirgsschlag von Völkershausen mit dem bislang stärksten bergbauinduzierten Erdbeben 1977 in Witwaterstrand, Südafrika, gleichzusetzen.

Dass die Ursache des Bebens im wie ein Schweizer Käse durchlöcherten Berg unter Völkershausen liegt, ist jedem klar. Dennoch wird zwischen Ost und West gestritten, was der Auslöser der Katastrophe gewesen sein könnte.

Der ostdeutsche Rundfunk meldet, seismische Spannungen seien verantwortlich, die von der Kaliindustrie im Westen hervorgerufen wurden. Dort verpresste man Abwässer in DDR-Schächte. Das Bundesministerium für innerdeutsche Beziehungen in Bonn dementiert sofort. Es bestätigt zwar, dass Kaliwerke im hessischen Grenzgebiet bei Bad Hersfeld Kali-Abwässer durch Extrabohrungen in Dolomitschichten leiten würden, aber das habe nichts mit den DDR-Schächten zu tun. Dazu gab es bereits ein Gutachten von 1977, denn schon 1975 war es auf DDR-Seite zu bergbaubedingten Geländeeinstürzen gekommen.

Helmut Ernst, Sprecher der Kali + Salz AG in Kassel, erklärt, dass die Abwässer in 200 bis 400 Meter tiefe Gesteinsschichten gepresst würden, die oben und unten von Tonschichten abgedichtet seien. Durch die geologischen Gegebenheiten flössen sie von der DDR-Grenze weg.

Auch eine versehentlich gleichzeitige Sprengung in Ost und West als Ursache sei auszuschließen. Zwischen den beiden nur sechs Kilometer voneinander entfernt liegenden Gruben Ernst Thälmann in der DDR und der K+S-Grube Hattorf im Kreis Bad Hersfeld sind die Sprengzeiten vertraglich vereinbart.

So vermuten die Experten schließlich, dass es eine unglückliche Verkettung von Umständen gegeben haben könnte, die den Gebirgsschlag hervorriefen. Zu schwache Pfeiler in den Abbaustollen, vielleicht der Austritt von Kohlendioxid und dann eventuell noch eine der ganz normalen, planmäßigen Sprengungen – all das zusammen wäre eine mögliche Ursache für das gewaltige Beben. Letzte Gewissheit gibt es darüber nicht.

06. Juni 1989: Giftgas im Transit

Am 6. Juni 1989 hebt die DDR die Anweisung zur Durchführung von Chlorgas-Ganzzügen zwischen der VR Polen und der BRD im Transit durch die DDR auf. Damit endet eine Geschichte geheimer Züge, die mit erheblichen Gefahren verbunden war.

Seit 1981 transportierte die Deutsche Reichsbahn Chlor und Chlorkohlendioxid im Transit. Die chemischen Grundstoffe für die Arznei- und Düngemittelindustrie wurden im polnischen Brzeg Dolny hergestellt und nach Stade zur Dow Chemical GmbH sowie nach Marl zur Hüls AG geliefert.

Die bis zu 1400 Tonnen schweren Züge liefen über Umwege, um weder große Städte noch Trinkwasserschutzgebiete zu gefährden. Nach dem Grenzübergang bei Küstrin/Kietz ging es für die ab der Grenze mit der Giftflagge (Signal Fz 4) gekennzeichneten Transporte über Wriezen – Eberswalde – Templin – Löwenberg bis Neustadt/Dosse. Von dort fuhren die für Marl bestimmten Züge über Rathenow – Stendal nach Oebisfelde. Beladene Züge nach Stade gingen über die Strecke Pritzwalk – Meyenburg – Parchim – Ludwigslust – Hagenow Land – Büchen.

Als Höchstgeschwindigkeit galt 60 km/h, an Weichen, wegen der möglichen Entgleisungsgefahr, 40 km/h. Fahrten von Parallelzügen auf zweigleisigen Strecken und Rangierfahrten auf benachbarten Bahnhofsgleisen waren verboten. Auf den Loks fuhren grundsätzlich zwei Leute. Sie hatten Atemschutzgeräte vom Type 13 029 mit Schraubfilter B und einen tragbaren Fernsprecher dabei. Natürlich gab es auch entsprechende Belehrungen. Dazu zählte, dass bei einem mehr als 15 Minuten überfälligen Zug ein Unfall zu vermuten war und die entsprechende Alarmierung zu erfolgen hatte.

Dank dieser Sicherheitsmaßnahmen blieben Havarien mit Chlor-Ganzzügen aus. Im Jahr 1987 transportierte die DR 4295 Chlor-Wagen im Transit und 5090 Wagen mit dem ebenso gefährlichen Ammoniak.

Nebenbei: Die Gefahr des Chlors zeigte ein Unfall etwa 1975 in Schönfließ Dorf auf der Strecke Frankfurt/Oder – Wriezen. Nach einem Frontalzusammenstoß von zwei Güterzügen strömte aus einem Kesselwagen Chlorgas aus. Dadurch kam einer der beiden Lokführer ums Leben.

17. Juni 1989: Feuer auf der Startbahn

Formel-1-Geschwindigkeit und etwa 2000 Meter braucht die IL-62M, um ihre 165 Tonnen in die Luft zu bringen. Am 17. Juni 1989 soll die DDR-SEW in Berlin-Schönefeld über die Bahn RWY 25L Richtung Moskau abheben. Doch plötzlich ist das Höhenruder blockiert. Die Entscheidungsgeschwindigkeit – das Tempo, bei dem der Start abgebrochen werden kann – ist bereits überschritten. Dennoch bleibt keine andere Chance.

In solch einem Fall hilft nur noch Umkehrschub, auch wenn dadurch die Turbinen auseinanderfliegen können. Doch in der Hektik schaltet der Bordingenieur versehentlich die Triebwerke ab. Damit ist alles verloren. Die Maschine schießt über die Landebahn hinaus, zerschellt und gerät in Brand. 20 Menschen sterben im Flugzeug, einer am Boden. Es gibt 54 Verletzte.

Die Unfallopfer wurden offenbar auch in Westberlin medizinisch behandelt. Am 3. Juli 1989 berichtet die BZ, dass ein Passagier der verunglückten Interflug-Maschine im Klinikum Westend nach einer Spezialbehandlung verstorben sei und: »Es gab vorher einigen Wirbel um Verfahrensfragen, die schließlich in einer Sonderregelung mit dem Innerdeutschen Ministerium in Bonn gelöst wurden.«

Sommer 1989: Die Invasion der Coccinella septempunctata

Wer im Sommer 1989 vom Urlaub spricht, führt meist Ungarn im Munde und meint mit den Geschichten von den Campingplätzen am Plattensee oft nicht nur einen Dreiwochenaufenthalt, sondern den endgültigen Abschied von der DDR.

An der Ostsee ist zur gleichen Zeit nach Jahrzehnten der drangvollen Enge relativ viel Platz. Doch die Urlaubsfreude bleibt nicht ungetrübt. Gerade in diesem Sommer landen plötzlich riesige Schwärme von Siebenpunkt-Marienkäfern (coccinella septempunctata). Der Wind treibt sie aus dem rund 40 Kilometer entfernten Dänemark über die Ostsee an die Küste.

Die Käfer tragen noch helle Farben. Das zeigt, dass sie gerade erst frisch geschlüpft sind. Experten schätzen, dass innerhalb von nur drei Stunden zirka 27 bis 78 Millionen Insekten an den DDR-Stränden einfliegen. Sie setzen sich in riesigen Gruppen an markanten Plätzen ab. Biologen zählen mehr als 1100 Tiere pro Quadratmeter. Tage später sind noch immer geschätzte zehn bis 20 Millionen Marienkäfer in Strandnähe zu finden.

Die niedlichen Marienkäfer zeigen nun ihre grausame Seite: Sie sind am Verhungern und Verdursten und fangen an, sich gegenseitig aufzufressen. Und: In diesen riesigen Mengen stinken die beliebten Glücksbringer mit den sieben Punkten ganz erbärmlich!

21. Juni 1989: Waldbrände

Am 21. Juni 1989 brennt bei Griebsee im Kreis Wittstock ein 70-jähriger Kiefernbestand ab. Die Brandursache ist eine unsachgemäß abgelöschte Kochstelle. Eine Zigarettenschachtel der Marke Sewernije und sowjetische Fleischbüchsen weisen den Weg zu den Tätern.

Vorfälle wie dieser zeigen den ostdeutschen Behörden

immer wieder eindringlich, dass ihr Land besetzt ist und Rücksichtnahme nicht zum Verhaltenskodex der Besatzer zählt. Der Abteilungsleiter Rohholzerzeugung des Staatlichen Forstwirtschaftsbetriebes Stendal berichtet etwa dem Rat des Bezirkes Magdeburg, dass über Jahre etwa 50 Prozent der Waldbrände in seinem Revier von der GSSD verursacht worden seien. Diese Brände wären für 97 Prozent der vernichteten Holzbestände verantwortlich. Dabei seien allein in den Monaten Juli und August 1989 Schäden in Höhe von mehr als einer Million Mark entstanden.

Ursache für die Brände sind zum einen Schüsse aus Manövergebieten und zum anderen grob fahrlässiges Verhalten. So werden allein von Mai bis August 1989 insgesamt 110 Waldbrände in der DDR registriert. Sie vernichten 251 Hektar Wald und sind durch fehlgeleitete Geschosse entstanden. Der Schaden dabei liegt in zweistelliger Millionenhöhe.

Grob fahrlässig entsteht zum Beispiel ein Brand ebenfalls am 21. Juni 1989 bei Stepenitz – Jännersdorf im Kreis Pritzwalk. Dort fährt eine beheizte Feldküche in den Wald und verliert Glut. Der Schaden beläuft sich auf 411 900 Mark.

Nebenbei: Einmal brannte südlich von Cottbus in Richtung Spremberg durch Fahrlässigkeit ein dichter Kiefernwald völlig ab. Zwischen den verkohlten Baumstämmen waren plötzlich bislang streng geheime SS-20-Raketenstellungen zu sehen. So erfuhr erstmals auch die NVA, wo zumindest eine dieser Stellungen stand, denn informiert wurde sie von den Waffenbrüdern nicht darüber.

12. September 1989: Über Aktivitäten von Kräften des politischen Untergrunds

Am 9. und 10. September 1989 treffen sich etwa 30 prominente DDR-Bürgerrechtler und einige weniger bekannte Oppositionelle auf Robert Havemanns Grundstück in Grünheide, um das Neue Forum zu gründen und einen Gründungsaufruf zu verfassen. Zu den Erstunterzeichnern dieses Aufrufs gehört auch der Vertreter der Arbeitsgruppe Menschenrechte des Friedenskreises der Erlöserkirche in Berlin-Lichtenberg, Reinhardt P.

Als langjähriger IM Paule hat der gelernte Krankenpfleger seinen Stasi-Führungsoffizier bereits Wochen vor dem Ereignis über die bevorstehende Gründung informiert und hält ihn auch weiterhin auf dem Laufenden. Die Stasi vermag nicht, etwas gegen die anwachsende Opposition auszurichten. Immerhin belohnt sie Paules treue Dienste noch in letzter Minute mit einer Wohnung im Neubaukomplex an der Wilhelmstraße.

13. Oktober 1989: »Bild« meldet Honeckers Sturz

Es ist eine Ironie des Schicksals: Obwohl öffentlich stets verdammt, glaubt die Parteiführung den Informationen der Westpresse, als seien es göttliche Verlautbarungen. Die tägliche Zeitungslektüre von »Bild« bis FAZ gehört zum Herrschaftswissen. Am Freitag, den 13. Oktober 1989 präsentiert ihnen ausgerechnet das Boulevardblatt »Bild« eine echte Überraschungsschlagzeile: »Mittwoch Honeckers letzter Arbeitstag«.

Die Information stammt von Chefreporter Peter Brinkmann. Sicher weiß der 44-Jährige eigentlich nur, wann das Politbüro das nächste Mal tagt. Aber er hat ein gutes journalistisches Gespür für die Lage. Dazu kommt der Mut, die Spekulation zu veröffentlichen. Stimmt sie nicht, würde sich nach fünf Tagen im stürmischen Wendeherbst ohnehin kaum noch jemand an die alte Zeitung erinnern.

Doch sie stimmt und Peter Brinkmann bleibt auch in den kommenden Monaten Spitzenreiter bei internen Informationen aus der bröckelnden SED-Spitze. Dabei hilft ihm Erich Honeckers frühere Sekretärin Anne R. Auf eine Bitte von Egon Krenz stellt der »Bild«-Mann sie Anfang 1990 dann für sein Büro ein. Ihr strenges Regiment nimmt er in Kauf: »Das ging gleich am ersten Arbeitstag los. Hier liegen ja nicht einmal die Zeitungen auf Kante«, sei er gerügt worden.

04. November 1989: Stasi-Laus und Wendehals

Am 27. Januar 1987 demonstrierten Bürgerrechtler mit dem Luxemburg-Spruch »Freiheit ist immer die Freiheit der Andersdenkenden«. Dafür kamen sie in den Knast.

Als das Volk am 4. November 1989 zu Hunderttausenden

auf dem Berliner Alexanderplatz erschien, um die Wende zu kommentieren, war die Freiheit immerhin soweit gediehen, dass jeder seine selbst erfundenen Losungen ungestraft mitführen konnte. Sie mussten nicht einmal aus der sozialistischen Mottenkiste stammen.

Ein Dutzend Kostproben aus tausend Ideen:

– SED und Stasi-Laus müssen aus dem Staate raus.
– So wie wir heute demonstrieren, werden wir morgen leben.
– Wir lassen niemals locker, wir stoßen die Heuchler vom Hocker!
– 40 Jahre Kindergarten sind genug!
– Wir wollen uns beim Wählen quälen.
– Nicht abspeisen lassen, selber kochen!
– Pässe für alle – Laufpass für die SED.
– Führungsrolle der Partei war und ist ein faules Ei.
– Bleibe im Lande und wehre dich täglich.
– Wo keine Köpfe sind, können auch keine rollen.
– Lieber häufig übermüdet als ständig überwacht.
– Kein Artenschutz für Wendehälse.

Nebenbei: Parolen und Losungen begleiteten 40 Jahre lang die DDR. Rechtzeitig vor den Feiertagen veröffentlichte das Parteiorgan »Neues Deutschland«, was das Volk per Spruchband zu wünschen hatte. Das schien nötig, denn übereifrige Genossen an der Basis schossen mit eigenen Sprüchen manchmal übers Ziel hinaus.

So hing an einem Berliner Fabrikgebäude 1955 die schöne Losung: Wir sind für Verträge, aber nicht für Pariser – gemeint waren die Pariser NATO-Verträge. Und 1959 war an den Litfasssäulen zu lesen: 10 Jahre DDR – 10 Jahre Volkseigener Zirkus. 1964 stand an einer Leipziger Friedhofsmauer: Heraus zum Deutschlandtreffen!, und Jahre später schmückten die Barther Kleintierzüchter eine Ausstellung mit der Erkenntnis: Dem Sozialismus zu dienen, lernen (!) uns die Bienen.

24. November 1989: Ohren im All

Die Mauer ist gefallen, die DDR am Ende, aber noch immer bis an die Zähne bewaffnet. Da geht die CIA auf Nummer sicher und spioniert unter Einsatz modernster Technik.

Am 24. November 1989 stellt Stasi-Major Rudolf Lorenz

ein elektronisches Aufklärungsgerät vor, dass es so vorher noch nirgends zu sehen gab. Seine Leute hatten es in der Nähe einer NVA-Garnison bei Frankfurt an der Oder ausgegraben. Der Kasten ist gerade einmal so groß wie eine Zigarrenkiste: 24 mal 16 mal 13 Zentimeter. Dazu kommen noch zwei etwa 25 Zentimeter lange Antennen, die wie dünne Äste aus der Erde ragen, in der das Ding rund 30 Zentimeter tief steckt.

Die sieben Kilo Elektronik in dem Gerät verarbeiten die Daten von seismographischen Sensoren. Alles, was vorbeifährt, wird registriert. Dabei unterscheidet der Wunderkasten sieben verschiedene Gewichtsklassen. So ermittelt das Kästchen, ob ein Jeep oder ein Panzer, ein leichter oder eine schwerer Lkw, eine Raketenlafette oder ein Geräteträger die Kaserne verlässt.

Wenn dann regelmäßig der Satellit die Stelle überfliegt, braucht es eine Sekunde, um die Daten ins All zu senden. Damit ist das Gerät kaum zu orten. Findet es vielleicht doch einmal zufällig ein Pilzsammler oder die Lage wird verändert, um den Feind zu täuschen, kann es immerhin noch ein Warnsignal absetzen.

Natürlich hat die Aktion auch einen politischen Hintergrund. Der Volkszorn in jenen Tagen richtet sich gegen die Stasi. Und die will sich zum Amt für Nationale Sicherheit wandeln. Also muss sie beweisen, dass die DDR auch künftig nicht auf ihre Dienste verzichten kann.

Aus dem gleichen Grund wird am 10. Januar 1990 eine ähnliche amerikanische Sonde, noch moderner als die erste, bei Irfersgrün in Anwesenheit von Journalisten ausgegraben. Am Sonntag, dem 14. Januar hätte sie ihren nächsten Sendetermin. Er fällt nun aus.

Die DDR-Bürger interessiert das alles nicht so brennend. Sie betreiben lieber selbst Aufklärung. Auf dem Ku'Damm in Westberlin, dem Stachus in München oder der Reeperbahn in Hamburg.

03. Dezember 1989: Republikflucht eines Staatssekretärs

Die ersten Wochen nach dem Mauerfall gehören im wirren Wendeherbst 1989 zu jenen Tagen, an denen niemand weiß, wohin das Staatsschiff DDR mit seinem riesigen Leck treibt. Eigentlich kann es nur noch sinken. Aber noch ist das Ziehen des Strudels nicht zu spüren. Deshalb funkt der Dampfer mit den nur noch röchelnden Kesseln SOS: Rettet unsere Seelen.

Staatssekretär Alexander Schalck-Golodkowski, damals 55, ist der Funker, der den Spruch für den hilflosen Kapitän Egon Krenz, 52, in den Westen trägt. Der geheime Oberst im Ministerium für Staatssicherheit verhandelt für die DDR-Regierung. Persönlich steht er unter Druck, denn in jenen Wochen werden täglich schwarze Geschäfte und kriminelle Delikte der bisherigen Machtelite entdeckt, und in allen hängt »Big Alex« mit drin.

Am 1. Dezember 1989 bittet der einst so Unentbehrliche im Politbüro der SED um Polizeischutz, am späten Abend des 2. Dezember teilt ihm der neue Stasi-Chef Wolfgang Schwanitz (57) mit, dass er von ihm keine Rückendeckung mehr zu erwarten habe.

Alexander Schalck-Golodkowski fürchtet um sein Leben. Auf seine Bitte erscheint kurz nach zehn Uhr sein Freund Wolfgang Vogel, 62. Der Rechtsanwalt sieht die Sache auch so. »Ihr habt noch zwei Stunden, dann werdet ihr verhaftet«, sagt er und macht Frau Sigrid, ebenfalls Oberst bei der Stasi, unmissverständlich klar: »Du wirst sicher alles überstehen. Aber Alex wird möglicherweise einen tödlichen Unfall haben.« Er kennt seine Genossen.

Gegen 0.40 Uhr setzen sich die beiden ins Auto und fahren zum Grenzübergang Invalidenstraße. Alexander Schalck: »Dem Grenzposten zeigten wir unsere roten Diplomatenpässe. All die Jahre waren wir durchgewunken worden. Diesmal ging der Grenzoffizier mit den Pässen ins Abfertigungsgebäude. Wir saßen erstarrt im Auto.«

Doch alles geht gut, die Republikflucht des Staatssekretärs ist gelungen. Er ist im Westen, aber noch nicht in Sicherheit. Alexander Schalck-Golodkowski kennt den langen Arm der Stasi. Deshalb flüchtet er sich auf Anraten seines Anwalts am 6. Dezember im Schutze der Dunkelheit ins Gefängnis Berlin-Moabit und stellt sich dort freiwillig. Seinem Vernehmer im Westen sagt er: »Ich gehe davon aus, dass ich eine

Untersuchungshaft in der DDR allenfalls um eine Woche überleben werde.«

Doch auch der Knast in Westberlin ist kein sicherer Hafen. Mit Schaudern erinnert sich der entmachtete DDR-Funktionär: »Bei meinen ersten Spaziergängen ertönte aus einigen Zellenfenstern lautes Gejohle: ›Hängt ihn auf!‹« Erst als ihn die Bundesregierung in den Westen fliegen lässt, muss Alexander Schalck nicht mehr um sein Leben fürchten.

Nebenbei: Als Egon Krenz von der Flucht seines West-Unterhändlers erfährt, meint er, der sei Richtung Moskau verschwunden. Bis heute nur wenig bekannt ist, dass seine Regierung diesen Fluchtweg insgeheim für alle Fälle verabredet hatte. Mit unauffälligen Privatwagen sollten sich die SED-Funktionäre zum Flughafen Sperenberg durchschlagen. Dort hätten dann die in der DDR stationierten sowjetischen Soldaten das Ausfliegen besorgt.

28. Februar 1990: Orkan Wiebke tobt über Europa

Der Februar 1990 ist mild und viel zu warm. Bis auf Spitzenwerte von 20 Grad klettert das Thermometer. Diese Wetterlage ruft eine Reihe schwerer Stürme hervor. Der Orkan Wiebke, der in der Nacht zum 1. März über Deutschland, Österreich und der Schweiz wütet, bildet nach Daria und Vivian den Abschluss dieser Reihe.

Wiebke erreicht Windgeschwindigkeiten von 130 bis 200 km/h. In der Schweiz am Jungfraujoch werden Orkanböen von bis zu 285 km/h gemessen. Europaweit fordert der Sturm 35 Todesopfer.

Die Sachschäden gehen in die Milliarden. Rund 600 Millionen Mark kosten die abgedeckten Dächer allein in Deutschland. Hochrechnungen gehen von 60 bis 70 Millionen Festmetern Sturmholz aus, was etwa dem doppelten Jahreseinschlag in Deutschland entspricht. Rund 120 Millionen umgestürzter Bäume müssen weggeräumt werden, um die Ausbreitung von Schädlingen zu verhindern.

05. März 1990: Freier Samstag in der Schule

Am 5. März 1990 verabschiedet der Runde Tisch, das Ersatzparlament der DDR in der Wendezeit, auf seiner 15. Sitzung eine Sozialcharta und behandelt Fragen von Bildung und Jugend. Er macht eine Regelung offiziell, die längst Alltag ist: Die Abschaffung des Samstags als Unterrichtstag an den Schulen.

Die am 18. März 1990 gewählte Regierung unter der Führung von Lothar de Maiziére (CDU) übernimmt die Regelung, die dann mit der Einführung des bundesdeutschen Schulsystems unter Verantwortung der Länder ohnehin obsolet wird.

Der Kampf um den freien Samstag an den Schulen tobt seit langem. Als es in den 80er Jahren üblich geworden ist, dass viele Familien ihre Wochenenden auf den Datschen verbringen, sind die Klassen am letzten Tag der Woche meist ohnehin schon recht ausgedünnt. Gern fährt man am Freitagabend raus und wer kann, bleibt bis Montagfrüh.

Wer schulpflichtige Kinder hat, muss eigentlich mit dem Start ins Wochenende bis Samstagmittag warten. Bis zu fünf Stunden Unterricht sind an diesem Tag üblich. Die Lehrer dürfen nach internen Regelungen Freistellungen am Samstag nur für gute Schüler und nur selten gewähren.

Bildungsministerin Margot Honecker ist bis zum Schluss gegen einen freien Samstag. In der vom Volksbildungsministerium kontrollierten Fachpresse finden sich immer wieder Beiträge besorgter Pädagogen, die fürchten, bei einem langen Wochenende würde die Schüler zu viel vergessen.

Alles wird anders, als am 9. November die Mauer fällt. Nun erscheinen in vielen Schulen am Samstag die Schüler einfach nicht mehr, weil die Familie Ausflüge gen Westen startet. Oft verschwindet der Samstagsunterricht sang- und klanglos oder ist so reduziert, dass die Fehlenden nicht viel versäumen. Als die Regelung des freien Samstags schließlich doch noch offiziell wird, ist sie als Gewohnheitsrecht längst etabliert.

Nebenbei: Die Ferien in der DDR sind zentral geregelt. Es gibt eine Woche Herbstferien im Oktober, etwa zwei Wochen Weihnachtsferien, die offiziell Ferien zum Jahreswechsel heißen, drei Wochen Winterferien im Februar, eine Woche Frühjahrsferien im Mai und knapp acht Wochen

Sommerferien im Juli und August. Dazu kommen noch zwei unterrichtsfreie Tage, um den Eltern – die im Regelfall 24 Tage Urlaub im Jahr haben – den Bau von Urlaubsbrücken zu ermöglichen.

Die letzten DDR-Ferientermine der DDR im Schuljahr 1989/90 waren (die Daten nennen jeweils den 1. Ferientag und den 1. Unterrichtstag):

– Herbstferien: 14. Oktober 1989 bis 23. Oktober 1989.

– Ferien zum Jahreswechsel: 22. Dezember 1989 bis 2. Januar 1990.

– Winterferien: 10. Februar 1990 bis 5. März 1990.

– Unterrichtsfrei: 14. April 1990.

– Frühjahrsferien: 12. Mai 1990 bis 21. Mai 1990.

– Unterrichtsfrei: 2. Juni 1990.

– Sommerferien 7. Juli 1990 bis 3. September 1990.

24. März 1990: Kollateralschäden

Bis zum Schluss war die DDR für die sowjetischen Streitkräfte besetztes Land. Dort musste man sich nicht um Sicherheitsvorschriften scheren. Das belegen die Kollateralschäden durch Beschuss aus sowjetischen Manövergebieten. Wie umfangreich sie über all die Jahre gewesen sind, lässt sich nur ahnen, betrachtet man allein die besonderen Vorkommnisse aus dem Frühjahr 1990.

Manchmal, wie am 24. März des Jahres, ist nicht einmal klar, was da von der sowjetischen Armee abgefeuert wurde. Die Chronik verzeichnet nur ein unbekanntes Flugobjekt, das in der Nähe der Touristenstation Breitenbach im Kreis Zeitz einschlug.

Am 30. März 1990 wissen dagegen die Fischer des VEB Binnenfischerei Dresden, Betriebsteil Zelsholz, genau, was in ihr Gelände kracht: Eine Flakgranate, abgeschossen auf dem Truppenübungsplatz Schwepnitz.

Glück gehabt hat ein Mann aus Röhrensee im Kreis Arnstadt am 3. April 1990. Vom Truppenübungsplatz Ohrdruf aus geschossen, trifft eine 23-mm-Granate gegen 15.30 Uhr sein Wohnhaus. Sie detoniert, doch es bleibt bei Sachschäden. Vom gleichen Schießplatz aus kommen am 9. April gegen zwölf Uhr drei großkalibrige Granaten geflogen. Sie schlagen nur 300 Meter von der Gemeinde Bittstädt im Kreis

Arnstadt entfernt ein. Die Kirchturmuhr in Gossel wird von einer Panzergranate getroffen.

Solche Schießunfälle passierten natürlich auch schon früher. So ist zum Beispiel ein Fall vom 30. August 1984 bekannt, bei dem zwei Minen in Stülpe im Kreis Luckenwalde explodierten. Ein Ehepaar wurde verletzt, es entstand ein Sachschaden von 36 380,41 Mark. Berichtet wurde über solche Vorkommnisse in der DDR nicht.

06. Juni 1990: Die Rote Armee Fraktion in der DDR

Der Plattenbau in der Rosenbecker Straße 3 im Ostberliner Stadtteil Marzahn ist unscheinbar. Die fünf Männer vom Zentralen Kriminalamt der DDR, der bereits gewendeten VP-Kriminalpolizei, warten, bis eine Frau mit Pagenkopf im Eingang verschwindet. Dann gehen sie hinterher und klingeln an der Wohnung 0201. Becker steht auf dem Türschild. Ingrid Becker wirft weder Bomben noch zieht sie eine Pistole. Aber sie gibt sofort zu: Ja, ich bin Susanne Albrecht, Mitglied der RAF.

Susanne Albrecht, Jahrgang 1951, wird seit Jahren im Westen per Steckbrief gesucht. Sie gilt als gefährliche Terroristin. Im Juli 1977 war sie am Mord der Roten Armee Fraktion (RAF) an dem 53-jährigen Bankier Jürgen Ponto beteiligt. Das Bundeskriminalamt fahndet weltweit. Nur in Ostberlin vermutet niemand die RAF-Leute.

In den folgenden Tagen verhaften die Fahnder die 46-jährige Inge Viett in Magdeburg, dann je ein RAF-Pärchen in Senftenberg, Frankfurt/Oder und Neubrandenburg – bis 18. Juni insgesamt zehn dringend gesuchte Mörder!

Ihr Weg in die DDR begann im Mai 1980. Inge Viett spricht mit Stasi-Major Harry Dahl über mögliche Exilorte. Sie und ihre Genossen werden wegen zahlreicher Entführungen und Morde gesucht. Sie selbst ist bereits zweimal aus dem Knast ausgebrochen.

Stasi-Minister Mielke persönlich entscheidet die delikate Angelegenheit: Die Leute sollen in die DDR kommen. Einerseits hätte man sie dort unter Kontrolle, andererseits weiß man ja nie, ob und wie sie vielleicht noch zu gebrauchen wären ...

Mit Hilfe der Stasi bekommen die RAF-Aussteiger neue Identitäten. Dann fügen sie sich ins ganz normale DDR-Leben ein. So leben zum Beispiel Werner Lotze, Jahrgang 1952, und Christine Dümlein, 1949 geboren, als Manfred und Katharina Janssen in Senftenberg. Sie wird Sekretärin in der Betriebsberufsschule des Synthesewerkes, er arbeitet dort als Ofenfahrer im Dreischichtsystem. Oder auch Susanne Albrecht. Sie hieß zunächst Ingrid Jäger und machte an der Karl-Marx-Universität in Leipzig ein Fernstudium zur Englischlehrerin.

Natürlich sorgt die Stasi auch für Wohnung, Trabi und all den anderen DDR-Wohlstand und kann zufrieden konstatieren: »Alle Personen haben sich fest in das berufliche und gesellschaftliche Leben eingegliedert.« Viel wichtiger ist jedoch, dass die Stasi ihre schützende Hand über die RAF-Leute hält. Deren Bilder prangen nämlich auf Steckbriefen an jedem Grenzübergang und auf jedem Polizeirevier im Westen. Bei rund drei Millionen Rentnerreisen pro Jahr geht deshalb über die Jahre der eine oder andere Hinweis ein, nach dem die RAF-Protagonisten in der DDR gesehen worden sein sollen. Das nimmt niemand sonderlich ernst, man kennt ja das Erinnerungsvermögen alter Menschen ...

Das ändert sich, als am 13. Juni 1985 ein junger DDR-Übersiedler auf der Polizeistation im schwäbischen Möglingen behauptet, Angelika Gerlach aus Erfurt sei in Wirklichkeit Silke Maier-Witt, Jahrgang 1950. Er habe mit ihr gemeinsam an der Medizinischen Fachschule Weimar studiert. Von dieser Enttarnung erfährt wiederum die Stasi über ihre Leute im Westen. Silke Maier-Witt muss sofort ihre Wohnung in der Moskauer Straße 18 in Erfurt räumen. Sie wird nun zu Sylvia Beyer, geboren am 18. Oktober 1948 in Moskau. Zusätzlich gibt es noch eine kleine Gesichtsoperation – die Nase wird begradigt – und dann folgt eine Odyssee durch einige konspirative Wohnungen.

Schließlich ist die Fährte wieder so gut verwischt, dass niemand sie aufnehmen kann. Erst nach dem Ende der DDR kommt der entscheidende Hinweis von einem Stasi-Überläufer. Die in der DDR untergetauchten RAF-Mitglieder werden im Westen zu langen Haftstrafen verurteilt.

27. Juni 1990: Ein Sack voller Westgeld liegt auf der Straße

Volkspolizisten mit Maschinenpistolen, Panzerwagen und viel Blaulicht – überall in der DDR treffen gewaltige Mengen Westgeld ein, denn ab 1. Juli wird es das offizielle Zahlungsmittel sein.

Die DM-Münzen sind weitaus gewichtiger als die Alu-Chips, daran müssen sich die Transporteure erst gewöhnen. Beim Stapeln der Münzsäcke in einen Geldtransporter in Dresden haben sie nicht daran gedacht. Während der Fahrt kommt deshalb solch ein schwerer Sack ins Rutschen. Mit seinem Gewicht sprengt er die Tür des Wagens auf und fliegt raus.

Nun liegt das Westgeld buchstäblich auf der Straße. Begleitschutz, Volkspolizei und Bankangestellte stoppen den Konvoi. Dann verstauen Polizisten den Geldsack wieder im Panzerwagen. Glücklicherweise hatte das Gewebe den Sturz unbeschadet überstanden. Es war auch aus dem Westen.

01. Juli 1990: Ein Kohlenträger als Medienstar

Berlin Alexanderplatz, 1. Juli 1990, 0.02 Uhr: Sieben Stunden hat Kohlenfahrer Hans-Joachim Corsalli, 41, gewartet. Jetzt hält er freudig seine soeben umgetauschten 2000 D-Mark wie einen Fächer in die Kamera.

Seit einigen Minuten ist sie offizielles Zahlungsmittel in der noch bestehenden DDR. Jeder Bürger bekommt 4000 Mark zum Kurs von eins zu eins (Rentner können 6000, Kinder 2000 Mark tauschen) und den Rest eins zu zwei umgetauscht. Löhne, Gehälter, Renten und laufende Kosten (Miete, Strom) werden ebenfalls eins zu eins umgestellt. Panzerwagen mit VP-Begleitschutz hatten für diese Aktion 600 Tonnen Papier- und 500 Tonnen Hartgeld in die DDR gebracht. Hans Joachim Corsalli erinnert sich: »Wir haben uns die Scheine damals angeguckt wie Urlaubsfotos, jeden einzelnen.« Das erste Geld wurde dann auch für eine Reise ausgegeben: an den Rhein zur Loreley.

Weil der Kohlenfahrer der erste war, der zur Wirtschafts-, Währungs- und Sozialunion am 1. Juli 1990 die ersehnten Westmark tatsächlich in den Händen hielt, bekam er auch noch einen Präsentkorb – Corsalli: »Allet Sachen ausm Westen, nüscht außer HO!« –, ein Sparbuch mit 100 Mark drauf und einen Platz als Foto im Geschichtsbuch.

Ein paar Monate später verlor er seinen Job, der Kohleplatz wurde Getränkemarkt. Hans-Joachim Corsalli jobbte als Lkw-Fahrer und Bauarbeiter, war zwischendurch immer mal wieder arbeitslos, hatte eine ABM und kümmerte sich um alte Leute. Inzwischen ist er Rentner.

03. Oktober 1990: Demos gegen Deutschland

Manchen Leuten passt die Schaffung der Einheit Deutschlands nicht. Am 3. Oktober 1990 demonstrieren rund 10 000 von ihnen in Berlin. Ihre Losung heißt: »Deutschland, Halts Maul!«

Im Anschluss an die Demo suchen die vorwiegend jungen Demonstranten aus der sogenannten alternativen Szene die gewaltsame Auseinandersetzung mit der Polizei. Die Ordnungshüter setzen Wasserwerfer und Tränengas ein.

Es ist der erste Zwischenfall, der nicht mehr in den Annalen der Deutschen Volkspolizei als geheime Verschlusssache eingeht. Sie hat am 3. Oktober um 0.00 Uhr die Uniformen gewechselt.

STICHWORTVERZEICHNIS

QUELLEN

Neben vielen ungenannten Zeitzeugen danken die Autoren besonders Herrn Klaus-Dieter Baumbach aus Gera, Herrn Reinhard Dobrinski aus Berlin, Herrn Frank Strizke aus Radebeul und Herrn Franz-Karl Hitze aus Berlin für ihre Hilfe.
Für die technische Hilfe gilt Herrn Christian Behling unser Dank.

Bücher:

Allertz, Robert: »Im Visier die DDR – Eine Chronik«, Berlin 2002

Allertz, Robert: »Sänger und Souffleur – Biermann, Havemann und die DDR«, Berlin 2006

Andert, Reinhold und Herzberg, Wolfgang: »Der Sturz«, Berlin 1991 (3. Aufl.)

Aretz, J. und Stock, W.: »Die vergessenen Opfer der DDR«, Bergisch Gladbach 1997

Bahrmann, Hannes und Links, Christoph: Chronik der Wende«, 2Bd., Berlin 1995

Beckert, Rudi: »Die erste und die letzte Instanz – Schau- und Geheimprozesse vor dem Obersten Gericht der DDR«, Goldbach 1995

Behling, Klaus: »Berlin im Kalten Krieg«, Berlin 2007

Behling, Klaus: »Spione in Uniform – Die Alliierten Militärmissionen in Deutschland«, Stuttgart 2004

Behling, Klaus: »Kundschafter a. D. – Das Ende der DDR-Spionage«, Stuttgart 2003

Beleites, Michael: »Pechblende – Der Uranbergbau in der DDR und seine Folgen«, Wittenberg 1988 (über Internet: wise-uranium.org)

Biermann, Wolf (u.a.): »Die Ausbürgerung – Anfang vom Ende der DDR«, Berlin 2001

Bols, Manfred: »Ende der Schweigepflicht«, Berlin 2002

Brinkmann, Peter: »Schlagzeilenjagd«, Bergisch Gladbach 1993

Chotjewitz-Häfner, Renate (Hrsg.): »Die Biermann-Ausbürgerung und die Schriftsteller – ein deutsch-deutscher Fall«, Köln 1994

Eberle, Henrik und Wesenberg, Denise (Hrsg.): »Einverstanden E. H.«, Berlin 1999

Eberle, Henrik: »Anmerkungen zu Honecker«, Berlin 2000

Eik, Jan: »Der Schein trügt. Kriminalroman über den 13. Oktober 1957«, Berlin 2001

Eik, Jan: »Besondere Vorkommnisse. Politische Affären und Attentate«, Berlin 2006

Elchlepp, Friedrich und Kretschmar, Manfred: »Auf Kollisionskurs«, Rostock 2000

Engelmann, Roger und Vollnhals, Clemens (Hrsg.): »Justiz im Dienste der Parteiherrschaft. Rechtspraxis und Staatssicherheit in der DDR«, Berlin 1999

Falck, Uta: »VEB Bordell – Geschichte der Prostitution in der DDR«, Berlin 1998

Feldmann, Klaus: »Das waren die Nachrichten«, Berlin 2006

Fensch, Eberhard: »So und nur noch besser – Wie Honecker das Fernsehen wollte«, Berlin 2003

Frank, Mario: »Walter Ulbricht – Eine deutsche Biographie«, Berlin 2001

Fricke, Karl Wilhelm: »Der Wahrheit verpflichtet. Texte aus fünf Jahrzehnten zur Geschichte der DDR«, Berlin 2000

Gebhardt, Manfred: »Das Magazin in der DDR«, Berlin 2006

Gerstner, Karl-Heinz: »Sachlich, kritisch, optimistisch«, Berlin 1999

Habel, F.B.: »Das große Lexikon der Defa-Spielfilme«, Berlin 2001

Heinrich, Eberhard und Ullrich, Klaus: »Befehdet seit dem ersten Tag«, Berlin 1981

Henneberg, Hellmuth: »Meuterei vor Rügen – was geschah auf der Seebad Binz?«, Rostock 2002

Hoeft, Brigitte (Hrsg.): »Der Prozess gegen Walter Janka und andere«, Reinbek 1990

Hübner, Peter: »Konsens, Konflikt und Kompromiss«, Berlin 1995

John, Otto: Zweimal kam ich heim – Vom Verschwörer zum Schützer der Verfassung«, München 1969

Kessler, Heinz: »Zur Sache und zur Person«, Berlin 1996

Kießling, Wolfgang: »Leistner ist Mielke. Schatten einer gefälschten Biographie«, Berlin 1998

Koop, Volker: »Zwischen Recht und Willkür«, Bonn 1996

Kuhlmann, Bernd: »Brisante Zugfahrten auf Schienen der DR«, Berlin 1999

Lang, Ewald: »Wendehals und Stasilaus – Demo-Sprüche aus der DDR«, München 1990

Masin, Barbara: »Gauntlet«, Annapolis 2006

Menzel, Rebecca: »Jeans in der DDR«, Berlin 2004

Merkel, Ina (Hrsg.): »Wir sind doch nicht die Meckerecke der Nation«, Berlin 2000 (2. Aufl.)

Michels, Eckard: »Deutsche in der Fremdenlegion 1870–1965«, Paderborn 1999

Mittmann, Wolfgang: »Fahndung – Grosse Fälle der Volkspolizei«, Berlin 1995

Mittmann, Wolfgang: »Tatzeit – Große Fälle der Volkspolizei (2)«, Berlin 1998

Mittmann, Wolfgang und Eik, Jan: Die Todesschüsse von Uckro, in »Originalton Deutschland«, Leipzig 1997

Müller-Enbergs (u.a.): »Wer war wer in der DDR?«, Bonn 2001

Pötzl, Norbert R. »Erich Honecker – Eine deutsche Biographie«, Stuttgart/München 2002

Protokoll der Verhandlungen des IV. Parteitages der Sozialistischen Einheitspartei Deutschlands, 30. März bis 6. April 1954, Band 1, Berlin 1954

Schabowski, Günter: »Der Absturz«, Berlin 1992

Schönfelder, Jan und Erices, Rainer: »Westbesuch. Die geheime DDR-Reise von Helmut Kohl«, Weimar 2007

Schramm, Gotthold (Hrsg.): »Flucht vor der Junta«, Berlin 2005

Schreiber, Hermann: »Kanzlersturz – Warum Willy Brandt zurücktrat«, München 2003

Schwabe, Uwe, Eckert, Rainer und Liebing, Yvonne (Hrsg.): »All you need is beat. Jugendsubkultur in Leipzig 1957–1968«, Leipzig 2005

Schumann, Frank (Hrsg.): »Lotte Ulbricht – Mein Leben«, Berlin 2003

Sommer, Stefan: »Lexikon des DDR-Alltags«, Berlin 1999

Strauß, Franz Josef: »Die Erinnerungen«, Berlin 1989

Stregel, Tobias und Tweeder, Fabian: »Deutsche Kulinarische Republik«, Frankfurt am Main 2002

Stuhler, Ed: »Die Honeckers privat«, Berlin 2005

Süß, Walter: »Staatssicherheit am Ende«, Berlin 1999

Weidling, Carsten J. W.: »Im Namen des Vaters und des Sohnes«, Halle 2006

Wendel, Eberhard: »Ulbricht als Richter und Henker«, Berlin 1996

Werkentin, Falco: »Politische Strafjustiz in der Ära Ulbricht«, Berlin 1995

Internet:

http//:www.verfolgte-schueler.org/1945-1990.htm
http//:www.interflug.biz/flungunfaelle.htm
http//:www.mt-boehlen.de/downloads/DSR-Schiffsverluste.pdf
http//:www.erste-flottille.de/forum
http//:www.muetzelfeldtwerft.de/
http//:www.jugendopposition.de
http//:www.gerdboehmer-berlinereisenbahnarchiv.de
http//:www.saevert.de/2orkan1972.htm
Internetpräsenz Bauhausuniversität Weimar / Earthquake Damage Analysy Center
http//:www.voelkershausen.de/History-G/Gebirgsschlag
http//:www.dhm.de
http//:www.checkpoint-bravo.de
http//:www.berliner-unterwelten.de
http//:undinebafg.de
http//:www.3mdr.de/dokumantationen
http//:home.t-online.de/home/frank.mankel/152.htm
http//:www.dgwev.de/dgw-_pdf/Lebensmittelkarten.pdf
http//:www.runde-ecke-leipzig.de
http//:www.karpfenpfeifer.net/Einsturz-Hauptframe.htm
http//:www.rhein-zeitung.de/on/98/06/03/topnews/ice_chrono.html

http//:www.schulferien.org/Schulferien_DDR/schulferien-ddr.html
http//:www.rewi.hu-berlin.de
http//:www.bstu.bund.de
http//:www.electrocicbude.de
http//:www.jugendopposition.de
http//:www.spd-schoenow.de
http//:www.bbw-hubertusstock.de
http//:www.bpb.de
http//:www.feuerwehr-cottbus.de
http//:www.ddr-luftwaffe.de (Eine privat angefertigte Dokumentation über 39 besondere Vorkommnisse bei den Luftstreitkräften der DDR, darunter Angaben zu 15 Todesopfern, findet sich im Internet unter:) http//:home.snafu.de/veith/verluste1.htm
http//:www.ddr-im-web.de
http//:www.die-deutsche-buehne.de
http//:www.willy-brandt.org/bwbs_biographie
http//:www.klausdierks.com/Geschichte
http//:www.mdr.de/damals-in-der-ddr/teil4
http//:home.snafu.de/veith/verluste1.htm – 39k
http//:www.gut-nisdorf.de
http//:www.soc.unitn.it – Vortrag Roman Grafe an der Universität Trient am 22. 4. 2006
http//:www.osthessen-news.de

Pressematerial:

Bein, Hans-Rüdiger: »Wie die Stasi Dampflokfans aus dem Westen ausspähte«, Berliner Morgenpost vom 4. 4. 1999

Bönisch, Georg und Sontheimer, Michael: »Der Kampf hört nie auf« (RAF-Serie, Teil VIII), Der Spiegel, Nr. 44/2007 vom 29.10. 2007

Borsutzky, Birgit: »Einfach in die Wüste geschickt«, Freitag, Nr. 40/2006 vom 6. 10. 2006

Brunner, Detlev: »Nicht rufen: Auf Wiedersehen«, Die Zeit, Nr. 49/2006 vom 30. 11. 2006

Desen, Adolf: »Der Fall Faust«, Freitag, Nr. 47/1999 vom 19. 11. 1999

Elchlepp, Dietrich: »AKSM – Rostock – DGSM«, Panorama maritim 27

Fliegerrevue, Berlin, Extra 8

Flocke, Jan von: »Heimlich aufs Schafott«, Focus, Nr. 40/1996 vom 30. 9. 1996

Günther, Stefan: »Hepatitis-C-Impfschadensfall: Längst überfällige Entschädigung für die Opfer«, Deutsches Ärzteblatt vom 29. 9. 2000

Honnigfort, Bernhard: »Der sich nicht fügen wollte«, Kölner Stadtanzeiger vom 17. 4. 2005

Ickler, Rainer: »Mysteriöser Mord weiter ungeklärt«, Fuldaer Zeitung vom 14. 8. 2003

Kehr, Karsten: »Diebstahl (Ost) für den Kunsthandel (West)«, Berliner Morgenpost vom 17. 1. 2000

Keil, Lars-Broder: »Honeckers Ehefrau und die vergessenen Geschichte des 9. November«, Berliner Morgenpost vom 9. 11. 2007

Keseling, Uta: »Absturz einer Tupolew bei Berlin – eine Katastrophe und viele Lügen«, Berliner Morgenpost vom 16. 12. 2007

Kujacinski, Dona und Kohl, Peter: »Das Geheimnis ihrer Liebe«, Bunte, Nr. 8/2002 vom 13. 2. 2002

Ladis, Harry: »Konspirativ geschmiert«, Jungle World, Nr. 12/2002 vom 13. 3. 2002

Leinemann, Jürgen: »›Wer sich von Gefühlen fortreißen lässt ...‹«, Der Spiegel, Nr. 38 vom 14. 9. 1987

Merten, Jola: »Unschuldige verurteilt«, Berliner Morgenpost vom 15. 9. 2000

Neumann, Peter: »Ferienfahrt in den Tod«, Berliner Zeitung vom 5. 7. 2001

o. A. »Brände und Explosionen brachten Gift und Tod«, Berliner Zeitung vom 2. 3. 1994

o. A. »Der Schatz im Stolpsee«, Berliner Zeitung vom 23. Januar 2008

o. A. »Doppelmörders Comeback«, Junge Welt vom 18. 12. 2007

o. A. »Urteil: Von Berg darf IM Günter genannt werden«, Berliner Morgenpost vom 21. 6. 2000

o. A. »Honeckers Ritt auf dem Tiger«, Der Spiegel, Nr. 3/1978 vom 16. 1. 1978

o. A. »Egon Krenz«, Der Spiegel, Nr. 13/1990 vom 26. 3. 1990

o. A. »Viel Dampf um nichts«, Focus, Nr. 15/1999 vom 12. 4. 1999

o. A. »Ich bin kein Lump, Herr Mielke«, Der Spiegel, Nr. 5/1957 vom 27. 1. 1957

Ramge, Thomas: »Feind schaut zu«, Die Zeit, Nr. 24/2007 vom 7. 6. 2007

Schäfer, Alexander: »Feuer an Bord!«, Der Tagesspiegel, vom 6. 7. 2005

Schwarz, Ulrich: »Gift und Galle«, Spiegel online 2007

Tremmel, Robert: »Bitteres Widersehen nach über 30 Jahren«, Ostsee-Zeitung vom 16. 9. 2004

Typ IV-Fahrensleute e. V.: »Voll voraus«, Schwerin, Ausgabe 12, Mai 2007

Werkentin, Falco: »Methoden und Verfahrensweisen der verdeckten Enteignung selbständiger Produzenten, Gewerbetreibender, Bauern und Grundstücks-/Hauseigentümer in der Geschichte der SBZ/DDR«, Erstveröffentlichung 24. 1. 1998, fhi (Internet)

Zschiesche, Michael: »Die Luft – Ein Gasfeld«, Freitag, Nr. 49/2001 vom 30. 11. 2001

TV-Dokumentationen:

(Die Jahreszahlen betreffen das Sendedatum der jeweils verwendeten TV-Doku und müssen nicht mit der Erstausstrahlung übereinstimmen)

Ast, Jürgen: »Die gekaufte Freiheit – Häftlingsfreikauf im geteilten Deutschland« (2 Teile), RBB 2005

Ast, Jürgen und Bennewitz, Inge: »Revolte am Ostseestrand: Die wahre Geschichte der Glatzkopfbande«, MDR 2002

Bönnen, Uta und Endres, Gerald: »Im Tal der Ahnungslosen – Westfernsehen Marke Eigenbau«, MDR 2004

Bönnen, Uta und Endres, Gerald: »Todesstrafe in der DDR«, MDR 2006

Echtendorf, Martin: »Luftmanöver«, exakt vom 7. 10. 2003, MDR 2003

Eimler, Wolf-Michael und Lorenzen, Jan N.: »Spione aus dem Westen«, MDR 2007

Erler, Michael: »Die ›Ulbricht-Attentäter‹ von Steinbach« (Schicksal DDR 1/3), MDR 2002

Erler, Michael: »Der rätselhafte Untergang des DDR-Tankers ›Böhlen‹«, MDR 2007

Erler, Michael: »Auf Leben und Tod – Messejet 1107«, »Die Interflug«, Teil 2/2, MDR 2006

Fuchs, Dieter: »Geschichten aus der DDR – Tod im Ferienlager«, MDR 24. 9. 2002

Herkt, Friedrich und Newill, Kathleen: »Der Brückeneinsturz von Zeulenroda«, MDR 18. 8. 2004

Herr, Katja: »Als der Osten im Schnee versank – Der Katastrophenwinter 1978/79«, MDR 2004

Herr, Katja: »Ex-Fremdenlegionäre in der DDR«, MDR 2007

Joksch, Reinhard: »Dann standen wir vor dem Nichts ... Enteignungswelle an der Ostsee«, MDR/NDR 2002

Kaehlbrandt, Gesa: »Vor 30 Jahren: Lok-Explosion in Bitterfeld«, MDR 2007

Kleinert, Karoline und Joksch, Reinhard: »Für Mick Jagger in den Knast«, MDR 2004

Kloss, Harriet und Thöß, Markus: »Der Teufelsberg« (Serie »Geheimnisvolle Orte«), RBB 2004

Kukula, Rolf: »Die Legende vom Goldbroiler«, MDR 2003

Kuschel, Thomas und Hübner, Martin: »Der Todesflug der 152 – Ulbrichts Traum vom Fliegen«, MDR 2001

Lüddemann, Steffen und Brühl, Hanno: »Vier Schüler gegen Stalin«, MDR 8. 11. 2005

Ludwig, Karin und Till: »Tod auf der Spree – Das Unglück auf der MS Heimatland«, RBB 4. 1. 2007

Mauersberger, Kerstin und Ast, Jürgen: »Tod im Schacht – Zwickau 1960«, MDR 15. 10. 2002

Poggendorf, Sandro: »Der Panzer auf den Schienen«, MDR 2004

Rentner, Lutz und Sperlich, Frank Otto: »Todesweiche 262 – Leipzig 1960«, MDR 2002

Rentner, Lutz, Richter, Andreas Kuno und Sperlich, Frank Otto: »Alles Banane – Wie die Südfrüchte in den Osten kamen«, MDR 2002

Richter, Andreas K. und Franke, Tom: »Tod im Stasi-Knast: Warum starb Matthias Domaschk?«, MDR 2005

Scholz, Gunther und Scholz-Amoulong, Sieglinde: »Die Todesschranke von Langenweddingen«, MDR 1998

Stubenrauch, Jens und Richter, Titus: »Der Todesflug der IL-62«, MDR 1998

Tschirner, Joachim und Drachsel, Burghard: »Geheimakte Wismut«, Teil 3/3: »Feuer in Schacht 208 b«, MDR 30. 5. 2007

Interview Hans Häber in »Unter uns«, MDR 22. 2. 2008

Sonstiges:

Berliner S-Bahn-Museum, Potsdam
Berliner U-Bahn-Museum, Berlin
Das Alliierten-Museum, Berlin
Deutsch-Russisches Museum Karlshorst, Berlin
Deutsches Historisches Museum, Berlin
Erinnerungsstätte Notaufnahmelager Marienfelde, Berlin
Forschungs- und Gedenkstätte Normannenstraße, Berlin
Gedenkstätte Berlin-Hohenschönhausen
Informations- und Dokumentationszentrum der Bundesbeauftragten für die Unterlagen des Staatssicherheitsdienstes der ehemaligen DDR
Luftfahrtmuseum Finowfurt
Luftwaffenmuseum der Bundeswehr, Berlin-Gatow
Mahn-, Gedenk- und Begegnungsstätte Point Alpha, Geisa, Rasdorf
Museum Haus am Checkpoint Charlie, Berlin
Verkehrsmuseum Dresden, Dresden

JAN EIK

Besondere Vorkommnisse

Politische Affären und Attentate in der DDR
Unter Mitarbeit des Journalisten Klaus Behling
für den Fall »Apel«.

Jan Eik hat in aufwendiger Aktenrecherche und unter Befragung von Zeitzeugen Fälle rekonstruiert, die zu DDR-Zeiten höchster Geheimhaltung unterlagen und allein von der Kommission »Vorkommnisuntersuchung« bei der Staatssicherheit bearbeitet wurden. Es handelte sich um Vorfälle von großer politischer Brisanz, die das von Staats- und Parteiführung propagierte Bild von der DDR zu demontieren drohten. Noch immer und erneut ranken sich Legenden und Spekulationen um diese Ereignisse. Eik untersucht das Honecker-Attentat von Klosterfelde, den Hubschrauberabsturz des Honecker-Kronprinzen Werner Lamberz, die Brandstiftung im Rundfunkgebäude, den Tod von Dean Reed. Das Buch wurde aktualisiert und erweitert um den spektakulären Selbstmordfall des Wirtschaftsfunktionärs Erich Apel.

256 Seiten, brosch.
ISBN 3-360-00766-2

Verlag Das Neue Berlin

Überall im Buchhandel
www.das-neue-berlin.de

HANNES SIEBERER

Als Agent hinterm Eisernen Vorhang

Fünf West-Spione über ihre DDR-Erfahrungen

Sie spionierten für die Amerikaner oder für deutsche Dienste in der DDR oder wurden – wie der Westberliner Türke Erol Ünsalsudan – von einer BRD-Institution geworben, einen Prominenten medienwirksam auszuschleusen. Sie alle wurden von der Spionageabwehr der DDR entdeckt, verurteilt und inhaftiert – und von ihren Auftraggebern fallengelassen und vergessen. Die Berichte der Spione offenbaren nicht nur die politischen Intentionen der Hintermänner. Sie liefern damit nachträglich den Beweis für die Notwendigkeit, dass sich die DDR wie jeder andere Staat auf dieser Welt vor Angriffen schützen musste. Und dies auch erfolgreich tat. Und außerdem zeigen diese lebendigen Erinnerungen, wie mit den Gefangenen etwa in Bautzen II umgegangen worden ist.

224 Seiten, brosch.
ISBN 978-3-360-01092-6

edition ost

Überall im Buchhandel
www.edition-ost.de

ISBN 978-3-360-01944-8

2. Auflage
© 2008 Verlag Das Neue Berlin, Berlin
Umschlaggestaltung: Buchgut, Berlin
Druck und Bindung: CPI Moravia Books GmbH

Ein Verlagsverzeichnis schicken wir Ihnen gern:
Das Neue Berlin Verlagsgesellschaft mbH
Neue Grünstr. 18, 10179 Berlin
Tel. 01805/30 99 99 (0,14 Euro/min. aus dem deutschen Festnetz,
abweichende Preise für Mobilfunkteilnehmer)

Die Bücher des Verlags Das Neue Berlin
erscheinen in der Eulenspiegel Verlagsgruppe.

www.das-neue-berlin.de